信息技术在道路运输中的应用

王　炼　王小建　马　飞　编著

人民交通出版社
China Communications Press

内 容 提 要

本书以信息技术、信息化、运输经济学等相关理论为指导，系统地阐述了相关信息技术的基本概念和基本原理，重点介绍了信息技术在道路运输各主要环节的应用问题。全书共分为十二章，在阐述信息技术基本概念和基本理论的同时，力求紧密结合道路运输实际，从信息技术与信息化、信息采集、信息传输、信息分析与控制、道路运输信息化、道路运输电子政务、旅客运输、货物运输、物流、云技术、物联网等方面，较为系统地阐述了信息技术在道路运输领域中的应用，是一本内容全面，理论联系实际，具有较强系统性、先进性和实用性的教材。

本书可作为信息管理与信息系统、交通运输、物流管理、电子商务等专业本科生和研究生的学习用书，还可供从事信息管理、交通运输、物流管理等相关工作的研究人员和实务工作者参考。

图书在版编目（CIP）数据

信息技术在道路运输中的应用 / 王炼, 王小建, 马飞编著. — 北京 : 人民交通出版社, 2013.6
ISBN 978-7-114-10610-1

Ⅰ. ①信… Ⅱ. ①王… ②王… ③马… Ⅲ. ①信息技术－应用－道路运输－教材 Ⅳ. ①U4-39

中国版本图书馆CIP数据核字(2013)第097945号

书　　名：信息技术在道路运输中的应用
著 作 者：王　炼　王小建　马　飞
责任编辑：郑蕉林
出版发行：人民交通出版社股份有限公司
地　　址：（100011）北京市朝阳区安定门外外馆斜街 3 号
网　　址：http://www.ccpress.com.cn
销售电话：（010）59757973
总 经 销：人民交通出版社股份有限公司发行部
经　　销：各地新华书店
印　　刷：北京市密东印刷有限公司
开　　本：787×1092　1/16
印　　张：14.5
字　　数：332 千
版　　次：2013 年 6 月　第 1 版
印　　次：2018 年 7 月　第 2 次印刷
书　　号：ISBN 978-7-114-10610-1
定　　价：42.00 元

前言

进入20世纪中期以来，以信息技术为标志的产业革命浪潮在全球范围内不断扩散，从而引发了科技、经济和社会等领域的重大变革，信息技术以超出人们想象的速度对世界经济和社会产生了广泛和深刻的影响。

道路运输是国民经济的基础性产业，是经济和社会各项活动发展的重要支撑和保障，它将社会生产、分配、交换与消费等各环节有机地联系起来，是保证经济社会活动得以正常进行和发展的前提。道路运输的基本任务是通过合理组织旅客和货物运输，提高运输的运行能力和运行质量，最大限度地满足社会经济发展对运输服务的需求。道路运输具有规模大、系统性强、覆盖面广的特点，不仅与其他产业部门之间联系紧密，而且与信息技术的应用状况关系密切。

道路运输是国民经济的基础产业，我们应充分认识到信息技术和信息化在转变发展方式、加快发展现代道路运输业中的重要作用。采用现代信息技术，大力推动信息化建设，提高道路运输基础设施和运输工具的运营效率和管理水平，用现代信息技术改造和提升传统道路运输业，才能适应经济社会发展和人民群众对道路运输的安全、快捷、多样和个性化的需求。道路运输信息化也是道路运输业文明进步和现代化的重要标志。

可以预见，在今后相当长一段时期，加大信息技术在道路运输业中的广泛应用和深度开发，提升道路运输信息化水平，推进政府管理、公众服务和电子商务等信息化建设，加强资源整合和信息共享将成为道路运输领域信息化建设的重要任务。这样才能更好地发挥道路运输信息化整体效益和规模效益，支撑现代道路运输业的快速发展。

为加快信息技术在道路运输领域中的广泛应用，适应现代道路运输业的发展要求，建立信息技术在道路运输行业应用的人才建设体系应是当务之急。为满足道路运输现代化建设对信息化人才的需要，以及高等院校培养信息管理技术人才和教学需求，编写组根据长期研究资料以及相关课题的研究成果编写了本教材。

本书作为高等院校专业性教材，主要从信息技术与信息化、信息采集、信息传输、信息存储、信息分析与控制、道路运输信息化、道路运输电子政务、旅客运输、货物运输、物流、物联网、云技术等方面，较为系统地阐述了信息技术的相关概念、原理以及在道路运输领域中的应用情况，并给出了相关案例分析，以加强读者对信息技术在道路运输中应用的理解。本书共12章，可概括为两个部分：其一是信息技术的相关概念、原理等相关理论，包括信息技术概论、信息采集、传输、存储、分析与控制；其二是信息技术在道路运输中的应用，包括信息技术在行政管理、旅客运输、货物运输、物流管理、物联网等方面的应用。

本书由王炼教授担任主编，王小建副教授、马飞博士担任副主编。王炼教授负责本书的大纲审定、统稿工作并编写第6章、第7章、第8章和第9章，王小建编写第1章、第2章、第10章和第12章，马飞编写第3章、第4章第5章和第11章。在本书的编写过程中，研究生娄新、薛晓娟、李春梅、卡比努尔、张晓峰、孙瑞芬、于小婉、申娜等参与了资料搜集和文档整理工作。

本书作为长安大学“十二五”校级规划教材，得到了长安大学教务处、经济与管理学院等单位领导和老师的大力支持；在编写过程中，参考和引用了大量相关专家学者的论著、图书及论文，已尽可能在参考文献中列出，若有疏漏，也在此表示歉意；同时，在本书的出版过程中，得到了人民交通出版社的全力支持。在此一并对上述各单位和专家致以诚挚的谢意！

由于作者水平有限，加上信息技术发展之快及其应用的不断深入，书中不妥和疏漏之处在所难免，敬请专家和广大读者批评指正。

编者

2013年3月

目录

第一章　信息技术与信息化……1
第一节　信息与信息技术概述……1
一、信息……1
二、信息技术的定义及分类……5
三、信息技术的体系结构……7
四、信息技术的特征及作用……8
第二节　信息技术的产生与发展……10
一、信息技术的产生与发展……10
二、我国信息技术的发展……12
第三节　信息化……14
一、信息化概述……14
二、我国国家信息化体系结构与发展战略……16
复习思考题……23

第二章　信息采集技术……24
第一节　信息采集技术概述……24
第二节　传感器技术……25
一、传感器的定义与特征……25
二、传感器技术的工作原理……28
三、传感器技术的作用与发展……34
第三节　条码技术……37
一、条码技术的概念与特点……37
二、条码技术的工作原理……39
三、条码技术的作用与发展……41
第四节　RFID技术……44
一、RFID的定义与特点……44
二、RFID技术的工作原理……45

三、RFID技术的作用与发展 …… 46
复习思考题 …… 48

第三章　信息传输技术 …… 49
第一节　信息传输技术概述 …… 49
一、信源与信宿 …… 49
二、信道 …… 50
三、信息传输要求 …… 51
第二节　数据交换技术 …… 51
一、数据交换的定义与特征 …… 51
二、数据交换的工作原理 …… 53
第三节　计算机网络技术 …… 54
一、计算机网络技术的定义与特征 …… 54
二、计算机网络技术的工作原理 …… 55
三、计算机网络技术的作用与发展 …… 57
第四节　电子数据交换（EDI）技术 …… 59
一、EDI的定义与特征 …… 59
二、EDI的工作原理 …… 60
三、EDI的作用与发展 …… 61
复习思考题 …… 62

第四章　信息存储技术 …… 63
第一节　信息存储技术概述 …… 63
一、信息存储的概念及要求 …… 63
二、信息存储介质 …… 64
三、信息存储技术的发展 …… 71
第二节　数据库技术 …… 74
一、数据库技术的发展 …… 74
二、数据库技术的原理 …… 77
三、数据仓库与数据挖掘 …… 78
第三节　云存储技术 …… 80
一、云存储技术概述 …… 80
二、云存储系统原理 …… 82
复习思考题 …… 84

第五章　信息分析和控制技术 ······ 85
第一节　信息分析 ······ 85
一、信息分析的概念 ······ 85
二、信息分析的思路 ······ 86
三、信息分析方法 ······ 86
第二节　信息控制技术 ······ 89
一、信息控制模型 ······ 89
二、信息控制技术 ······ 90
第三节　地理信息系统（GIS） ······ 91
一、地理信息系统（GIS）概述 ······ 91
二、GIS工作原理 ······ 94
第四节　全球定位系统（GPS）技术 ······ 95
一、GPS概述 ······ 95
二、GPS工作原理 ······ 97
三、北斗卫星导航系统 ······ 97
复习思考题 ······ 99

第六章　道路运输信息化 ······ 100
第一节　道路运输及其特点 ······ 100
第二节　道路运输信息化的内涵和发展过程 ······ 102
一、道路运输信息化的内涵 ······ 102
二、我国道路运输信息化发展 ······ 102
三、道路运输信息化战略规划 ······ 104
第三节　道路运输信息系统的主要实体 ······ 108
第四节　道路运输信息化的基本问题 ······ 109
一、对已有信息系统的改造和完善分析 ······ 109
二、新开发信息系统的分析 ······ 109
三、道路运输管理部门与其他社会管理部门的协调问题分析 ······ 110
四、道路运输行业部、省、市级之间业务协同问题分析 ······ 110
五、行业管理机构内部各职能部门之间业务协同问题分析 ······ 112
六、行业管理信息系统与企业信息系统协调问题分析 ······ 113
七、未来行业管理业务变化分析 ······ 113
八、“三网一库”政务信息化发展模式 ······ 114
第五节　道路运输信息化顶层设计 ······ 115

一、总体分析 …… 115
二、划分职能域和业务分析 …… 115
三、技术架构与基础保障环境规划 …… 116
四、实施方案设计 …… 120
复习思考题 …… 120

第七章　道路运输电子政务 …… 121
第一节　道路运输行政管理 …… 121
一、我国道路运输行政管理的体制结构 …… 121
二、运政管理的运行机制和内容 …… 125
三、道路运输行政管理的特点和作用 …… 128
第二节　道路运输电子政务 …… 130
一、道路运输电子政务的概念和内涵 …… 130
二、道路运输电子政务业务和应用架构 …… 130
第三节　道路运输电子政务应用案例 …… 133
一、应用背景 …… 133
二、系统网络结构 …… 134
三、数据库系统 …… 134
四、应用系统主要功能 …… 135
复习思考题 …… 136

第八章　旅客运输信息技术应用 …… 137
第一节　旅客运输概述 …… 137
一、旅客运输的定义与分类 …… 137
二、旅客运输的特点 …… 138
第二节　旅客运输信息系统的功能结构 …… 138
一、旅客运输组织与管理 …… 138
二、旅客运输信息系统的功能结构 …… 140
第三节　旅客运输信息系统的数据结构 …… 144
第四节　应用案例——汽车站售票管理信息系统 …… 144
一、系统概述 …… 144
二、功能需求 …… 145
三、系统实例 …… 146
复习思考题 …… 146

第九章　货物运输信息技术应用 …… 147
第一节　货物运输概述 …… 147
一、货物运输的定义与分类 …… 147
二、道路货物运输的特点 …… 148
第二节　货物运输信息系统的功能结构 …… 149
一、货物运输组织与管理 …… 149
二、货物运输信息系统的功能结构 …… 150
第三节　货物运输信息系统的数据结构 …… 152
第四节　应用案例 …… 153
一、系统概况 …… 153
二、系统应用 …… 154
复习思考题 …… 155

第十章　物流信息技术 …… 156
第一节　物流信息技术概述 …… 156
一、物流信息 …… 156
二、物流信息技术 …… 158
三、物流信息化 …… 158
第二节　物流信息技术的作用与发展 …… 159
一、物流信息技术的作用 …… 159
二、物流信息技术的发展 …… 160
第三节　物流主要环节分析 …… 161
第四节　物流信息技术的应用分析 …… 166
一、条码技术应用分析 …… 166
二、RFID技术应用分析 …… 167
三、EDI技术应用分析 …… 168
四、GIS技术应用分析 …… 169
五、GPS技术应用分析 …… 171
第五节　案例分析 …… 172
一、项目简介 …… 172
二、业务模式 …… 172
三、物流信息平台框架结构 …… 173
四、物流信息平台体系结构 …… 174

五、物流信息平台主要功能 …… 174
六、物流信息平台数据结构 …… 175
复习思考题 …… 180

第十一章　云技术 …… 181
第一节　云技术概述 …… 181
一、云技术概念 …… 181
二、云技术标准化 …… 182
三、云技术发展与展望 …… 183
第二节　云技术体系框架 …… 184
一、IaaS（基础架构即服务） …… 184
二、PaaS（平台即服务） …… 185
三、SaaS（软件即服务） …… 186
第三节　云技术业务 …… 187
一、云存储 …… 187
二、云计算 …… 187
第四节　云技术在道路运输中的应用 …… 188
一、概述 …… 188
二、云计算在道路运输信息处理中的应用 …… 188
三、应用存在问题 …… 190
复习思考题 …… 191

第十二章　物联网技术 …… 192
第一节　物联网概述 …… 192
一、物联网的概念 …… 192
二、物联网标准化 …… 194
三、物联网发展与展望 …… 196
第二节　物联网体系框架 …… 198
一、感知层 …… 200
二、网络层 …… 201
三、应用层 …… 202
第三节　物联网业务 …… 203
一、M2M业务 …… 203
二、云计算 …… 206

第四节　物联网安全 …………………………………………………………… 207
第五节　案例分析 ……………………………………………………………… 210
一、项目背景 ……………………………………………………………… 210
二、公交智能监控系统结构 ……………………………………………… 210
三、公交智能监控系统功能 ……………………………………………… 211
四、公交智能监控系统主要流程 ………………………………………… 212
五、公交智能监控系统数据表 …………………………………………… 214
六、应用效果 ……………………………………………………………… 216
复习思考题 ………………………………………………………………… 217

参考文献…………………………………………………………………………218

第一章 信息技术与信息化

信息技术代表着当今先进生产力的发展方向，是信息管理和信息处理过程中所采用的各种技术的总称，是充分利用与扩展人类信息器官功能的各种方法、工具与技能的总和。本章主要对信息技术的概念与分类、体系结构与特征、信息技术的产生与发展，以及信息化的概念和我国信息化体系结构等方面的内容进行阐述。

学习目标

◎掌握信息技术的相关概念与主要分类

◎理解信息技术的体系结构以及特征和作用

◎了解信息技术的产生与发展

◎了解信息化的概念及分类

◎了解我国信息化的体系结构和发展战略

关键术语

01. 信息技术　　02. 信息化　　03. 阶段划分

04. 信息化体系结构　　05. 信息化理论模型　　06. 信息化发展战略

第一节　信息与信息技术概述

一、信息

20 世纪后半叶，人们比以往任何时候都更多地谈论和重视信息，从而导致了信息科学、信息工程、信息产业的快速发展。一方面，信息通过卫星电视、移动通信、计算机网络迅速传遍世界每个角落，使世界变小了；另一方面，信息通过广播、电视、出版、多媒体和因特网极大地丰富了人们的生活，使世界变大了。如今，人类已经进入了信息时代，生活在信息的海洋中。信息的大量产生和传播、信息系统的普遍开发和广泛应用、信息技术的高度发展，推动着人类社会的进步和经济的发展。信息和能源、物质一样，是社会经济发展非常重要的资源。信息是物质和能量形态的反应，是人与客观世界之间联系的媒介，它对管理和决策产生着直接的影响。一个组织的管理，可以说就是处理和利用信息的一种活动。

1. 信息的内涵

在日常生活中信息一词和数据经常混用。但在管理信息系统中，信息和数据是有区别的。

数据是一组表示数量、行动和目标的非随机的可鉴别的符号。它可以是字母、数字或其他符号，也可以是图像、声音或者味道。

信息是经过加工后的数据，它对接收者的行为能产生影响，对接收者的决策具有价值。如行驶着汽车的里程表上的数据不是信息，只有当驾驶员看到了里程表，做了加速或减速的决策的那个数据才是信息。

数据和信息之间的关系如图 1-1 所示。

总之，信息是一个社会概念，是人类共享的一切知识、学问以及客观现象加工提炼出来的各种消息之总和。

2. 信息的作用

运动是物质的根本属性，只要有物质存在，有事物运动，就会有运动的状态和方式，相应地就会有信息的存在。掌握信息可以了解和把握物质和系统的状态，信息量越大意味着对物质和系统掌握的程度越高。

按书籍分类放书的阅览室，如果读者阅读之后都按规定的位置复位，则存书系统的状态数为 1，这时阅览室一定非常有序。但实际情况是总会存在乱放的现象，造成书籍状态发生变化，使系统状态数大于 1。自觉复位的人越多，则书籍放置可能出现的状态越少，或者说确定程度越高，这时阅览室就越有序。反之，乱放的人越多，则书籍放置可能出现的状态越多，或者说确定程度越低，这时阅览室秩序也就越差。总之，系统状态确定性越高，或者说系统可能状态数越少，系统运动的有序性就越高。

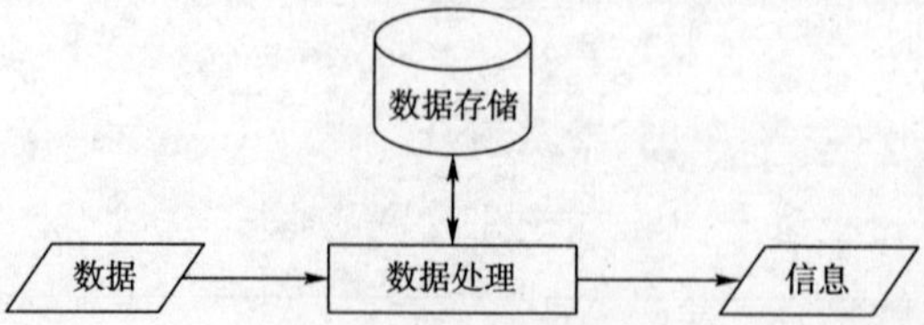

图1-1　数据和信息的关系

总体来说，信息的作用体现在以下几个方面：

（1）信息对社会发展的作用

①信息是推动社会进步的动力。社会的发展，离不开信息。“科学技术是生产力”是马克思主义的一个基本原则。在人类历史的发展过程中，石器时代的文明延续了两百多万年，人类有文字的历史虽然只是五千年左右，但这五千年的文明发展，远远超越了两百多万年的人类史。人类的近代文明发展只有短短的近三百年，但这三百年的发展历史中，科学技术这一生产力造就了人类社会近代文明。科学研究、发明创造要转换成推动人类进步的生产力，就需要信息的支撑。充分开发和利用信息资源，使社会劳动力掌握更多的知识，提高劳动者的素质，可以创造出更多的符合社会需求的物质财富和精神财富，推动社会文明的进步。当今社会，人与人之间、部门之间、企业之间、国家之间依赖于信息而维系，通过及

时、准确地交流信息，可以消除误解、化解矛盾、增进了解、加强友谊，从而促进社会的进步和发展。

②信息是社会再生产有序进行的保证。社会再生产是生产与流通过程的统一，社会再生产由行业部门、各种经济成分的社会组织构成。如何使生产与流通的各个部门、各个环节统一协调起来，信息起到了十分关键的作用。信息沟通了各部门、各组织的联系，联系着社会再生关系这个系统的方方面面。没有信息，企业的生产、管理、决策都将不能进行，社会的再生产过程就要陷入混乱。

③信息是促进科技发展的手段。我们所处的世界是一个充满竞争的世界，竞争的关键是科技的竞争，而科技竞争的关键就是要获得、消化、吸收科学技术信息。科学技术信息不仅能有助于我们掌握国内外科技发展的最新动态，避免重复别人的工作，还能直接采用别人的先进技术，使我们的科学技术的发展水平处于高起点，甚至在某些方面有所超越。

（2）信息是管理的基础

信息是管理人员可以加以利用的最重要的资源。一切管理行为都是通过信息的传递和反馈实现的。从某种意义上说，管理是一个信息的输入、处理、输出的反馈系统。任何组织要实现有效的管理，就必须获得及时、有效的信息。管理者需要获得足够的信息，才能保证管理功能的正常发挥。

（3）信息是决策的依据

决策是组织或个人为了将来达到某种目的而做出的一系列决定，是一种方案创造及选优的过程。决策是制定经济发展方针、政策的依据。为了保证决策的正确性、科学性和有效性，在决策过程中，应当得到全面、准确、及时的信息。

3. 信息的特性

（1）时效性

信息是有生命周期的，这就要求对信息的收集和处理必须迅速、及时，过时的信息就失去了它应有的价值。例如，当月销售明细可以作为当月销售分析的依据，如果放到下个月，对统计下月的销售情况就失去了意义或意义不大了。

（2）共享性

信息作为重要的资源可以供许多需要者共享。互联网就是信息共享很好的媒介。

（3）可度量性

信息与物质、能量一样是可以度量的。在目前信息化时代，谁掌握了信息谁就掌握了市场，而且掌握信息不同，所产生的效益也就不同。例如，要对某地区某个产品的销售状况做调查分析时，对该地区该产品销售群体等具体信息掌握得越多，作出的分析就越能产生效益。

（4）可存储性

信息可以用媒介存储。例如，要做某产品年度销售分析，我们可以将每月的销售分析储存起来，以供年底年度分析之用。

（5）无限性

无论是自然界的信息还是社会信息都是没有穷尽的，只是对信息的挖掘程度上的差异，因而信息是无限的。

（6）增殖性

信息经过处理后，可以以其他形式再生。例如天气预报的信息，预报期一过就对直接指导人类的生产和生活没有用处。但可以用于和各年同期天气比较，总结变化规律，验证模型。

（7）压缩性

信息可以按照一定的方法和规则压缩存储或显示，以用最少的信息量描述事物。例如，关于牛顿第二定律的论述可以压缩到一个简单的公式 $f=ma$ 中，人们可以把很多实验数据组成一个经验公式，把长串的程序压缩成框图，把许多现场运行的经验编成手册。

（8）扩散性

信息好像热源，它总是力图向温度低的地方扩散，又好像夜来香的花朵，可以香飘数里。信息的扩散是其本性，它力图冲破保密的非自然约束，通过各种渠道和手段向四面八方传播。信息的浓度越大，信息源和接收者之间的梯度越大，信息的扩散力度就越强。越离奇的消息，越耸人听闻的新闻，传播得越快，扩散的面越大。中国有句古话“没有不透风的墙”，正是说明了信息扩散的威力。

（9）可升值性

信息在一定条件下可转化为财富，在某种意义上可以说谁掌握了第一手的信息谁就获得了第一手的财富。

（10）传输性

信息是可以传输的，它的传输成本远远低于传输物质和能源。它可以利用电话、电报、互联网等进行国际国内通信，也可以通过光缆卫星传遍全球。传输的形式也越来越完善，包括数字、文字、图形和图像等。

4. 信息的分类

（1）按社会属性划分

按社会属性划分，信息可分为社会化信息和非社会化信息。社会化信息是指人类在从事生产实践活动中产生和应用的信息，即一切由人或最终由人创造或发现的具有社会价值的文化形态和观念形态。非社会化信息是指遗传信息等生物信息和天体宇宙等自然信息。

（2）按获取方式划分

按获取方式划分，信息可分为直接信息和间接信息。直接信息是从人们直接经验中获得的信息。间接信息是从人们间接经验（即利用他人的实践和认识的结果）中获得的。

（3）按存在方式划分

按存在方式划分，信息可分为内存信息和外存信息。存储在人的大脑的信息称为内存信息。以符号形式存在的信息称为外存信息或社会信息。

（4）按传播范围划分

按传播范围划分，信息可分为公开信息、灰色信息和非公开信息。传递和利用范围几乎没有限制的信息称为公开信息。灰色信息指内部信息中的文献形态。传递和利用范围较小的内部信息和严格限制传递范围的秘密信息（包括秘密、机密和绝密信息）和不传递的信息称为非公开信息。

（5）按获取过程划分

按获取过程划分，信息可分为一次信息、二次信息和三次信息。一次信息是未经加工的、零散的、不系统的原始信息，即第一手资料。二次信息（信息的信息）是在一次信息基础上加工整理形成的引导和使用一次信息的信息，是信息组织的结果。三次信息是根据二次信息提供的途径，获取并使用一次信息，分析综合形成的高层次信息组织的信息。信息的分类如图 1-2 所示。

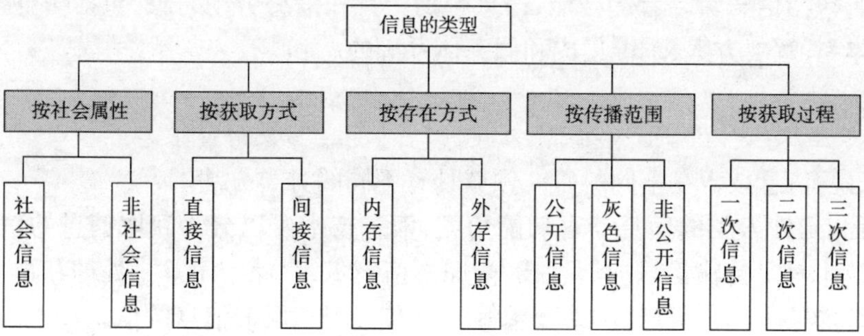

图 1-2 信息的分类

二、信息技术的定义及分类

1. 信息技术的定义

目前，信息技术还没有一个通用的定义，学术界、管理部门和产业界等都根据自己的需要与理解对信息技术进行了相应的定义。同时，在不同的学科领域信息技术也有不同的定义。例如，"信息技术是指完成信息收集、存储、加工、发布、传送和利用等技术的总和"；"信息技术是用于信息操作的各种方法和技能，以及工艺过程或作业程序的相关工具及物质设备"；国际标准化组织（ISO）的定义是："针对信息的采集、描述、处理、保护、传输、交流、表示、管理、组织、储存和补救而采用的系统和工具的规范、设计及其开发"；"自然技术是硬技术，社会技术是软技术……如果说硬技术是指生产力的话，那么软技术就是指生产关系和上层建筑的内容。新的广义技术的概念应该包括硬技术和软技术两个方面……"。

此外，关于信息技术比较有代表性的定义还有以下几种：

（1）信息技术是借助于以微电子学为基础的计算机技术和电信技术的结合而形成的手段，对声音的、图像的、文字的、数字的和各种传感信号的信息进行获取、加工处理、存储、传播和使用的能动技术。

（2）信息技术是指在计算机和通信技术支持下，用于获取、加工、存储、变换、显示和传输文字、数值、图像、视频和音频信息，包括提供设备和提供信息服务两大方面的方法与设备的总称。

（3）信息技术是人类在生产斗争和科学实验中认识自然和改造自然过程中所累积起来的获取信息、传递信息、存储信息、处理信息以及使信息标准化的经验、知识、技能和体现这些经验、知识、技能的劳动资料有目的的结合过程。

通过以上对信息技术各种定义的介绍，可以看出一种技术特别是功能性技术总是在某种程度上直接或间接地延长或扩展了人的某种器官的某种功能。这是技术的本质,也是一种技术能够出现、存在和发展的主要基础。

因此,可以认为：信息技术是指能够扩展人的信息器官功能,完成信息的获取、传递、处理和利用等功能的一种技术。同时,信息技术也可以理解为一切涉及与信息的生产、收集、存储、处理、流通和应用的技术、相关方法、制度和技能,以及相关工具和物质设备等的总称。信息技术涵盖软、硬信息技术范畴,也就是说,信息技术是涉及信息的一切自然技术和社会技术,包括信息劳动者的技能,信息劳动工具和信息劳动对象,包括信息技术的管理制度、方法体系、解决方案、系统集成和服务体系等的总和。

2. 信息技术的分类

总体来说,信息技术在不同的研究领域具有不同的分类方法。

从扩展和延伸人类的信息器官功能角度,信息技术可以分为获取信息的信息技术,如遥感、遥测技术等；传输信息的信息技术,如通信技术、存储技术等；处理和再生信息的信息技术,如智能技术、人工神经网络技术等；以及应用和反馈信息的信息技术,如调节技术和控制技术等四大类。

从信息基础技术、信息系统技术及信息应用技术三个方面,也可对信息技术进行如下分类,如图 1-3 所示。

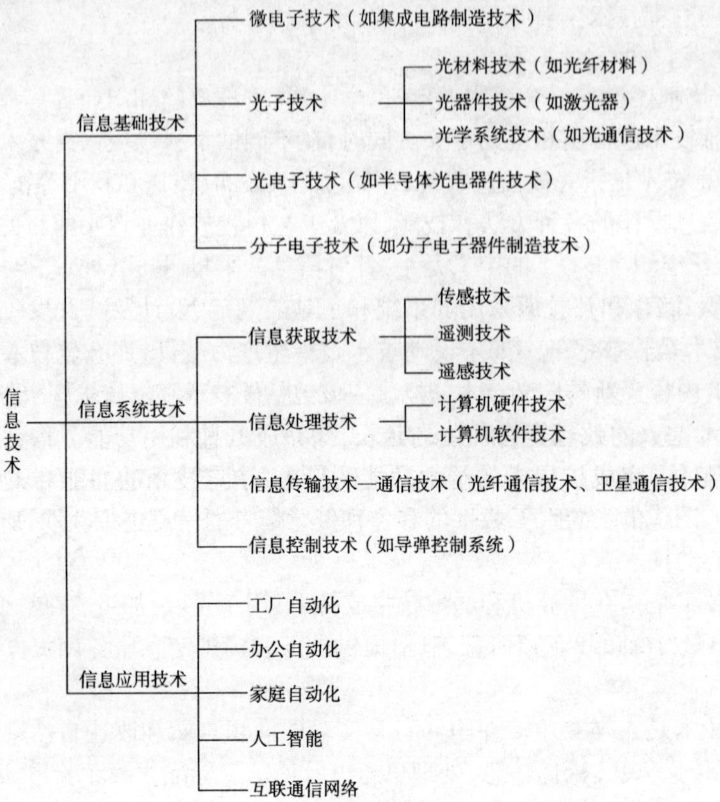

图 1-3　信息技术的分类

三、信息技术的体系结构

一般而言,信息技术的体系结构由四个层次组成,即基础技术层、支撑技术层、主体技术层和应用技术层,如图 1-4 所示。

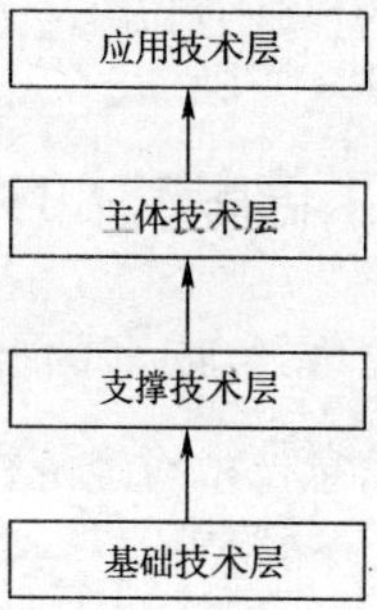

图1-4 信息技术的体系结构

1. 基础技术层

信息技术的基础技术层主要是指新材料技术和新能量技术(包括新能源技术、新的能量转换和控制技术等)。信息技术能够实现性能水平的进步,归根结底来源于材料和能量技术的进步。例如,电子信息技术由真空管时代向晶体管、集成电路、超大规模集成电路时代的迈进,是由于锗、硅半导体材料、金属氧化物半导体材料、砷化镓材料等的开发和利用;而激光信息技术的出现和发展则依赖于各种激光材料的开发和激光能量的利用。因此,开发新材料、掌握新的能量技术是发展和改善信息技术的最基本的途径。

2. 支撑技术层

信息技术的支撑技术主要是指机械技术、电子技术、微电子技术、激光技术和生物技术等。无论是信息的获取、传递、处理还是信息的利用,都要通过机械的、电子的、微电子的、激光的或生物的技术手段具体实现。这是因为机械的物理参量、电信号的基本参量、光信号的基本参量以及生物的电参量的变化都可以比较方便地用来表现和描述信息,并且便于进行人工控制和处理。

3. 主体技术层

信息技术的主体技术是感测技术、通信技术、计算机技术和控制技术。感测技术是人的感觉器官功能的延长,即完成信息获取功能。通信技术是人的传导神经网络功能的延长,即完成信息传递功能。计算机技术是人的思维器官功能的延长,即完成信息处理功能。控制技术是人的效用器官功能的延长,即完成信息利用功能。信息技术的功能系统是一个有机整体,完成扩展人的智力功能的任务,信息技术的功能和人的信息器官的功能是一致的,只是功能的水平或性能各有所长。信息技术的主体技术及其功能系统如图 1-5 所示。

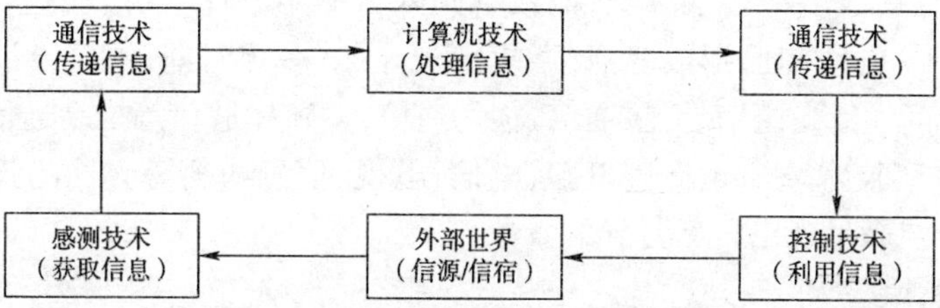

图 1-5 信息主体技术及其功能系统

4. 应用技术层

信息技术的应用技术是针对各种实用目的由主体技术繁衍出来的形形色色的具体技术群类。随着信息基础技术、支撑技术和主体技术的迅速发展,信息技术迅速渗透到人类生活的各个领域,对人们的生产、工作、学习、生活等各方面都产生了深刻的影响,表现出了强大的生命力和渗透力,以及它与人类社会各个领域密切而牢固的联系。

四、信息技术的特征及作用

1. 信息技术的特征

信息技术对经济社会的发展具有强大的推动作用。与其他技术相比较而言,信息技术具有以下特征。

(1)更广泛的适用性和更强的渗透性

信息资源是一切生产活动、经济活动与社会生活重要的资源要素,并且随着时间的推移越来越显示其重要性,因此,现代信息技术广泛应用于经济社会的各个领域。目前,新兴电子信息技术应用的重点领域已覆盖到生产制造、产品设计、办公业务、家庭生活、医疗保健、教育、交通通信、商业、科研、娱乐、安保、金融、气象、资源勘测、军事、大众传播等各个方面。据估计,现在全世界国民生产总值的65%同集成电路和计算机有关,历史上还没有一项技术能像现代信息技术这样,对人类社会有如此广泛而深刻的影响。

(2)高度知识密集,经济和社会效益显著

如果说其他技术是人的体力的延伸,那么信息技术则是人的智力的增强。信息技术的普及和应用,有利于替代和节省能源和其他原材料的消耗,减少污染。比如,造纸要耗用大量木材和水资源,在制造过程中还会排出污水造成环境污染。据美国一项调查,全球每年仅是用于印刷各种表格的费用就达 1 200 亿美元,其中 1/3 的表格因内容变更等原因造成巨大的资源浪费。现在,用电子介质替代纸张作为信息载体的条件不仅已初步具备,而且已在各种事务中得到现实应用。信息技术的应用,还有利于改进劳动工具的技术性能,提高对生产和劳动过程的调控能力和实际的管理水平,有利于生产要素的优化配置和合理流动,密切生产与市场、供给与需求的联系。这些都会带来显著的经济效益和社会效益。

(3)发展速度更快、更新周期更短,具有极强的时效性

国际上集成电路的开发生产遵从"摩尔(G.Moore)定律",即从 20 世纪 60 年代至今大约每过 18 个月集成度便增加一倍,而成本则降低一半。计算机发明至今有 50 年左右,但现今第六代产品的研制已形成热点,微机出现才 20 多年时间,不仅设计工艺几经革命,而且新机种纷纷问世。光通信、卫星通信、移动通信、多媒体通信等推动通信技术不断发展。特别是当前的数字技术革命正促进电脑、电信、电视、信息内容等方面的技术大融合,并使信息产业的各个层面呈现出日新月异的景象。

(4)投资大,风险大

现代信息技术的发展、更新和普及应用都需要投资。在信息技术领域,技术设计和制

造越来越复杂精密,技术难度日益加大,信息网络覆盖的范围也越来越广,因而,相关的 R & D 费用和基本建设投资特别是初始投资额往往较巨大。但考虑到信息技术极强的时效性,所以巨额投资同时又意味着巨大的风险,一旦决策失误,不仅会招致惨重的损失,而且会贻误发展的良好时机。如日本曾花费了 20 多年的时间,投入了巨额资金研制基于模拟技术的 HDTV,本想以此抢占未来电视技术与市场的制高点,但未料到近年数字化电视的快速兴起,迅速改变了电视技术的研发方向,并对日本电视技术的未来构成严重威胁。日本迫不得已于 20 世纪 90 年代初停止了模拟 HDTV 的研制计划,巨额投资也付之东流。

2. 信息技术的作用

目前,人们在现实的经济和社会活动中,已经体会并享受到了应用信息技术所带来的诸多便利和益处。比如,广泛应用先进的通信技术,大为改善了人们相互间的信息交流与相互联系；应用计算机进行设计和控制工业过程,极大地提高了产品的质量并大量节省了能源和原材料的消耗；将信息技术应用于管理领域,提高了管理和决策的科学性和时效性等。然而从理论概括的需要来看,信息技术的上述特点与特定的应用领域相结合,便会展现出它的各种作用,而且对于不同的应用领域,它会展示其不同的作用。在国民经济发展领域,信息技术的作用主要体现在以下几个方面：

（1）先导作用

由于信息技术的广泛适用性和渗透性等特征,大力普及应用信息技术,可实现对整个国民经济技术基础的改造,因而,通过信息产业的优先发展,可以带动各行各业等相关产业的发展。

（2）替代作用

通过加大信息资源的投入,或人们智力与知识的投入,可在一定程度上替代各种物质资源和能源的投入,并减少物质资源和能源的消耗,从而改变经济增长的传统模式。

（3）“软化”作用

随着信息技术的普及应用,在产业结构、就业结构、投资结构中,信息、R & D、公共关系、智力、人才、广告、管理等“软”的无形方面相对增强,而设备、能源、原材料、基建、实物产品等“硬”的有形方面变得相对弱化。

（4）优化作用

优化作用指在经济活动中大力普及应用信息技术,可以有助于优化生产要素本身的质量、优化对各种生产要素的管理、优化其相互间的配置、优化其运行的有序度和效率。

（5）增值作用

增值作用即增加财富,扩大供给,提高产品与劳务的附加值。通过信息资源的嵌入,使其他资源发挥效用最大化,优化资源配置和资源的应用效率,促进国民经济又好又快的增长（这种增值将是成倍的）。因此,信息技术又被称为经济发展的“倍增器”。

此外,从微观角度来看,大多数传统方法在提高管理组织结构的运行效率和增加准确性的过程中,降低成本和提高效率难以两全。而信息技术的应用,在减少实现整个管理组织结构功能的环节、降低物化成本和提高运作效率方面取得了明显的效果,如在自动化处理、信息管理、监控与跟踪、决策支持方面都体现出了其显著的作用。

第二节　信息技术的产生与发展

一、信息技术的产生与发展

1. 信息技术的产生

信息技术是人类在扩展自身信息器官功能的基础上产生和发展起来的。要了解信息技术的产生，就要对科学技术的发展历程进行考察。科学技术是人类在同大自然做斗争中所使用的武器，而一切武器之所以有用，就在于它能增强人类器官的功能。最初人类赤手空拳地同自然作斗争，当人类在斗争中逐渐认识到自身功能不足以满足需要时，就产生了延长自身器官功能的需求。于是，人类便开展这一方面的研究，发明和制造出各种各样的人造器官。也就是说，科学技术发展总是沿着人类自身进化的要求而发展的，当人类同自然作斗争需要发展某种功能的时候，人类的这种功能就会相应地发展起来。例如，在人类社会的最初阶段，人类与自然作斗争的基本形式是采集野果和猎取野兽，这就产生了延长手脚和腿的功能的客观需求，并逐渐制造各种生产、生活工具。后来，由于斗争的深度和广度的提高，要求原始人相互协作，于是其他功能又逐渐发展起来。特别是当斗争需要这种功能进一步发展而人类天赋的器官的功能又无法满足需要时，人类就会寻求各种人为的方法和手段来弥补自身器官的先天不足。比如为了便于进行远距离或更广泛的思想交流，人们便创造出符号、文字、图形、印刷和通信技术。

由此，我们把扩展人类各种器官功能的原理和规律称为“科学”，而把扩展人类各种器官功能的具体方法和手段称为“技术”。根据上述分析可以得出：科学技术的发展历程，在总体上和人类自身进化的进程相吻合，人们通常将这一规律称为科学技术发展的“拟人律”。

“拟人律”告诉我们，人类为了维系生存，在历史上很长一段时间里一直优先发展自己的体力功能，材料科学技术和能源科学技术也相继发展起来。因而人类的体力功能便日益得到加强。而信息虽然重要，但在生产力和生产社会化程度很低的时候，人们仅凭天赋的信息器官的能力，就足以满足认识世界和改造世界的需要了，因此便不急于延长信息器官的功能。当然，和体力功能相比，人类的信息器官功能也就几乎没得到什么扩展和延长。可是随着生产和实践活动的深度和广度的不断拓展，特别是自蒸汽机的发明和应用以来，人类信息器官的功能已明显滞后于行为器官的功能，并且越来越不适应同自然作战的需要了。人类要“上天”、“入地”、“下海”、“探微”，但其视力、听力，以及大脑存储信息的容量、处理信息的速度和精度都满足不了这种需要。只有到这个时候，人类才会把自己的注意力转向扩展和延长自己的信息功能方面。于是，发展信息科学技术也就成了这一时期的中心任务。从另一方面来看，人类长期致力于延长行为器官的努力又大大促进了材料科学技术和能量科学技术的发展，为延长信息器官的功能准备了充足的条件，使得延长信息器官功能在这一时期成为可能。实际上，历史上的语言、文字、印刷等的发明使用仅是信息表述和记录方法上的突破，是单项的。而以19世纪40年代为起点，经过50~60年代的酝酿，人类在信息的获取、传输、存储、显示、识别和处理的方法和手段，以及利用信息进行决策、控制、指挥、组织和协调等的原理和方法等各个方面都取得了突破，这是综合性的。这些事实又从另一个方面说明了，当代科学技术发展的主流已经转向信息科学技术。

2. 信息技术的发展

（1）原始时代的信息技术

原始时代没有文字，原始人是通过一些辅助的东西或简单的图画表述信息的。例如北美的印第安人离家狩猎，在屋边钉下几根带有横杆的木橛，一根表示要过一昼夜才回来，两根表示两昼夜等等。另外，还有“结绳记事”，不同颜色的绳子和不同的绳结，表达不同的信息，它的主要用途是帮助记忆。从某种意义上来说，上述这些除了作为一种信息表述技术外还可以算作一种原始的信息存储技术。除“结绳文字”外，在某些部落中可以看到另一种信息表述的方法——图画。它是画在树皮、皮革或其他材质上的图形。如果表示“水”就画上几条波纹，表示“星”就画上几颗星星。这种用图画表示信息的方法后来演进为表意文字。

（2）古代信息技术

随着生产力的提高，人们的认识也一步一步地由低级向高级发展。人类进入了文明社会，信息技术也有了新的发展。文字的出现是信息技术的一大变革。甲骨文是我国最早的文字，它最初是在原始画的基础上发展起来的。从结构上看，它基本上是一种“象形”文字，还有一小部分加上声音，即所谓“形声字”。再向前一步人们又发明了把两个字合在一起组成一个新字，这样文字便逐渐增多，也越来越复杂了，表示的信息也更为丰富。文字的发明使得人们能够方便地进行信息的表述、传递和存贮，与原始画比起来，信息的表达前进了一大步。

（3）现代信息技术

近代特别是20世纪以来，经过两次世界大战的刺激和推动，一大批新的技术作为人类感觉器官、传导神经系统、思维器官和效应器官的延伸物被创造和发展起来，例如电话、电报、无线电通信、广播、雷达、电视、电子显微镜、射电望远镜、遥测、遥控遥感、自动控制、自动机、计算机、计算机通信、卫星通信、光导纤维通信、自动化系统、专家系统、人工智能系统、计算机辅助设计、计算机辅助生产、计算机辅助施工、计算机辅助教学、计算机辅助决策、计算机辅助管理、计算机辅助服务等，汇集成了20世纪技术发展的核心和主流。所有这些技术都有一个共同的特征，就是它们都是人类信息器官功能的扩展和延伸。因此，将它们并称为“现代信息技术”。

现代信息技术，总体上包括现代信息处理技术、现代信息表述技术、现代信息传输技术和现代信息存储技术。

信息处理技术的基本功能相当于人脑的思维功能，是信息技术群的核心。从公元前中国人发明的算盘，到17世纪初欧洲人发明的计算尺，在漫长的岁月里，信息处理主要是靠人脑的筹算并辅之以简单的计算工具。这种人工信息处理方式虽然十分简便,但在速度和准确性方面存在着明显的缺陷。

计算机技术出现以后,随之出现了与之相应的信息表述技术。计算机是一个自动化的信息加工工具,其指令与被处理的数据都是采用二进制数字系统。计算机只能识别二进制数,因此处理的所有数、字母、符号等均要用二进制编码表示。

有这样一种说法:如果说以计算机技术为核心的现代信息处理技术是社会的“大脑”,那么通信技术就是现代社会的“中枢神经系统”。这里提到的通信技术应广义地理解为现代信息传输技术。

纸的发明使古老原始的信息存储技术发生了一次革命性飞跃,而近现代以来随着缩微品、磁盘、光盘等的出现,信息存储技术又发生了翻天覆地的变化。从广义上来说,纸印本图书、电影胶片、录像带、唱片、录音带、幻灯片以及缩微品、磁盘、光盘、模型、多媒体系统等都是信息存储的介质,与它们相对应的技术便构成了现代信息存储技术。

二、我国信息技术的发展

信息技术的迅速发展,导致其产业化倾向愈来愈明显。而信息技术产业化将对当今和未来人类社会的发展产生巨大影响,并且正在全方位、多层次地向人类社会各个领域加速渗透,所以引起了世界各国的普遍重视,得到了各国政府的大力支持和资助。可以肯定的是,谁掌握了现代信息技术,并在产业化方面领先一步,谁就占领了未来竞争优势的“制高点”。

我国政府对信息技术的发展十分重视。1986 年我国制定的高技术研究发展计划纲要(即“863”计划)中提出了七个技术领域,信息技术被排在重要位置。在纲要中还提出了信息技术发展的三个主题:即智能计算机系统、光电子器件及光电子 / 微电子系统集成技术、信息获取和处理技术,并且制定了这三个主题各自的发展目标。经过近十年的发展,这三个领域都取得了一定的成就。如,智能工作站系统达到了国际上 20 世纪 80 年代中、后期水平;手写汉字识别系统已用于全国人口普查;语音输入装置已经商品化;140MB/s 混合集成光端及 622MB/s 集成单元模块和分布反馈激光器取得了实用化的成果。

1992 年 3 月,国务院电子信息系统推广应用办公室和国家科委联合推出了国家级电子信息应用“倍增计划”。该计划强调继续深入抓好电子信息技术在国民经济和社会发展各个领域的应用,成片推广成熟的技术,形成规模,并从单项技术的应用向系统应用和网络应用发展。《国家中长期科学技术发展纲领》中关于高新技术的发展部分中,也涉及了电子信息技术的发展问题。

进入 20 世纪 90 年代以后,我国信息产业取得了高速的发展,电话用户规模跃居世界第一位,网络用户规模位居世界第一位,电子信息产业经济规模跃居世界第三位,为中国经济社会发展和人民生活质量的改善作出了积极的贡献。据 2013 年 1 月 15 日 CNNIC(中国互联网络信息中心)在京发布的第三十一次《中国互联网络发展状况统计报告》显示:截至 2012 年 12 月底,中国网民规模达到 5.64 亿人,全年共计新增网民 5 090 万人,互联网普及率升至 42.1%,保持低速增长,较 2011 年年底提升 3.8%,两项指标均延续了自 2011 年以来的增速趋缓之势。与此同时,我国手机网民数量快速增长。数据显示，2012 年我国手机网民数量为 4.2 亿人,年增长率达 18.1%,远超网民整体增幅。此外,网民中使用手机上网的比例也继续提升,由 69.3% 升至 74.5%,其第一大上网终端地位更为稳固。中国网民规模与普及率如图 1-6 所示。

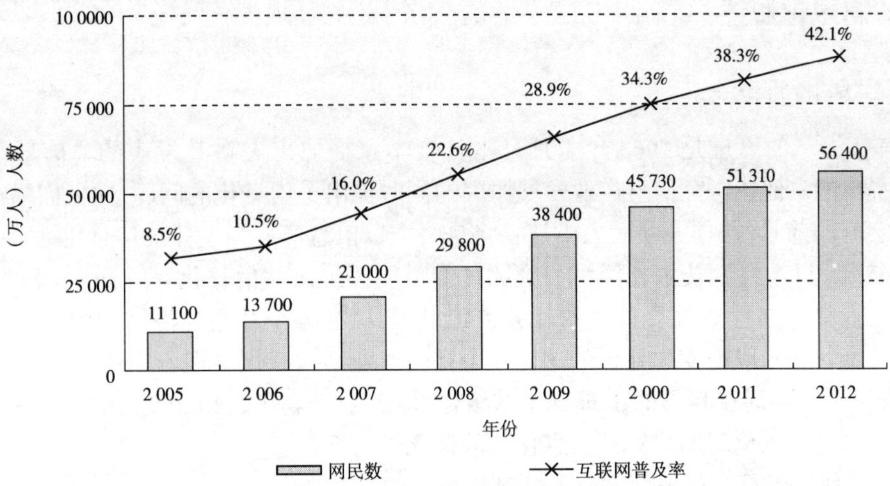

注：来源于http：www.cnnic.net.cn/

图 1-6 中国网民规模与普及率

信息技术的快速发展促生了信息技术产业（又称信息产业）的形成。信息技术产业是国民经济的基础产业、先导产业和支柱产业,在中国全面建设小康社会和现代化建设中起着举足轻重的作用。20 世纪 90 年代以后,中国信息技术产业在发展中改革,在改革中发展,为中国经济社会发展和人民生活质量的改善作出了积极的贡献。2005 年由商业软件联盟和国际数据公司合作完成的报告表明,在 2000 年至 2004 年期间,中国信息技术产业的规模从 188 亿美元增加到 275 亿美元,其中软件行业增长 88%。中国的信息技术产业在 2004 年至 2009 年的增长幅度大约为 85%,为中国创造更多就业机会和国民财富,为政府带来更多税收,为企业带来更多收入。我国电子信息产业规模由 1978 年的销售收入 14.5 亿元人民币,到 2007 年的 5.6 万亿元，30 年增加 3 850 倍,产业规模居国内工业行业首位、世界前列。在 30 年的摸索当中,电子信息产业经历了四次重大战略转型。从 1978 年至 20 世纪 80 年代中期,电子工业从以军为主转为军民结合；80 年代中期至 90 年代初期,率先发展消费类电子产品；90 年代初至 90 年代末,从单一制造业转向硬件制造、软件生产、应用与信息服务业诸业并举；90 年代末至今,提出以信息化带动工业化,以工业化促进信息化的新型工业化道路。

但从国际横向比较来看,我国信息技术的发展还处于发展阶段,信息技术水平比较落后,在客观上存在很多制约信息技术发展及开发的因素。如缺乏政策和法规的引导,缺乏宏观统一规划和微观指导管理,信息技术研发投入资金不足,信息技术利用率低,缺乏高素质人才,未真正开发用户市场等。

第三节　信　息　化

一、信息化概述

1. 信息化的概念

“信息化”的思想是1963年1月日本社会学家梅倬忠夫在其发表的《信息产业论》中首次提出的。他在研究信息产业发展原因的同时提出了信息化的问题，向人们描绘了“信息化社会”的前景，并预言今后人类社会将是一个以信息产业为主体的信息化社会。

1967年，日本科学技术和经济研究团体最早明确提出“信息化”一词，用来描述人类社会由工业社会向信息社会过渡的社会进化过程，即在整个社会经济结构中，信息产业获得长足进步并逐步取得支配地位的这样一个社会产业结构演化过程。

“信息化”一词在我国的出现早于城镇化，但迟于工业化。20世纪80年代中期，我国学者开始关注信息化问题并对“信息化”的概念进行探讨。

表1-1列出了具有代表性的有关信息化概念的不同观点。

信息化概念的不同观点　表1-1

序　号	内　涵	资料来源
1	信息化是指通信现代化、计算机和行为合理化的总称	李京文（1994）
2	信息化是在国民经济和人们生活中最广泛应用先进的信息技术，以提高生产力，促进国民经济的发展，包括五个方面的内涵	李京文（1994）
3	信息化是指在经济和社会活动中，通过普遍地采用信息技术和电子信息设备，更有效地开发和利用信息资源，推动经济发展和社会进步，使信息经济增加值在国民生产总值中的比重逐步上升直至占主导地位的过程	李京文（1994）
4	信息化就是指用现代信息技术装备国民经济各部门和各领域，极大地提高社会劳动生产率	钟义信（1995）
5	信息化就是利用电子信息技术，实现信息资源高度共享，发掘社会智能潜力，推动经济和社会优质发展	高新民（1996）
6	信息化是指在工业化的过程中，要逐步提高信息经济在国民生产总值中的比重，同时通过信息高速公路的建设，把信息产业发展起来，把信息技术的应用普及化，把信息技术的自主开发能力提高上去	张东彦（1997）
7	信息化就是要加快国民经济各部门之间、部门内部以及企业间的信息沟通和交流，促进企业技术改造，使企业的发展更适应新技术的发展和不断变化的市场需求，从而加快经济的运行节奏，促进经济发展	南云（1997）
8	信息化是指人们凭借现代电子信息技术手段，通过提高自身开发和利用信息资源的智能，推动经济发展、社会进步乃至人们自身生活方式变革的过程	汪向东（1998）

续上表

序 号	内 涵	资料来源
9	信息化是指社会经济的发展，从以物质与能量为经济结构的重心，向以信息为经济结构的重心转变的过程。在这个过程中，不断地采用现代信息技术装备国民经济各部门和社会各领域，从而极大地提高社会生产率	李富强（1998）
10	信息化是采用现代信息技术等手段，通过提高人类开发和利用信息资源的智能，推动经济发展、社会进步甚至人们生活方式变革的过程	韩建新（2000）
11	信息化是指人们对现代信息技术的应用达到较高的程度，在全社会范围内实现信息资源的高度共享，推动人的智能潜力和社会物质资源潜力充分发挥，使社会经济向高效、优质方向发展的历史进程	赵萍（2000）
12	信息化就是指社会经济结构从以物质与能量为重心，向以信息与知识为重心转变的过程	吴基传（2001）
13	信息化通常是指由信息技术推广和应用、信息资源开发利用及产业化所组成的整个信息革命的发展过程	宋玲（2001）
14	信息化就是指由计算机和互联网生产工具的革命所引起的工业经济转向信息经济的一种社会经济过程	姜爱林（2003）

从上述信息化概念的不同观点不难看出，对“信息化”概念的理解，有的学者侧重于信息技术角度下意义，有的则从信息产业角度下定义，有的强调是从信息基础结构进行概括，还有的是从经济的、社会的或过程的角度概括。尽管这些概念有不同的表述，但都是从不同侧面、不同角度和不同层次对信息化的概念及本质进行了阐释。这些研究对科学界定信息化的概念颇有帮助。

综合上述信息化概念的不同观点，从目前信息化发展现状来看，所谓信息化，就是指由计算机和互联网生产工具的革命所引起的工业经济转向信息经济的一种社会经济过程。它包括信息技术的产业化、传统产业的信息化、基础设施的信息化、生产方式的信息化、生活方式的信息化等方面。同时，信息化是一个相对的概念，它所对应的是社会整体及各个领域的信息获取、处理、传递、存储、利用的能力和水平。

2. 信息化的特征

信息化概念及内容的复杂性、广博性，使得人们难以对其特征进行概括或归纳。但从最一般的意义而言，信息化的主要特征如下：

（1）智能化

随着信息化水平的不断提升，社会经济生活各领域应用的信息技术含量及复杂程度日益提高，智能化开始在各行各业以及人们生活中的各个方面得以体现。智能化的特征表现为体力劳动逐渐被脑力劳动所取代，简单的、重复性的脑力劳动由计算机所取代。

（2）数字化

在信息化时代，数字、文字、图像、语音，甚至虚拟现实以及可视世界的各种信息等，都可以用最基本、最简单的 0 和 1 表示。软件中的系统软件、工具软件、应用软件以及信号处理技术中的数字滤波、编码、加密、解压缩等都是基于数字化实现的。同时，数字化还正在引发一场广泛的产品革命，各种家用电器设备、信息处理设备都将向数字化方向发展，如数字电视、数字广播、数字电影以及通信网络的数字化等。

（3）一体化

在信息化社会，随着经济全球化进程的进一步加快，对机会和时机把握的要求更为苛刻，从根本上表现为信息实时性的要求越来越高。因此，加强信息的识别、采集、处理、传输、控制、应用等环节的适时化和一体化非常重要，必须实现各种技术和系统的一体化融合。

（4）个性化

相对于工业化时代的群体化，信息化使得人们的行为活动和诸多选择更加具有个性。更为重要的是，在信息化时代，这种个性化的需求将变得更为容易实现。

此外，信息化还具有知识含量高、技术多样性、业务综合性、行业合作性、市场竞争性、用户选择性、广泛渗透性和虚拟化等特征。

信息化的上述特征在不同领域具有不同的体现。在物质生产活动中，表现为产业结构的优化、信息资源化、信息技术高度发展、劳动力结构的变化、信息基础设施的完善和信息标准、法规等的不断完善。

3. 信息化的分类及阶段划分

信息化的本质及其特征决定了信息化的多样性。对此，可以从不同的角度，依据不同的标准进行分类，目的是为了更好地、更深入地去理解和认识信息化的理论。

从社会经济发展的角度，信息化可以分为经济信息化、社会信息化或经济信息网络化、社会信息网络化。从社会制度不同上看，可分为资本主义信息化、社会主义信息化。从农村和城市来看，可分为城市信息化、农村信息化。从行业来划分，可分为工业信息化、农业信息化、服务业信息化。从信息化的层次上看，可以分为产品信息化、服务信息化、产业信息化、经济信息化和社会信息化。从国际经济关系的角度，可分为国际贸易信息化、国际金融信息化、跨国公司的信息化。从区域的角度看，可分为东部信息化、西部信息化、中部信息化或珠江三角洲信息化、长江三角洲信息化、环渤海信息化。从国内外角度分析，可分为中国信息化、外国信息化，或国外信息化与国内信息化[10]。

学术界对我国信息化进程的阶段划分由于依据的标准不同，也出现了不同的观点和划分方法。汪向东（1998）、韩建新（2000）、吕政（2000）等将信息化划分为两大阶段；乌家培（1996）、王亚平（1999）、李晓东（2000）、姜爱林（2001）将信息化划分为三大阶段；陈小洪（2000）、刘寅（1987）将信息化划分为四大阶段；赵小凡（2001）将信息化划分为七大阶段。可以看出，关于中国信息化阶段的划分，至今没有一个统一的说法。有兴趣的同学可参考上述文献进行研读，在此不一一详细列出。

二、我国国家信息化体系结构与发展战略

1. 国家信息化体系结构

1997 年 4 月，我国第一次信息化工作会议在深圳召开。该次会议提出了我国国家信息化的定义及国家信息化体系的概念。所谓国家信息化，就是指在国家统一规划和组织下，

在农业、工业、科学技术、国防及社会生活各个方面应用现代信息技术，深入开发，广泛利用信息资源，加速国家实现现代化的进程。

国家信息化的定义包含了四层含义：

①实现四个现代化离不开信息化，信息化也要服务于四个现代化；

②国家要统一规划、统一组织信息化建设；

③各个领域要广泛应用现代信息技术，深入开发利用信息资源；

④信息化是一个不断发展的过程。

国家信息化体系包括信息技术应用、信息资源、信息网络、信息技术和产业、信息化人才、信息化政策法规和标准规范等六个要素。六个要素共同构成一个有机的整体，形成了符合中国国情的、完整的信息化体系（图 1-7）。

（1）信息技术应用

信息技术应用，是指把信息技术广泛应用于经济和社会各个领域。信息技术是应用信息化体系六要素的龙头，是国家信息化建设的主阵地，集中体现了国家信息化建设的需求和效益。信息技术应用工作量大、涉及面广，直接关系到国民经济整体素质、效益和人民生活质量的提高。信息技术应用向其他五个要素提出需求，而其他五个要素又反过来支持信息技术应用。

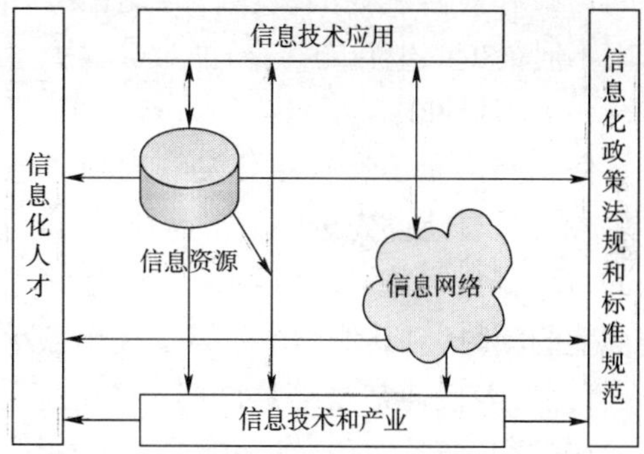

图1-7 国家信息化体系结构

推进国民经济信息化的进程，就是在国民经济各行各业广泛应用现代信息技术，深入开发和有效利用信息资源，提高管理水平，提高劳动效率，提高经济效益，提升产业结构和素质，推进国民经济更加迅速、健康的发展，从而加速实现国家现代化的进程。

信息技术应用的重点如下：

①改造和提升传统产业的结构和素质。紧紧围绕国家经济结构调整的目标，大力推进信息技术和信息产品在农业、工业、服务业等领域的应用，增加品种，改进质量，扩大出口，降低能耗，节约资源，减少污染，提高效益，加强技术改造，实现产品升级和结构优化，推动国民经济增长方式由粗放型向集约型转化。

②推动企业管理和生产过程自动化。促进数控系统、生产过程控制、计算机辅助设计/计算机辅助制造（CAD/CAM）、计算机辅助工艺过程设计（CAPP）、计算机集成制造系统（CIMS）、计算机管理信息系统（MIS），特别是电子商务等电子、信息、网络技术在企业中的广泛应用。将信息技术和现代管理技术、制造技术、控制技术相结合，应用于企业产、供、销的全过程，通过信息集成、过程优化及资源优化配置，实现物流、资金流和信息流的集成和优化，提高企业的市场应变能力和竞争能力。

③推进高科技产业信息化。在电子信息、生物工程、新能源、新材料、航空航天、环境保护等新兴产业和其他高技术产业领域，广泛推广应用电子信息技术，促进核心技术的研究、开发和生产，占领高新技术和产业的制高点，推动新兴产业的诞生和发展。

④统筹规划，重点实施信息化重大工程。根据我国实际情况，推进国民经济信息化应

当按照领域信息化、区域信息化、企业信息化和社会信息化,分类组织推进实施具有突出示范效应和巨大推动力的信息化重大工程。当前重点是抓紧、抓好电子商务、电子政务等跨部门、跨行业、跨领域、跨地域的重大信息化工程。

(2)信息资源开发利用

信息资源、材料资源和能源资源共同构成了国民经济和社会发展的三大战略资源。信息资源的开发利用是国家信息化的核心任务,是国家信息化建设取得实效的关键,也是我国信息化的薄弱环节。信息资源开发和利用的程度是衡量国家信息化水平的一个重要标志。信息资源在满足信息技术应用提出的需求的同时,对其他四个要素也提出相应需求。

在人类赖以生存和发展的自然界,可以开发利用的材料资源和能源资源是有限的,绝大多数又是不可再生、不可共享的。而且对材料资源和能源资源的开发利用必然产生对环境的污染和对自然界的破坏。与此相反,信息资源是无限的、可再生的、可共享的,其开发利用不但很少产生新的污染,而且会大大减少材料和能源的消耗,从而相当于减少了污染。

(3)信息网络

信息网络是信息资源开发利用和信息技术应用的基础,是信息传播、交换和共享的必要手段。只有建设先进的信息网络,才能充分发挥信息化的整体效益。信息网络是现代国家的重要基础设施。信息网络在满足信息技术应用和信息资源分布处理所需的传输与通信功能的同时,对其他三个要素也提出需求。

目前,人们通常将信息网络分为电信网、广播电视网和计算机网。这三种网络有各自的形成过程、服务对象、发展模式。三种网络的功能有所交叉,又互为补充。三种网络的发展方向是:互相融通、取长补短,逐步实现三网融合。必须积极支持电信网、广播电视网、计算机网的发展,处理好三网间的关系,促进三网逐步融通和融合,保证我国信息化建设的健康发展。

(4)信息技术和产业

信息技术和产业是我国进行信息化建设的基础。我国是一个大国,又是发展中国家,不可能也不应该过多依靠国外购买信息技术和装备实现信息化。为了国家的主权和安全,关键的信息技术和装备必须由我国自己研究、制造、供应。所以,我们必须大力发展自主的信息产业,才能满足信息技术应用、信息资源开发利用和信息网络建设的需求。当然,信息技术和产业本身的发展也需要人才和法规标准的支持。

随着我国国民经济快速持续的发展和信息化进程的不断加快,各行各业对信息基础设施、信息产品与软件产品、信息技术和信息服务的需求急剧增长,这也为信息产业的发展提供了巨大的市场空间,从而带动我国信息产业的高速发展。

(5)信息化人才

信息化人才是国家信息化成功之本,对其他各要素的发展速度和质量有着决定性的影响,是信息化建设的关键。只有尽快建立结构合理、高素质的研究、开发、生产、应用和管理队伍,才能适应国家信息化建设的需要。信息化体系各要素都需要多门类、多层次、高水平人才的支持,要充分利用学校教育、继续教育、成人教育、普及教育等多种途径,以及函授教育、电视教育、网络教育等多种手段,加快各类信息化人才的培养,提高专业人才的素质和水平。要长期坚持不懈地在广大人民群众中普及信息化知识和提高信息化意识,加强政府机构和企事业单位的信息化职业培训工作。还要重视建立精干的信息化管理队伍的工作，特别是信息化型人才选拔、培养和使用。

（6）信息化政策法规和标准规范

信息化政策法规和标准规范用于规范和协调信息化体系各要素之间的关系，是国家信息化快速、持续、有序、健康发展的根本保障。

应抓紧对现有的法律法规进行修订，适应国家信息化发展的需要；抓紧制定和出台各种法规及配套的管理条例，以形成较为完善的法规体系，通过法律手段，营造一个公平、合理、有序的竞争环境。还要加快建立健全相关的执法体系及监督体系。标准规范是技术性的法规。标准规范对我国自主信息产业的发展具有极其重要的作用。因此，一定要有计划地确立国家信息化标准体系和各类标准规范。

2. 国家信息化内容的理论模型

依据上述国家信息化的定义及国家信息化体系框架进行归纳概括，可以得出我国信息化内容的一般理论模型，如图 1-8 所示。

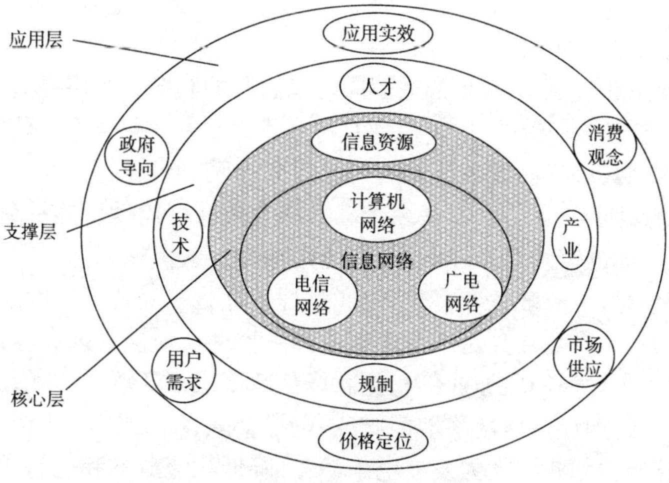

图 1-8 信息化内容的理论模型

由图 1–8 可以看出，这个理论模型主要内容包括核心层、支撑层及应用层三个层面。核心层是信息网络和信息资源；支撑层包括信息化所需的人才队伍、信息技术、信息产业和信息化所需的各种规制环境；应用层包括应用实效、政府导向、消费观念、用户需求、市场供应和价格定位等。

3. 我国信息化发展战略

（1）指导思想和战略方针

我国信息化发展的指导思想是：以邓小平理论和“三个代表”重要思想为指导，贯彻落实科学发展观，坚持以信息化带动工业化，以工业化促进信息化，坚持以改革开放和科技创新为动力，大力推进信息化，充分发挥信息化在促进经济、政治、文化、社会和军事等领域发展的重要作用，不断提高国家信息化水平，走中国特色的信息化道路，促进我国经济社会又快又好地发展。

我国信息化发展的战略方针是：统筹规划、资源共享、深化应用、务求实效，面向市场、立足创新，军民结合、安全可靠。要以科学发展观为统领，以改革开放为动力，努力实现网络、应用、技术和产业的良性互动，促进网络融合，实现资源优化配置和信息共享。要以需求为主导，充分发挥市场机制配置资源的基础性作用，探索成本低、实效好的信息化发展模式。要以人为本，惠及全民，创造广大群众用得上、用得起、用得好的信息化发展环境。要把制度创新与技术创新放在同等重要的位置，完善体制机制，推动原始创新，加强集成创新，增强引进消化吸收再创造能力。要推动军民结合，协调发展。要高度重视信息安全，正确处理安全与发展之间的关系，以安全保发展，在发展中求安全。

（2）战略目标

到2020年，我国信息化发展的战略目标是：综合信息基础设施基本普及，信息技术自主创新能力显著增强，信息产业结构全面优化，国家信息安全保障水平大幅提高，国民经济和社会信息化取得明显成效，新型工业化发展模式初步确立，国家信息化发展的制度环境和政策体系基本完善，国民信息技术应用能力显著提高，为迈向信息社会奠定坚实基础。

（3）战略重点

我国信息化发展的战略重点如下：

①推进国民经济信息化。一是推进面向“三农”的服务。利用公共网络，采用多种接入手段，以农民普遍能够承受的价格，提高农村网络普及率。整合涉农信息资源，规范和完善公益性信息中介服务，建设城乡统筹的信息服务体系，为农民提供适用的市场、科技、教育、卫生保健等信息服务，支持农村富余劳动力的合理有序流动。二是利用信息技术改造和提升传统产业。促进信息技术在能源、交通运输、冶金、机械和化工等行业的普及应用，推进设计研发信息化、生产装备数字化、生产过程智能化和经营管理网络化。充分运用信息技术推动高能耗、高物耗和高污染行业的改造。推动供应链管理和客户关系管理，大力扶持中小企业信息化。加快服务业信息化。优化政策法规环境，依托信息网络，改造和提升传统服务业。三是加快发展网络增值服务、电子金融、现代物流、连锁经营、专业信息服务、咨询中介等新型服务业。大力发展电子商务，降低物流成本和交易成本。四是鼓励具备条件的地区率先发展知识密集型产业。引导人才密集、信息化基础好的地区率先发展知识密集型产业，推动经济结构战略性调整。充分利用信息技术，加快东部地区知识和技术向中西部地区的扩散，创造区域协调发展的新局面。

②推行电子政务。一是改善公共服务。逐步建立以公民和企业为对象、以互联网为基础、中央与地方相配合、多种技术手段相结合的电子政务公共服务体系。重视推动电子政务公共服务延伸到街道、社区和乡村。逐步增加服务内容，扩大服务范围，提高服务质量，推动服务型政府建设。二是加强社会管理。整合资源，形成全面覆盖、高效灵敏的社会管理信息网络，增强社会综合治理能力。协同共建，完善社会预警和应对突发事件的网络运行机制，增强对各种突发性事件的监控、决策和应急处置能力，保障国家安全、公共安全，维护社会稳定。强化综合监管。满足转变政府职能、提高行政效率、规范监管行为的需求，深化相应业务系统建设。围绕财政、金融、税收、工商、海关、国资监管、质检、食品药品安全等关键业务，统筹规划，分类指导，有序推进相关业务系统之间、中央与地方之间的信息共享，

促进部门之间业务协作，提高监管能力。建设企业、个人征信系统，规范和维护市场秩序。三是完善宏观调控。完善财政、金融等经济运行信息系统，提升国民经济预测、预警和监测水平，增强宏观调控决策的有效性和科学性。

③建设先进网络文化。一是加强社会主义先进文化的网上传播。牢牢把握社会主义先进文化的前进方向，支持健康有益的文化，加快推进中华民族优秀文化作品的数字化、网络化，规范网络文化传播秩序，使科学的理论、正确的舆论、高尚的精神、优秀的作品成为网上文化传播的主流。二是改善公共文化信息服务。鼓励新闻出版、广播影视、文学艺术等行业加快信息化步伐，提高文化产品质量，增强文化产品供给能力。加快文化信息资源整合，加强公益性文化信息基础设施建设，完善公共文化信息服务体系，将文化产品送到千家万户，丰富基层群众文化生活。三是加强互联网对外宣传和文化交流。整合互联网对外宣传资源，完善互联网对外宣传体系建设，不断提高互联网对外宣传工作整体水平，持续提升对外宣传效果，扩大中华民族优秀文化的国际影响力。四是建设积极健康的网络文化。倡导网络文明，强化网络道德约束，建立和完善网络行为规范，积极引导广大群众的网络文化创作实践，自觉抵御不良内容的侵蚀，摒弃网络滥用行为和低俗之风，全面建设积极健康的网络文化。

④推进社会信息化。一是加快教育科研信息化步伐。提升基础教育、高等教育和职业教育信息化水平，持续推进农村现代远程教育，实现优质教育资源共享，促进教育均衡发展。构建终身教育体系，发展多层次、交互式网络教育培训体系，方便公民自主学习。建立并完善全国教育与科研基础条件网络平台，提高教育与科研设备网络化利用水平，推动教育与科研资源的共享。二是加强医疗卫生信息化建设。建设并完善覆盖全国、快捷高效的公共卫生信息系统，增强防疫监控、应急处置和抢救能力。推进医疗服务信息化，改进医院管理，开展远程医疗。统筹规划电子病历，促进医疗、医药和医保机构的信息共享和业务协同，支持医疗体制改革。三是完善就业和社会保障信息服务体系。建设多层次、多功能的就业信息服务体系，加强就业信息统计、分析和发布工作，改善技能培训、就业指导和政策咨询服务。加快全国社会保障信息系统建设，提高工作效率，改善服务质量。四是推进社区信息化。整合各类信息系统和资源，构建统一的社区信息平台，加强常住人口和流动人口的信息化管理，改善社区服务。

⑤完善综合信息基础设施。一是推动网络融合，实现向下一代网络的转型。优化网络结构，提高网络性能，推进综合基础信息平台的发展。加快改革，从业务、网络和终端等层面推进“三网融合”。发展多种形式的宽带接入，大力推动互联网的应用普及。推动有线、地面和卫星等各类数字广播电视的发展，完成广播电视从模拟向数字的转换。应用光电传感、射频识别等技术扩展网络功能，发展并完善综合信息基础设施，稳步实现向下一代网络的转型。二是建立和完善普遍服务制度。加快制度建设，面向老少边穷地区和社会困难群体，建立和完善以普遍服务基金为基础、相关优惠政策配套的补贴机制，逐步将普遍服务从基础电信和广播电视业务扩展到互联网业务。加强宏观管理，拓宽多种渠道，推动服务市场主体的多元化。

⑥加强信息资源的开发利用。一是建立和完善信息资源开发利用体系。加快人口、法人单位、地理空间等国家基础信息库的建设，拓展相关应用服务。引导和规范政务信息资

源的社会化增值开发利用，鼓励企业、个人和其他社会组织参与信息资源的公益性开发利用。完善知识产权保护制度，大力发展以数字化、网络化为主要特征的现代信息服务业，促进信息资源的开发利用。充分发挥信息资源开发利用对节约资源、能源和提高效益的作用，发挥信息流对人员流、物质流和资金流的引导作用，促进经济增长方式的转变和资源节约型社会的建设。二是加强全社会信息资源管理。规范对生产、流通、金融、人口流动以及生态环境等领域的信息采集和标准制定，加强对信息资产的严格管理，促进信息资源的优化配置。实现信息资源的深度开发、及时处理、安全保存、快速流动和有效利用，基本满足社会经济发展优先领域的信息需求。

⑦提高信息产业竞争力。一是突破核心技术与关键技术。建立以企业为主体的技术创新体系，强化集成创新，突出自主创新，突破关键技术。选择具有高度技术关联性和产业带动性的产品和项目，促进引进、消化、吸收、再创新，产、学、研、用相结合，实现信息技术关键领域的自主创新。积聚力量，攻克难关，逐步由外围向核心逼近，推进原始创新，力争跨越核心技术门槛，推进创新型国家建设。二是培育有核心竞争能力的信息产业。加强政府引导，突破集成电路、软件、关键电子元器件、关键工艺装备等基础产业的发展瓶颈，提高在全球产业链中的地位，逐步形成技术领先、基础雄厚、自主发展能力强的信息产业。优化环境，引导企业资产重组、跨国并购，推动产业联盟，加快培育和发展具有核心能力的大公司和拥有技术专长的中小企业，建立竞争优势。加快"走出去"步伐，鼓励运营企业和制造企业联手拓展国际市场。

⑧建设国家信息安全保障体系。一是全面加强国家信息安全保障体系建设。坚持积极防御，综合防范，探索和把握信息化与信息安全的内在规律，主动应对信息安全挑战，实现信息化与信息安全协调发展。坚持立足国情，综合平衡安全成本和风险，确保重点，优化信息安全资源配置。建立和完善信息安全等级保护制度，重点保护基础信息网络和关系国家安全、经济命脉、社会稳定的重要信息系统。加强密码技术的开发利用，建设网络信任体系，加强信息安全风险评估工作。建设和完善信息安全监控体系，提高对网络安全事件应对和防范能力，防止有害信息传播。高度重视信息安全应急处置工作，健全完善信息安全应急指挥和安全通报制度，不断完善信息安全应急处置预案。从实际出发，促进资源共享，重视灾难备份建设，增强信息基础设施和重要信息系统的抗毁能力和灾难恢复能力。二是大力增强国家信息安全保障能力。积极跟踪、研究和掌握国际信息安全领域的先进理论、前沿技术和发展动态，抓紧开展对信息技术产品漏洞、后门的发现研究，掌握核心安全技术，提高关键设备装备能力，促进我国信息安全技术和产业的自主发展。加快信息安全人才培养，增强国民信息安全意识。不断提高信息安全的法律保障能力、基础支撑能力、网络舆论宣传的驾驭能力和我国在国际信息安全领域的影响力，建立和完善维护国家信息安全的长效机制。

⑨提高国民信息技术应用能力，造就信息化人才队伍。一是提高国民信息技术应用能力。强化领导干部的信息化知识培训，普及政府公务人员的信息技术技能培训。配合现代远程教育工程，组织志愿者深入老少边穷地区从事信息化知识和技能服务。普及中小学信息技术教育，开展形式多样的信息化知识和技能普及活动，提高国民受教育的水平和信息能力。二是培养信息化人才。构建以学校教育为基础，在职培训为重点，基础教育与职业

教育相互结合,公益培训与商业培训相互补充的信息化人才培养体系。鼓励各类专业人才掌握信息技术,培养复合型人才。

复习思考题

1.1 什么是信息技术?并简述其分类。

1.2 信息技术具有哪些特征?

1.3 简述信息技术的作用。

1.4 如何理解“信息化”?并简述国家信息化的体系结构。

1.5 理解国家信息化内容的理论模型。

1.6 了解我国信息化发展战略。

第二章 信息采集技术

人类为了从外界获取信息，必须借助于感觉器官。而单靠人们自身的感觉器官的功能研究自然现象和规律以及生产活动是远远不够的，信息采集技术的出现正是为了满足人类自动、准确、便捷获取更多信息的需求。因此，信息采集技术是人类感觉器官的延长，是人类对世界感知能力的延伸。

21世纪，人类社会开始进入信息时代。在信息利用的过程中，首先要解决信息采集、信息获取的准确性和可靠性问题。因此，信息采集技术的发展状况直接关系到信息技术的发展和应用水平。本章在简述信息采集技术的基础上，主要对传感器技术、条码技术和RFID技术三种信息采集技术进行重点阐述。

学习目标

◎了解信息采集技术的的定义及其系统构成。

◎了解传感器技术、条码技术和RFID技术的定义与特征。

◎理解传感器技术、条码技术和RFID技术的工作原理。

◎了解传感器技术、条码技术和RFID技术的作用与发展。

关键术语

01. 信息采集　　02. 信息采集技术　　03. 传感器技术

04. 条码技术　　05. RFID技术

第一节　信息采集技术概述

信息采集技术是信息科学的一个重要分支，它研究信息数据的采集、存储、处理以及控制等作业。信息采集就是将外部模拟世界的各种模拟量，通过各种传感元件进行转换后，再经信号调理、采样、编码、传输等操作，最后送到控制器进行信息处理或存储的过程。

信息采集一般遵循以下五个方面的原则，这些原则是保证信息采集质量最基本的要求。

①可靠性原则。信息采集可靠性原则是指采集的信息必须是真实对象或环境所产生

的，必须保证信息来源是可靠的，必须保证采集的信息能反映真实的状况。可靠性原则是信息采集的基础。

②完整性原则。信息采集完整性是指采集的信息在内容上必须完整无缺，信息采集必须按照一定的标准要求，采集反映事物全貌的信息。完整性原则是信息利用的基础。

③实时性原则。信息采集的实时性是指能及时获取所需的信息，一般有三层含义：一是指信息自发生到被采集的时间间隔，间隔越短就越及时，最快的是信息采集与信息发生同步；二是指在企业或组织执行某一任务急需某一信息时能够很快采集到该信息，谓之及时；三是指采集某一任务所需的全部信息所花去的时间，花的时间越少谓之越快。实时性原则用以保证信息采集的时效性。

④准确性原则。准确性原则是指采集到的信息与应用目标和工作需求的关联程度比较高，采集到信息的表达是无误的，是属于采集目的范畴之内的，相对于企业或组织自身来说具有适用性，是有价值的。关联程度越高，适应性越强，就越准确。准确性原则用以保证信息采集的价值。

⑤易用性原则。易用性原则是指采集到的信息按照适当的形式进行表示，以便于对信息的使用。

信息采集系统示意如图 2-1 所示。

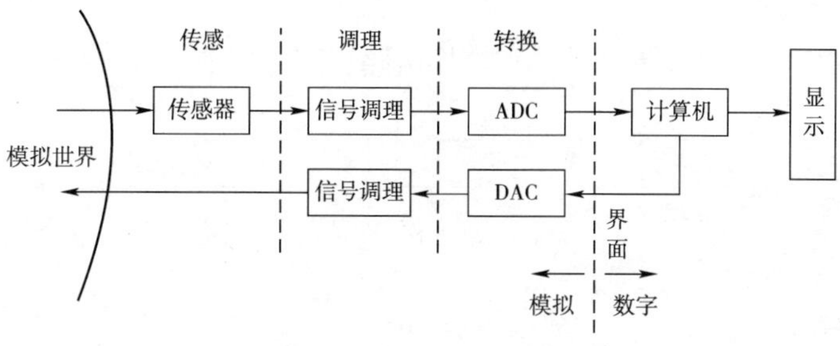

图 2-1　信息采集系统示意图

信息采集技术主要涉及光、磁和电三种采集技术。光采集技术主要有条码技术、光学字符识别技术、光标阅读器等；磁采集技术主要有磁条技术、非接触磁卡技术和磁光技术；电采集技术主要有射频识别技术、智能卡技术和声表面波技术等。本章重点对传感器技术、条码技术和 RFID 技术三种信息采集技术进行详细阐述。

第二节　传感器技术

一、传感器的定义与特征

1. 传感器的定义

国家标准《传感器通用术语》（GB/T 7665—2005）对传感器（transducer/sensor）的

定义是："能感受被测量并按照一定的规律转换成可用输出信号的器件或装置，通常由敏感元件和转换元件组成"。其中，敏感元件（sensing element）是指传感器中能直接感受或响应被测量的部分；转换元件（transducing element）是指传感器中能将敏感元件感受或响应的被测量转换成适于传输或测量的电信号部分。

从定义中可以看出：

①传感器是一种能够检测被测量的器件或装置。

②被测量可以是物理量、化学量、生物量或状态量等。

③输出信号应便于传输、转换、处理和显示等，一般是电参量。

④输出信号应能正确地反映被测量的数值和变化规律，即两者之间应有确定的对应关系，具有一定的精确度。

可见，传感器首先是一种检测装置，它能感受到被测量的若干信息，并能将检测到的信息按一定规律变换成电信号或其他所需形式的信息输出，以满足信息的传输、处理、存储、显示、记录和控制等要求。它是实现自动检测和自动控制的首要而关键的环节，也是检测系统与被测对象直接发生联系的环节。同时，由于测试系统获取信息的质量往往是由传感器的性能一次性确定的，因而该环节也是测试系统中最重要的环节。

2. 传感器的组成

传感器一般由敏感元件、转换元件和转换电路三部分组成，如图 2-2 所示。

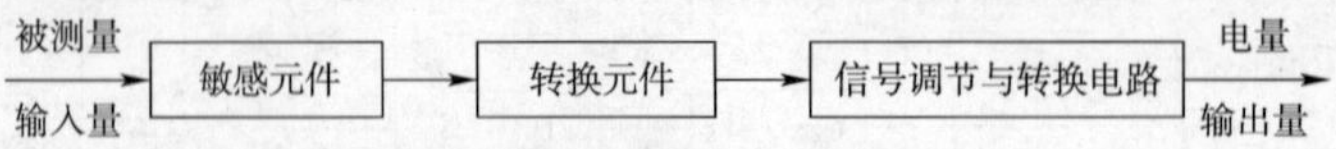

图 2-2　传感器的基本组成

（1）敏感元件

敏感元件是直接感受被测量，并输出与被测量成确定关系的其他物理量的元件。例如铂电阻能根据感受温度的升降而改变其阻值，阻值的变化就是对温度升降做出的响应，铂电阻就是一种温度敏感元件；又如弹性膜盒能根据感受压力的高低而引起形变，形变程度就是对压力高低做出的响应，弹性膜盒就是一种压力敏感元件。

为了获取被测变量的精确数值，不仅要求敏感元件对其所测变量的响应应足够灵敏，还希望它不受或少受其他环境因素的影响（干扰）。也就是说，敏感元件的输出响应最好单值地取决于输入被测变量。例如铂电阻的阻值除受温度影响外，也受应力的影响，这就要求用适当的工艺消除应力。弹性膜盒的形变除了取决于应力外，也和环境温度的变化有关，必要时应采取温度补偿措施。

敏感元件的输出响应与输入变量之间如果是线性关系，是最便于应用的；如是非线性关系，只要这种关系不随时间而变化，也可以满足其使用的基本要求。

（2）转换元件

传感器不只是一般的敏感元件，其输出响应还必须是易于传送的物理量，所以就要用到转换元件。转换元件也叫传感元件，一般情况下，它不直接感受被测量，而是将敏感元件的输出量转换成电参量（电阻和电容等）输出。其主要作用是将敏感元件送出的非电量再转换为与其有确定关系的电量。

有些传感器的敏感元件和转换元件合二为一，它感受被测量并直接输出电参量，如铂电阻的阻值、应变电子的阻值、热电偶的电动势等；有些传感器，转换元件不止一个，要经过若干次转换。

（3）转换电路

转换电路是指将转换元件输出的电量转换为便于传输、处理、显示和控制的有用的电信号或其他所需形式的信号输出。

应该说明的是，不是所有的传感器都必须具有转换元件这个部分，也不是所有的传感器都必须具备转换电路，因此图 2-2 所示的传感器基本组成框图只是其一般的组成形式。

随着集成电路制造技术的发展，现在已经能把一些处理电路和传感器集成在一起，构成集成传感器。其进一步发展是将传感器和微处理器相结合，封装在一个检测器中形成一种新型的“智能传感器”。它将具有一定信号调理、信号分析、误差校正、环境适应等能力，甚至具有一定的辨认、识别、判断的功能。这种集成化、智能化的发展，无疑将对现代化工业技术和信息技术的发展具有重要的作用。

综上所述，传感器位于信息采集系统之首、检测与控制之前，是感知、获取与检测的最前端。传感器广泛应用于社会生活的各个领域。在工业领域与国防领域，高自动化的装置、系统、工厂和设备是传感器的大集合之地，应用颇为广泛。在医疗卫生、环境保护、安全防范、家用电器等与人们生活密切相关领域，也与传感器紧密相连。传感器正在向高精度、小型化、集成化、数字化、智能化方向迅速发展，并将伴随着新的信息技术的出现、发展及应用，进一步受到人们的重视。

3. 传感器的特征

传感器的特征集中体现在其知识密集性、内容离散性、品种庞杂性、功能智能性、测试精确性、工艺复杂性和应用广泛性等方面。

（1）知识密集性

在传感器技术中，几乎涉及支撑现代文明的所有科学技术。各类传感器机理各异，与多门学科密切相关。在理论上以物理学中的“效应”、“现象”，化学中的“反应”，生物学中的“机理”作为基础；在技术上涉及电子、机械制造、化学工程、生物工程等学科技术。因此，传感器技术是多学科相互渗透的知识密集性学科。

（2）内容离散性

内容离散性主要体现在传感器技术所涉及和利用的物理学、化学、生物学中的“效应”、“反应”和“机理”，不仅为数众多，而且往往是彼此独立的，甚至是完全不相关的。因此，有关传感器技术的内容离散性较强，这在相关教材涉及传感器的内容方面体现的较为明显。

（3）品种庞杂性

首先，由于自然界中的各种信息千差万别，对应不同的信息就有不同类别的传感器，如液位传感器、温度传感器、速度传感器等，品种繁多。其次，对应于自然界中一种信息的检测就可根据不同原理、不同材料制作许多种类的传感器，如目前仅是位移传感器的品种就多达近二十种。第三,由于传感器产品更新换代较快,新的传感器不断出现,相关的品种不断增加。传感器品种的庞杂性具体体现在其分类方面,有按结构分类的,有按敏感材料分类的,有按输入量情况分类的,有按输出量情况分类的,有按工作原理分类的,有按功能分类的,还有按传感器的应用进行分类的,有时同一种传感器按其不同的分类会出现几个名称。

(4)功能智能性

传感器具有多种功能,既可代替人类五官感觉的功能,也可检测到人类五官不能感觉的信息(如超声波、红外线、α 射线、β 射线、γ 线等),是人类五官功能的扩展和延伸。更为重要的是,传感器能在人类无法忍受的高温、高压等恶劣环境下工作,还有的传感器具有记忆、存储、解析、统计处理和自诊断、自校准、自适应等功能,因而传感器具有“智能性”的功能。

(5)测试精确性

传感器检测各类信息的量程较宽、精确性较准。如检测的温度范围可在 -273℃ ~ 1 000℃以上之间,湿度在几 ppm ~ 100% RH,压力传感器的测压范围在 0.01psi ~ 1 000psi 之间。同时,传感器的检测精度高达 0.01% ~ 0.1%,其可靠度可达 8 ~ 9 级。

(6)工艺复杂性

传感器的制作涉及许多高新技术,如集成技术、薄膜技术、超导技术、键合技术、高密封技术、特种加工技术,以及多功能化、智能化技术等技术,工艺难度很大,要求极高。如直径为 1mm 的微型传感器精加工技术、厚度为 1μm 以下的硅片超薄加工技术、耐压几百兆帕的大压力传感器的密封技术等生产工艺极其复杂而又高、精、尖。

(7)应用广泛性

从航天、航空、兵器、船舶、交通、冶金、机械、电子、化工、轻工、能源、煤炭、石油、医疗卫生、生物工程、宇宙开发等领域到农、林、牧、副、渔五业,还有人们日常生活的方方面面,几乎无处不在应用传感器技术。如一台复印机需要 20 只传感器,一组大型发电机组则需要 3 000 台传感器和检测仪表。

二、传感器技术的工作原理

1. 传感器的分类

传感器种类众多,原理各异,分类方式也不尽相同。为便于对传感器技术的工作原理进行论述,首先应了解传感器的分类。下面给出几种常见的传感器分类。

(1)按输入被测量进行分类

按照输入的被测量,传感器一般可分为速度传感器、温度传感器、位移传感器、压力传感器等。该分类方法直接反映了检测的目的,为传感器的实际选用提供了便利性。表 2-1 列出了按输入的基本被测量和由此派生的被测量的传感器分类。

(2)按输出量形式进行分类

按照输出量的形式,传感器一般可分为模拟传感器与数字传感器两类。模拟传感器的输出量为模拟信号,其输出一般为连续的模拟信号。输出周期性信号的传感器实质上也是模拟信号传感器，但周期性信号容易变为脉冲信号，可作为准数字信号使用，因此，可称为准数字信号传感器，如利用振动的传感器就是这种类型。输出为数字信号的传感器是输出1与0两种信号的传感器，这两种信号可由电路的通断、信号的有无、绝对值的大小、极性的正负等实现，如双金属温度开关等。数字信号传感器是一种获得代码信号输出的传感器，敏感元件本身为数字量的极少，一般与编码器组合而成。如旋转编码器能检测旋转角，线性编码器能检测位置、距离等，一般要经模/数转换器转换为数字信号。

传感器按被测量分类表 表2-1

基本被测量	派生的被测量	基本被测量	派生的被测量
热工量	温度，热量，比热，压力，压差，真空度，流量，流速，风速	物理量	黏度，温度，密度
		化学量	气体（液体）化学成分，浓度，盐度
机械量	位移，尺寸，形状，力，应力，力矩，振动，加速度，噪声，角度，表面粗糙度	生物量	心音，血压，体温，气流量，心电流，眼压，脑电波
		光学量	光强，光通量

（3）按构成原理进行分类

按照构成原理，传感器一般可分为结构型传感器、物性型传感器、混合型传感器以及生物型传感器。结构型传感器是依靠其结构参数变化实现传感功能的，如电容式传感器中的变极距型电容传感器是依靠改变电容极板间距的结构参数进行工作的。物性型传感器是利用材料的固定物理特性及其各种物理、化学效应检测被测量的传感器。该种传感器与传感元件的结构参数无关，而与压力、温度、电场、磁场等有一定的依赖关系，并能进行转变。混合型传感器是结构型与物性型传感器组合而成的一种传感器。生物型传感器是利用微生物或者生物组织中生命体的活动现象作为变换结构的一种传感器，主要应用于生物、医学范围内。

（4）按特殊性进行分类

按检测功能，传感器可分为检测温度、压力、湿度、流量、流速、加速度、磁场、光通量等，其中最常用的是温度传感器，其次是压力、流量传感器。按转换现象的范围可以分为电化学传感器、电磁传感器、力学传感器、光应用传感器。按材料分为陶瓷传感器、有机高分子材料传感器、半导体传感器、气敏传感器等。按用途可分为工业用、民用、科研用、医疗用、农用、军用等传感器，还有汽车、宇宙飞船、防灾等用的传感器。按功能用途可分为计测用、监视用、检查用、诊断用、控制用、分析用等传感器。

（5）按信息的传递方式进行分类

按照信息的传递方式，传感器一般可分为直接传感器与间接传感器两类。直接传感器是能将被测的信息直接转换为电信号的传感器。例如，热敏电阻将温度的变化直接转变为电阻阻值的变化。间接传感器必须通过多于一次的转换才能将被测的信息转换为电信号。如压力传感器通过膜片先将压力转换为形变，形变引起的压阻效应再使电阻值发生变化。

（6）按能源的变换关系进行分类

按照能源的变换关系，传感器一般可分为能量转换型传感器和能量控制型传感器两类。能量转换型传感器又称为发电型或有源型传感器。其输出端的能量是由被测对象取出的能量转换而来的,无须外加电源就能将被测的非电量转换成电能量输出,无能量放大作用,且要求从被测对象获取的能量越小越好。这类传感器包括热电偶、光电池、压电式传感器、磁电感应式传感器、固体电解质气敏传感器等。能量控制型传感器又称为参量型或无源型传感器。这类传感器本身不能转换能量,其输出的电能量必须由外加电源供给,而不是由被测对象提供的。但被测对象的信号控制着由电源提供给传感器输出端的能量,并将电压(或电流)作为与被测量相对应的输出信号。由于能量控制型传感器的输出能量是由外加电源供给的,因此,传感器输出端的电能量可能大于输入端的电能量,所以这种传感器具有一定的能量放大作用。这种类型的传感器包括电阻式、电感式、电容式、霍尔式、谐振式和某些光电传感器等。

(7)按传感器的工作机理分类

按传感器的工作机理,可以将传感器分为物理型、化学型、生物型等。利用某些变换元件的物理性质以及某些功能材料的特殊物理性能制成的传感器称为物理性传感器;利用电化学反应原理,将无机和有机化学物质的成分、浓度等转换为电信号的传感器称为化学性传感器;利用生物活性物质选择性识别和测定生物化学物质是否存在,其浓度的多少,进而利用电化学方法进行电信号转换的传感器称为生物传感器。这种分类方法是按照转换过程中的基本效应为物理效应、化学效应还是生物效应进行分类的。

2. 传感器的工作原理

下面对一些典型传感器的工作原理进行介绍。

(1)电阻应变式传感器

电阻式传感器的基本工作原理是将被测的非电量转换成电阻值的变化,再经过转换电路变成电量输出。将电阻应变片粘贴在弹性元件特定表面上,当力、扭矩、速度、加速度及流量等物理量作用于弹性元件时,会导致元件应力和应变的变化,进而引起电阻应变片电阻的变化。电阻应变式传感器目前已得到广泛应用,其最大特点是使用简便、测量精度高、体积小和动态响应好。

电阻应变片简称应变片,是一种能将机械构件上应变的变化转换为电阻变化的传感元件,其转换原理是基于金属电阻丝的电阻应变效应。当金属丝在外力作用下发生机械形变时,其电阻值将发生变化,这种现象称为金属的电阻应变效应。如式(2-1)所示,金属丝的电阻相对变化与轴向应变成正比关系。

$$\frac{\mathrm{d}R}{R}=K_{\mathrm{S}}\cdot\varepsilon \tag{2-1}$$

式中:K_{S}——金属丝的应变敏感系数,理论上在[1.8, 3.6]之间;

ε——金属丝的轴向应变;

$\frac{\mathrm{d}R}{R}$——电阻值的相对变化。

(2)热电式传感器

热电式传感器是一种将温度的变化转换为电量变化的装置。它利用敏感元件的电参数随温度变化的特性，对温度和与温度有关的参量进行测量，是众多传感器中应用最广泛、发展最快的传感器之一。

热电式传感器所基于的物理原理主要包括热电效应、热阻效应、热辐射、导磁率随温度变化的特性等，因此按照工作原理划分，可将热电式传感器分为热电偶、热敏电阻、PN结型测温传感器和辐射高温计等。下面对热电偶和热敏电阻两种热电式传感器的工作原理分别给予介绍。

①热电偶。热电偶的工作原理是基于物理的热电效应。两种不同的导体两端相互紧密地联系在一起组成闭合回路，如图2-3所示。当两接点温度不等（假设 $T>T_0$）时，回路中就会产生电动势，从而形成热电流，这一现象称为热电效应。回路中产生的电动势称为热电势。上述两种不同导体组成的回路称为热电偶，其中导体A、B为热电极，一个为工作端或热端（T）；另一个叫自由端或冷端（T_0）。

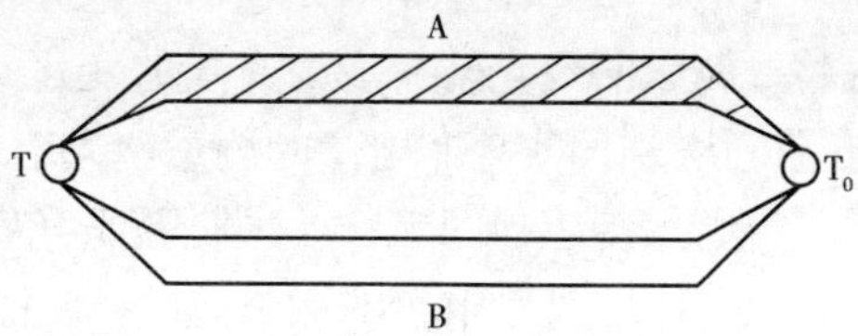

图2-3　热电偶工作原理图

热电偶产生的热电势由两部分组成：一部分是两种导体的接触电势；另一部分是单一导体的温差电势。导体中都有大量的自由电子，材料不同则自由电子的密度不同。当两种不同的导体A、B连接在一起时，在A、B的接触处就会发生电子扩散。电子扩散在接触处便形成了电位差，该电位差称为接触电势。将导体的两端分别置于不同的温度场中，导体内部由于热端的自由电子具有较大的动能，在总体上向冷端移动，这样在导体两端产生了一个由热端指向冷端的静电场。该电阻阻止电子从热端向冷端的继续移动，直到达到动态平衡，形成恒定的电位差，电位差称此为温差电动势。

热电偶是工业上常用的温度检测元件之一。具有以下优点：一是测量的精度高。由于热电偶直接与被测对象接触，不受中间介质的影响。二是测量的范围广。常用的热电偶从 -50℃至 +1 600℃均可测量，有些特殊热电偶最低可测到 -269℃（如金、铁、镍、铬），最高可达 +2 800℃（如钨、铼）。三是构造简单，使用方便。热电偶通常是由两种不同的金属丝组成，而且不受大小限制，外有保护套管，使用起来非常方便。

②热敏电阻。热敏电阻是开发早、种类多、发展较成熟的敏感元器件，它由一种半导体材料制成，特点是电阻随温度变化而显著变化，能直接将温度的变化转换为电量的变化。

热敏电阻是利用半导体的电阻值随温度变化这一特性制成的一种热敏元件。热敏电阻的导电性能主要是由内部的载流子（电子和空穴）密度和迁移率所决定的，当温度升高时外层电子在热激发下，大量成为载流子，使载流子的密度大大增加，活动能力加强，从而导致其阻值的急剧下降。

按照电阻的阻值随温度变化的情形，可将热敏电阻分为三类：电阻阻值随温度的上升而减小的负温度系数（Negative Temperature Coefficient，NTC）热敏电阻，它的主要材料是过渡金属氧化物半导体陶瓷；电阻阻值随温度的上升而增加的正温度系数（Positive Temperature Coefficient，PTC）热敏电阻，主要材料是掺杂的半导体陶瓷；临界温度系数（Critical Temperature Coefficient，CTR）热敏电阻，它的电阻阻值在特定的温度范围内随温度升高而降低3 ~ 4个数量级，主要材料是二氧化钒并添加一些金属氧化物，可组成理想的控制开关。在温度测量中,主要采用的是NTC和PTC,尤其是NTC。

热敏电阻主要用于检测元件和电路元件。用于检测元件时,热敏电阻在温度计、温度差计、温度补偿、微小温度报警、温度继电器、湿度计、分子量测定、液位检测、流速计、流量计、气体分析仪、气体色谱仪、真空计、热导分析等仪器仪表中用作检测元件。用于电路元件时,热敏电阻在偏置线圈的温度补偿、仪表温度补偿、热电偶温度补偿、晶体管温度补偿、恒压电路、延迟电路、保护电路、自动增益控制电路、RC震荡电路、振幅稳定电路等电路中用作电路元件。

(3)光电式传感器

光电式传感器是利用光电器件把光信号转换成电信号的装置。光电式传感器工作时,先将被测量的变化转换成为光量的变化,然后通过光电器件再把光量的变化转换为相应的电量变化,从而实现非电量的测量。光电式传感器的核心(敏感元件)是光电器件。

光电式传感器的工作原理是基于光电效应。光电效应是指物体吸收了光能后,光能转换为该物体中某些电子的能量,从而产生光电效应。光电效应分为外光电效应和内光电效应两大类。外光电效应是在光线的作用下,能使电子逸出物体表面的现象。著名的爱因斯坦光电效应方程就描述了这一物理现象。内光电效应是当光照射在物体上时,物体的电阻率发生变化,或产生光生电动势的现象(光导效应),它多发生于半导体内。根据工作原理的不同,内光电效应分为光电导效应和光生伏特效应两类。光电导效应指在光线作用下,电子吸收能量从键合状态过渡到自由状态,从而引起材料电阻率变化。光生伏特效应是指在光的作用下,能使物体产生一定方向的电动势。

能产生光电效应的器件称为光电效应器件。常见的有光敏电阻、光电池和光敏晶体管等。下面对光敏电阻的工作原理给予介绍。

光敏电阻是一种利用光敏感材料的内光电效应制成的光电元件。它具有精度高、体积小、性能稳定、价格低等特点,因此被广泛应用于自动化技术中作为开关式光电信号传感器。

光敏电阻是用硫化镉等半导体材料制成的特殊电阻器,表面涂有防潮树脂,具有光电效应。光敏电阻对光线十分敏感,它在无光照射时,电阻值(暗光阻)很大,电路中电流(暗电流)很小。当光敏电阻受到一定波长范围的光照时,电阻值(亮电阻)急剧减小,电路中电流迅速增大。一般希望,暗电阻越大越好,亮电阻越小越好,此时的光敏电阻的灵敏度越高。

光电式传感器的一个典型应用是烟尘浊度检测仪。防止烟尘污染是环保的重要任务之一,为了消除工业烟尘污染,应首先知道烟尘的排放量,因此必须对烟尘源进行检测、自动显示和超标报警。烟道里的烟尘浊度是通过光在烟道里传输过程中的变化大小检测的。如果烟道浊度增加,光源发出的光被烟尘颗粒的吸收和折射增加,到达光检测器的光就会减少,因而光检测器输出信号的强弱便可反映烟道浊度的变化。

(4)磁敏传感器

磁敏传感器是对磁场参量敏感的元器件或装置,具有把磁物理量转换成电信号的功能。在磁敏传感器中,主要利用的是霍尔效应和磁阻效应。磁敏传感器主要分为三类:霍尔元件、磁敏电阻、磁敏二极管和三极管。霍尔元件及霍尔传感器的生产量是最大的;磁敏电阻的应用范围也很广泛；磁敏二极管和三极管是在霍尔元件和磁敏电阻之后迅速发展起来的新型半导体磁敏元件。

①霍尔元件。霍尔元件的原理是霍尔效应。霍尔效应是指磁场作用于载流金属导体、半导体中的载流子时，产生横向电位差的物理现象。如图 2-4 所示，将一块半导体或导体材料，沿着 Z 方向加以磁场 B，沿 X 方向通以工作电流 I，则在 Y 方向就会产生出电动势 VH，这一现象即为霍尔效应，VH 即为霍尔电压。霍尔效应的本质是：固体材料中的载流子在外加磁场中运动时，因为受到洛伦兹力的作用而使轨迹发生偏移，并在材料两侧产生电荷积累，形成垂直于电流方向的电场，最终使载流子受到的洛伦兹力与电场斥力相平衡，从而在两侧建立起一个稳定的电势差，即霍尔电压。

根据霍尔效应原理制成的霍尔器件，可用于磁场和功率测量，也可制成开关元件。

②磁敏电阻。磁敏电阻是基于磁阻效应的磁敏元件。将一载流导体置于外磁场中，其电阻会随磁场的变化而变化，这种现象称为磁电阻效应，简称磁阻效应。

磁敏电阻的应用范围比较广，可以利用它制作成磁场探测仪、位移和角速度检测器、安培计以及磁敏交流放大器等。磁敏电阻可应用于非接触式交流电流监视器、电机转速测量电路等装置中。

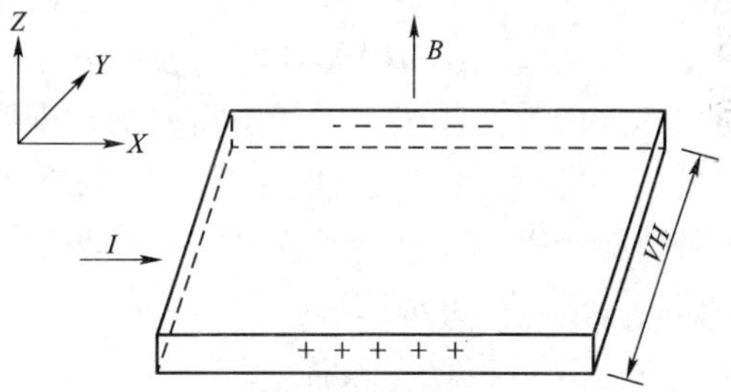

图2-4 霍尔效应的原理图

③磁敏二极管。磁敏二极管是 PN 结型的磁电转换元件，它利用了磁场强度的变化下电流会发生变化的原理，具有输出信号大、灵敏度高、工作流量小和体积小等特点，比较适合磁场、转速、探伤等方面的监测和控制。

④磁敏三极管。磁敏三极管与磁敏二极管一样，是 PN 结型的磁电转换元件。磁敏三极管在正、反向磁场作用下，其集电极电流出现明显变化可以用来测量弱磁场、电流、转速、位移等物理量。磁敏三极管的应用技术领域与磁敏二极管相似，主要在磁场测量、大电流测量、磁力探伤、接近开关、程序控制、位置控制、转速测量和各种工业工程自动控制等。

(5) 压电式传感器

压电式传感器是利用某些物质的压电效应制作的。当被测量物因为受力而产生变化时，传感器能够产生静电电荷或电压变化。

压电式传感器的工作原理是压电效应。某些介质，当沿着一定方向施加力，使之变形，内部就产生了极化现象，同时在表面上将会产生符号相反的电荷；当去掉外力，就恢复不带电状态。

大多数晶体都具有压电效应，其中石英晶体是性能比较好的材料，它广泛应用于电子信息产业各领域，如彩电、空调、电脑、DVD、无线电通信等，尤其在高性能电子设备及数字化设备中的应用日益扩大。

(6) 光纤传感器

光纤传感器一般由光源、光导纤维、光传感器元件、光调制机构和信号处理器等部分组成。其工作原理是：光源发出的光经光导纤维进入光传感元件，而在光传感元件中受到周围环境场的影响而发生变化的光再进入光调制机构，由光调制机构将传感器元件测量检测的参数调制成幅度、相位、偏振等信息（这一过程也称为光电转换过程），最后利用微处理器（如频谱仪等）进行信号处理。其结构如图 2-5 所示。

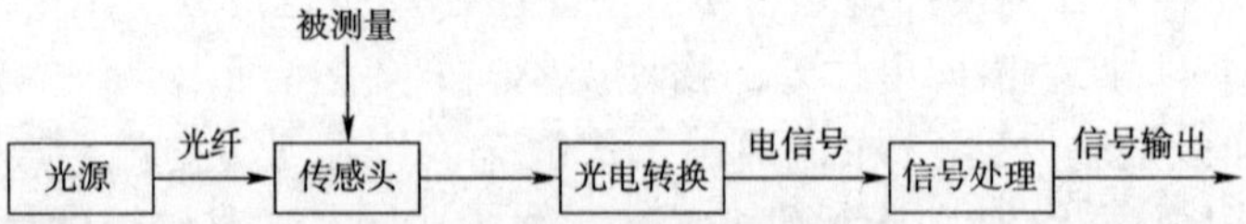

图 2-5　光纤传感器的结构图

与传统的传感器相比，光纤传感器具有强抗干扰性，因此其应用范围较广，尤其适用于环境恶劣、强电磁干扰、高温高压、原子辐射、易爆化学腐蚀等条件，解决了许多行业长期以来存在的技术性难题，具有很大的市场需求。

在石油化工系统、矿井、大型电厂等需要检测氧气、碳氢化合物、一氧化碳等气体的场所，采用电磁类传感器不但达不到所要求的精度，还容易引起安全事故，而研究和开发高性能的光纤气敏传感器可以安全有效地达到以上检测要求。

在环境监测、临床医学检测、食品安全检测等方面，由于检测环境复杂、影响因素较多，使用其他传感器往往达不到所需要的精度要求，而借助光纤传感器具有很强的抗干扰能力和较高的精度，可以实现对上述领域的生物量的快速、方便、准确的检测。目前，我国水源污染情况严重，临床检验、食品安全检测手段较落后，光纤传感器在这些方面的研发及应用工作具有极好的市场前景。

（7）CCD 视觉传感器

电荷耦合器件图像传感器 CCD（Charge Coupled Device），使用一种高感光度的半导体材料制成，能把光线转变成电荷，通过模数转换器芯片转换成数字信号，数字信号经过压缩以后由相机内部的闪速存储器或内置硬盘卡保存下来，因而可以轻而易举地把数据传输给计算机，并借助于计算机的处理手段，根据需要和想像修改图像。

CCD 传感器是一种新型光电转换器件，它能存储由光产生的信号电荷。当对它施加特定时序的脉冲时，其存储的信号电荷便可在 CCD 内作定向传输而实现自扫描。它主要由光敏单元、输入结构和输出结构等组成。它具有光电转换、信息存储和延时等功能，而且集成度高、功耗小，已经在摄像、信号处理和存储三大领域中得到广泛的应用，尤其是在图像传感器应用方面取得令人瞩目的发展。CCD 是美国贝尔实验室于 1969 年发明的，与电脑晶片 CMOS 技术相似，也可作电脑记忆体及逻辑运作晶片。CCD 是一种特殊的半导体材料，由大量独立的感光二极管组成，一般这些感光二极管按照矩阵形式排列（富士公司的 Super CCD 除外）。CCD 的特点是：体积小、质量轻、功耗低、可靠性高、寿命长；空间分辨率高；光电灵敏度高、动态范围大；模拟、数字输出方便，与计算机接口方便。

由于 CCD 的体积小、造价低，所以广泛应用于扫描仪、数码相机及数码摄像机中。目前大多数数码相机采用的视觉传感器都是 CCD。

三、传感器技术的作用与发展

随着现代信息技术的高速发展，人类已进入瞬息万变的信息时代。人们在从事工农业生产和科学实验等工作中，常常需要对信息资源进行开发、采集、传输和处理。传感器处于研究对象与检测系统的接口位置，是感知、获取与检测信息的窗口和工具，提供系统赖以进行决策和处理所必须的原始数据。

1. 传感器技术的作用

传感器技术在不同领域的应用展示了其不同的作用。以下从传感器技术应用的几个方面对传感器技术的作用加以简述。

（1）工业领域

在工业自动化生产过程中，以传感器–微机为核心的自动检测与控制系统正在石油、电力、航天、冶金、机械制造、动力机械、化工、生物等领域得到广泛的应用。图 2-6 是传感器在工业领域的自动控制系统中的应用示意。

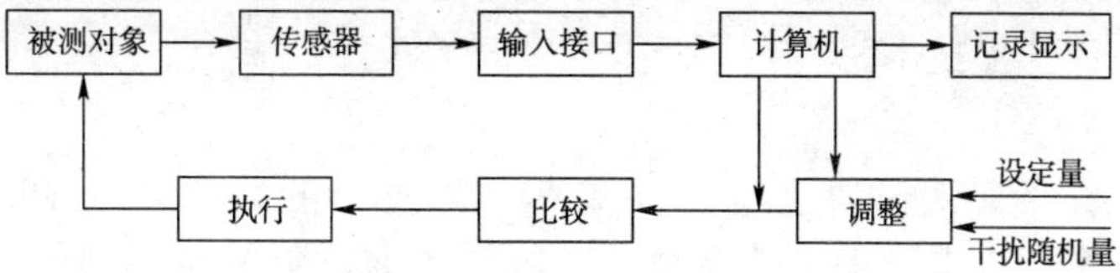

图 2-6 传感器在自动检测与控制系统中的应用示意

（2）航空航天领域

在飞机、火箭、宇宙飞船等飞行器上，大量使用传感器对飞行器的飞行速度、加速度、飞行距离及飞行方向、飞行姿态进行参量检测，以便利用所检测的信息对飞行器进行控制。

（3）资源探测与环境保护领域

传感器广泛运用于陆地、海洋、太空资源以及空间环境、气象等方面的测量活动中，达到对其开发与利用的目的。如测量农田土地状态、作物分布；掌握森林资源、渔业资源、海洋资源等。同时，在环境保护方面，传感器用于对大气、水质污染、放射性、噪声的检测，用于人类对环境保护信息的收集，为人类制订合理的环境保护方案提供有力的信息技术支撑。

（4）医学领域

传感器在医学领域，用于对人体温度、血压及腔内压力、血液及呼吸流量、心脑电波、脉搏及心音等信息进行高准确度的检测，以掌握人体的基本医疗信息，同时还可实现对患者的自动检测和监护。

（5）家用电子产品

目前，传感器在家用电器中已得到了广泛的应用。如在电冰箱、微波炉、洗衣机、空调机、热水器、家庭影院、数码相机、液晶电视等方面，都用到了各种不同的传感器，实现其基本的功能。

（6）军事领域

传感器在军事领域中发挥着十分重要的作用。如利用超声波在水底探测鱼雷、潜艇；用压电陶瓷制成的压电引信可以用作弹丸引爆装置；利用红外线可以探测地形、地物和军事目标；红外雷达可以搜索、跟踪、测距，甚至可以搜索到上千公里外的目标等。

2. 传感器技术的发展

传感器技术的发展体现在以下几个方面：

（1）采用新技术、新材料

传感器工作的基本原理是建立在人们不断探索与发展各种新的物理现象、化学效应和生物效应以及具有特殊物理、化学特性的功能材料的基础上的。因而，发现与应用新的现象、反应、效应与研制新颖的特性与功能的材料是现代传感器的重要基础。如日本夏普公司利用超导技术研制成功的高温超导磁传感器，可在温度为 80K 时呈超导状态。超导磁传感器的出现是传感器技术的重大突破，其灵敏度比霍尔器件更高，仅低于超导量子干涉器件，而其制造工艺远比超导量子干涉器件简单，并可用于磁成像术等领域。又如人造的陶瓷传感器材料可以在高温环境中使用，弥补了半导体传感器材料难于承受高温的不足。可见，传感器材料是传感器技术的重要基础，是传感器技术升级的重要支撑。随着新技术和材料科学的进步，传感器技术将得到不断发展并日臻成熟。

（2）微型化

未来在工程、生活和医学等领域，越来越要求传感器的微型化。目前的微机械加工技术和新型微加工技术已获得了高速发展，为新的微型传感器的研制和开发提供了技术条件。例如，采用平面电子工艺技术制作的快速响应的传感器，已用于检测 NH_3 和 H_2S 的快速响应变化；又如利用各向异性腐蚀技术进行的高精度三维加工，在细小硅片上构成孔、沟、棱锥、半球等各种形状的微机械元件。

（3）集成化

集成传感器是新型传感器重要的发展方向之一。随着微加工技术的不断提高，可将敏感元件、测量电路、放大器及温度补偿元件等集成在一个芯片上，不仅具有体积小、质量轻、可靠性高、响应速度快、稳定等特点，而且便于批量生产，成本较低。在各种半导体材料中，以硅为基底材料的集成传感器发展最快。硅集成传感器是利用其本身的物理效应与其平面技术相结合的产品。例如集成温度传感器、霍尔集成电路及扩散硅压力传感器等。采用集成传感器可简化电路设计、减小产品体积、便于安装调试、提高可靠性并降低成本。因此，很多传感器都向集成方向发展，并已广泛应用于汽车、家用电器、医疗卫生及航空航天技术中。

（4）数字化、多功能化和智能化

在未来的传感器技术发展中，数字化、多功能与智能化是传感器在信息社会重要的发展方向。如在航天工业的火箭、卫星运行及太空探测工作过程中，传感器数字化、多功能与智能化已是基本的要求。智能传感器具有如下特点：

①比一般传感器高出两个数量级的量程；

②高精度，可在万分之几到千分之一之间，并且有高稳定性；

③较高的温度与静压特性，工作温度为 -40℃ ~ 110℃，静压为 0 ~ 21MPa；

④可远距离设定与调整量程、阻尼系数和选择检测单位；

⑤能自诊断和自动选定合适量程，可用于压力波动的场合下测量。

近年来，智能化传感器有了很大的发展，开始同人工智能相结合，创造出各种基于模糊推理、人工神经网络、专家系统等人工智能技术的高度智能化的传感器,称为软传感器技术。智能化传感器是传感器技术未来发展的主要方向,将会进一步扩展到化学、电磁、光学和核物理等研究领域。

第三节 条码技术

一、条码技术的概念与特点

1. 条码技术的概念

条码最早出现在20世纪40年代,但得到实际应用和发展是在70年代左右。早在40年代,美国乔·伍德兰德(Joe Wood Land)和贝尼·希尔沃(Berny Silver)两位工程师开始研究用条码表示食品项目及项目的自动识别设备,于1949年获得美国专利。这种条码的图案如图2-7所示。

图2-7 “公牛眼”条码图案

条码技术的核心是条码符号,日常我们所看到的条码符号是由一组规则排列的条、空及其对应字符组成的标记,用以表示一定的信息(国家标准《条码术语》,GB/T 12905—2001)。这种用条、空组成的数据编码可以供机器识读,而且很容易译成二进制数和十进制数。这些条和空可以有各种不同的组合方法,从而构成不同的图形符号,即各种符号体系(也称码制)。不同码制的条码,适用于不同的应用场合。

常用的条码按码制分类可分为UPC码、EAN码、交叉25码、39码、库德巴码、128码、93码、49码和其他码制(如25码);按维数分类可分为普通的一维条码、二维条码和多维条码。表2-2是各种常见条码的比较。

一维条码和二维条码示意如图2-8所示。

一维条码所携带的信息量有限,如商品上的条码仅能容纳13位(EAN-13码)阿拉伯数字,更多的信息只能依赖商品数据库的支持,离开了预先建立的数据库就没有意义,因此在一定程度上也限制了条码的应用范围。基于这个原因,在20世纪90年代出现了二维条码。二维条码除了具有一维条码的优点外,同时还有信息量大、可靠性高、保密、防伪性强等优点。

二维条码依靠其庞大的信息携带量,能够把过去使用一维条码时存储于后台数据库中的信息包含在条码中,可以直接通过阅读条码得到相应的信息。二维条码还有错误修正技术及防伪功能,增加了数据的安全性。二维条码还可把照片、指纹编制于其中,能有效地解决证件的可机读和防伪问题。因此,二维条码广泛应用于护照、身份证、行车证、军人证、健康证、保险卡等。目前二维条码主要有PDF417码、Code49码、Code 16K码、Data Matrix码、

MaxiCode 码等，分为堆积或层排式和棋盘或矩阵式两大类。二维条码作为一种新的信息存储和传递技术，从诞生之时就受到了国际社会的广泛关注，经过几年的努力，现已应用在国防、公共安全、交通运输、医疗保健、工业、商业、金融、海关及政府管理等多个领域。

常见条码的比较

表 2-2

码制 比较项目	39码	CODABAR	128码	交错式25 码	EAN-13	PDF417
支持符号	数字与字符	数字与字符	数字与字符	数字	数字	数字与字符
码义	0-9， A-Z，-$/+%	0-9， A-Z，-$/+%	ASCII 码	0-9	0-9	ASCII 码
码长是否可变	可变	最多32码	可变，最大可达232个字符	可变但需偶数	8，13	可变，最大1 850个字母或2 710个数字
检验码	有	有	有	无	有	有
应用领域	工业、图书、票证	物料管理、图书馆、血站和当前的机场包裹发送中	工业、仓库、零售批发、运输	商品批发、仓库、机场、生产/包装、工业	流通业	医院、驾驶证、物料管理、货物运输
优点	码长可变	起始终止码共四种变化	编码方式灵活且密度高	交错编码节省卷标空间	世界流通且编码不重复	容量大、错误纠错能力强
相关主要标准	《三九条码》（GB/T 12908—1991）	《库德巴条码》（GB/T 12907—1991）	《128条码》（GB/T 18347—2001）	《交插二五条码》（GB/T 16829—1997）	《商品条码 》（GB/T 12904—2003）	《四一七条码》（GB/T 17172—1997）

总之，条码技术是 20 世纪中叶发展并广泛应用的集光、机、电和计算机技术为一体的高新技术，是在计算机应用中产生和发展起来的一种自动识别技术，是集条码理论、光电技术、计算机技术、通信技术、条码印刷技术于一体的综合性技术，是将数据进行自动采集并输入计算机的重要方法和手段。条码技术解决了计算机应用中数据采集的“瓶颈”，实现了信息的快速、准确获取与传输，是信息管理系统和管理自动化的基础。条码技术有机地联系了各行各业的信息系统，为实现信息流和物流的同步提供了技术手段，有效地提高了供应链管理的效率，是电子商务、物流管理现代化等的必要前提。

图2-8　一维条码和二维条码示意图

2. 条码技术的特点

综合各种条码技术的应用状况，条码技术具有如下特点：

（1）输入速度快

与键盘输入相比，条码输入的速度是键盘输入的5倍，并且能实现“即时数据输入”。

（2）可靠性高

键盘输入数据出错率为三百分之一，利用光学字符识别技术出错率为万分之一，而采用条码技术的误码率低于百万分之一。

（3）采集信息量大

利用传统的一维条码一次可采集几十位字符的信息，二维条码更可以携带数千个字符的信息，并有一定的自动纠错能力。

（4）灵活实用

条码标识既可以作为一种识别手段单独使用，也可以和有关识别设备组成一个系统实现自动化识别，还可以和其他控制设备联接起来实现自动化管理。

二、条码技术的工作原理

1. 条码的结构

一个完整的条码结构组成次序依次为：净空区（左侧空白区），起始符（中间分隔符），校验符，终止符和净空区（右侧空白区）。图2-9是一维条码结构示意图。

图2-9　一维条码结构示意图

①条：条码中反射率较低的部分，一般印刷的颜色较深。

②空：条码中反射率较高的部分，一般印刷的颜色较浅。

③空白区：条码左右两端外侧与空的反射率相同的限定区域。

④起始符：位于条码起始位置的若干条与空，标志条码符号的开始，阅读器确认后开始处理扫描。

⑤终止符：位于条码终止位置的若干条与空，条码的最后一位字符，标志一个条码符号的结束，阅读器确认此字符后停止处理。

⑥中间分隔符：位于条码中间位置的若干条与空。

⑦条码数据符：表示特定信息的条码符号。

⑧校验符：表示校验码的条码若干条与空，代表一种算术运算结果。阅读器解码时，对读入的各字符进行规定的运算，运算结果与校验码相同，则规定此次阅读有效，否则不予读入。

⑨供人识别字符：位于条码符的下方，与相应的条码对应，用于供人识别。

图 2-10 是二维条码结构示意图。

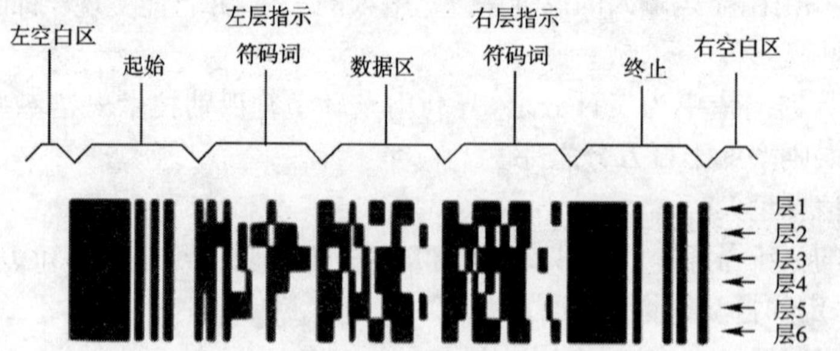

图 2-10 二维条码结构示意图

2. 条码技术的工作原理

条码是由宽度不同、反射率不同的条和空，按照一定的编码规则（码制）编制而成的，用以表示一组数字或字母符号信息的图形标识符。它是一组粗细不同，按照一定的规则安排间距的平行线条图形。常见的条码是由反射率相差很大的黑条（条）和白条（空）组成的。

为了阅读出条码所代表的信息，需要一套条码识别系统，它由条码扫描器、放大整形电路、译码接口电路和计算机系统等部分组成。不同颜色的物体，其反射的可见光的波长不同，白色物体能反射各种波长的可见光，黑色物体则吸收各种波长的可见光。所以当条码扫描器光源发出的光经光阑及凸透镜 1 后，照射到黑白相间的条码上时，反射光经凸透镜 2 聚焦后，照射到光电转换器上，于是光电转换器接收到与白色和黑色相应的强弱不同的反射光信号，并转换成相应的电信号输出到放大整形电路。白条、黑条的宽度不同，相应的电信号持续时间长短也不同。但是，由光电转换器输出的与条码的条和空相应的电信号一般仅 10mV 左右，不能直接使用，因而先要将光电转换器输出的电信号送放大器放大。放大后的电信号仍然是一个模拟电信号，为了避免由条码中的疵点和污点导致错误信号，在放大电路后需加一整形电路，把模拟信号转换成数字信号，以便计算机系统能准确判读。整形电路的脉冲数字信号经译码器译成数字、字符信息，通过识别起始、终止字符判别出条码符号的码制及扫描方向；通过测量脉冲数字电信号 0、1 的数目判别出条和空的数目；通过测量 0、1 信号持续的时间判别条和空的宽度。这样便得到了被辨读的条码符号的条、空的数目和相应的宽度及所用码制。根据码制所对应的编码规则，便可将条形符号转化成相应的数字、字符信息，通过接口电路送给计算机系统进行数据处理与管理。

条码阅读器是用于读取条码所包含信息的设备，普通的条码阅读器通常采用光笔、CCD（电荷耦合器件图像传感器）和激光。

①光笔阅读器的工作原理。光笔是最先出现的一种手持接触式条码阅读器，也是最为经济的一种条码阅读器。使用时，操作者需将光笔接触到条码表面，通过光笔的镜头发出一个很小的光点，当这个光点从左到右划过条码时，在“空”部分光线被反射，“条”的部分光线被吸收，因此在光笔内部产生一个变化的电压，通过放大、整形后用于译码。

② CCD 阅读器的工作原理。CCD 阅读器使用一个或多个 LED 发出的光线覆盖整个条码，条码的图像被传到一排光探测器上，被每个单独的光电二极管采样，由邻近的探测器的探测结果为“黑”或“白”区分每一个条或空，从而确定条码的字符。CCD 阅读器不是

注意阅读每一个“条”或“空”,而是条码的整个部分,并转换成可以译码的电信号。CCD比较适合近距离和接触阅读,其价格没有激光阅读器高,而且内部没有移动部件。

③激光阅读器的工作原理。激光阅读器通过一个激光二极管发出一束,照射到一个旋转的棱镜或来回摆动的镜子上。反射后的光线穿过阅读窗照射到条码表面,经过条或空的反射后返回阅读器,由一个镜子进行采集、聚焦,通过光电转换器转换成电信号。该信号将通过扫描器或终端上的译码器软件进行译码。激光阅读器分为手持和固定两种形式。激光阅读器是各种阅读器中价格相对较高的,但其能提供的各项功能指标最高,因此在各个行业都被广泛采用。

三、条码技术的作用与发展

1. 条码技术的作用

条码技术的作用是与其应用领域分不开的,并充分体现在其所应用的各个领域。条码技术的作用主要是将所代表的信息快速地输入计算机系统,然后利用数据库技术对这些信息进行自动处理并输出结果。条形码技术的应用是实现现代化管理的必要手段,其优越性是不言而喻的。如在工业领域,条形码是实现工业自动化的必由之路,已有不少工厂实现了条形码的销售管理、库存管理和生产过程管理。

①销售管理。与产品的质量参数一样,产品的销售数据是企业决策层做出决策的一个重要的依据。由于现代企业销售网络的扩大,手工统计销售数据往往达不到及时传递的要求。而在销售网络中采用条码技术,则可以把销售网络严格地管理起来。例如打印任何一段时间内的销售数据统计报表,方便决策层随时查询。其实现过程如下：通过给每一个产品一个唯一的通用标识条码,在每个销售网点配备条码读取设备,每销售一件产品后都将其条码信息扫描入计算机,并用键盘输入相应的销售数据,将其作为一条记录通过计算机网络存入数据库中,作为原始销售数据。数据库再根据原始销售数据统计出决策层所需要的参考数据。

②物料管理。现代化生产物料配套的不协调极大地影响了产品生产效率,杂乱无序的物料仓库、复杂的生产备料及采购计划的执行几乎是每个企业所遇到的难题。条码技术的运用有效解决了这一难题。其解决思路是：一是通过将物料编码并且打印条码标签,不仅便于物料跟踪管理,而且也有助于做到合理的物料库存准备,提高生产效率,便于企业资金的合理运用,杜绝因物料无序而导致的损失和混乱；二是对需要进行标识的物料打印其条码标,便于在生产管理中对物料的单件跟踪,从而建立完整的产品档案；三是利用条码技术对仓库进行基本的进、销、存管理,可有效地降低库存成本；四是通过产品编码,建立物料质量检验档案,产生质量检验报告,与采购订单挂钩建立对供应商的评价。

③生产管理。条码生产管理是产品条码应用的基础,即建立产品识别码,在生产中应用产品识别码监控生产、生产测试数据、生产质量检查数据,进行产品完工检查,建立产品识别码和产品档案,有序地安排生产计划,监控生产及流向,提高产品下线合格率。其实现过程是：其一,制订产品识别码格式。根据企业规则和行业规则确定产品识别码的编码规则,保证产品规则化和产品拥有唯一标识；其二,建立产品档案。通过产品标识条码在生

产线上对产品生产进行跟踪，并采集生产产品的部件、检验等数据作为产品信息，当生产批次计划审核后建立产品档案；其三，通过生产线上的信息采集点控制生产的信息；其四，通过产品标识码在生产线采集质量检测数据，以产品质量标准为准绳判定产品是否合格，从而控制产品在生产线上的流向及是否建立产品档案，并根据情况打印合格证。

④售后服务管理。一个产品的销售离不开售后服务，这不仅影响到产品的销路，更直接关系到企业的信誉。但是，如果不对售后服务系统进行规范化的管理，则会出现种种问题。例如，维护数据无法及时反馈回企业内部，所需备件得不到及时的补充，或者假冒伪劣产品被当成正规出厂产品维护，或者发生超期保修现象。有了条码管理技术，则可解决上述的问题。其实现过程是：在用户送产品到维护中心维护时，先用条码读取设备读取产品的条码编号，以确定产品的销售途径和销售日期。确认是通过正规途径销售并在保修期内，则在核心数据库内调出原始技术检测资料，以分析损坏原因，予以维护，否则可根据相应的情况作相应的处理。维护完成之后，将相应的维护数据存入原始数据库，反馈给企业的决策层，找出产品生产中存在的问题，以提高产品的质量。

⑤工业质量检测管理。在工业企业中，产品质量的好坏是关系到企业生死存亡的大事。企业往往要花费大量的人力、物力对产品进行质量检测，统计质量参数。但质量参数往往不能及时地传送到企业决策层的手中，也难以避免在统计过程中出错而影响数据的准确性。如果在质量检测过程中运用条码技术自动输入产品信息，用计算机的数据库系统进行自动统计，则可避免这些问题。其实现过程是：产品下生产线时统一贴上条码标签或条码标牌，使每个产品有其唯一的产品标识，送交质检部门检验。在检验过程中通过条码读取设备读取唯一的产品标识，并由计算机键盘输入检测结果，存入核心数据库，再由数据库系统自动统计出检验不合格的产品的数量、工序、百分比等参数，供企业决策部门参考，找出影响产品质量的因素和工序。这为提高产品的质量提供了有效的保证。

2. 条码技术的发展

总体上来看，国外条码技术的发展大致可分为三个时期：萌芽期（20 世纪 40 年代至 20 世纪 70 年代）、普及期（20 世纪 70 年代至 20 世纪 80 年代）和成熟期（20 世纪 80 年代至今）。而我国条码技术的发展大致可分为三个阶段：技术启蒙阶段（20 世纪 70 年代末至 20 世纪 90 年代初）、起步阶段（20 世纪 90 年代中期至 21 世纪初）和快速发展阶段（21 世纪初至今）。

条码技术发展过程中的主要事件如下：

条码技术诞生于 20 世纪 40 年代。当时美国乔·伍德兰德和贝尼·希尔沃开始研究用条码表示食品项目及相应的自动识别设备，并于 1949 年获得了美国专利（“公牛眼”条码，见图 2-7），10 年后，乔·伍德兰德成为 IBM 代码——UPC 的奠基人。

1960 年，提出铁路货车上用的条码识别标记方案。

1963 年，10 月号《控制工程》杂志上发表了描述各种条码技术的文章。

1967 年，美国辛辛那提的一家超市首先使用条码扫描器。

1969 年，比利时邮政业采用用荧光条码表示信函投递点的邮政编码。

1970 年，美国超级市场 Ad Hoc 委员会制订了通用商品代码 UPC 代码，并首先在杂货零售业中试用。

1973 年,美国统一编码委员会(简称 UCC)建立了 UPC 商品条码应用系统,实现该码制的标准化。

1974 年,美国提出 39 码,并于 1980 年美国军事部门采纳 39 码作为其物品编码。

1977 年,欧洲共同体在 12 位 UPC-A 商品条码的基础上,开发了与 UPC-A 兼容的欧洲物品编码系统——EAN 系统,并成立了欧洲编码协会(EAN)。

日本从 1974 年开始着手 POS 系统,在 EAN 基础上,于 1978 年制定出 JAN 码。

1981 年, EAN 组织发展为"国际物品编码协会"——IAN,实现自动识别的条码译码技术;128 码被推荐使用。

1982 年,手持式激光条码扫描器实用化;美国军用标准 military 标准 1189 被采纳;98 码开始使用。

1983 年,美国制订了 ANSI 标准 MH10.8M,包括交叉 25 码、39 码和 Codebar 码。

1984 年,美国制订医疗保健业用的条码标准。

1987 年,美国的 David Allairs 博士提出 49 码。

1988 年,可见激光二极管研制成功;美国的 Ted Willians 提出适合激光系统识读的新颖码制 16K 码。

1986 年,我国邮政确定采用条码信函分拣体制。

1988 年 12 月 28 日,经国务院批准,国家技术监督局成立了中国物品编码中心(ANCC)。

1991 年 4 月,中国物品编码中心代表我国加入国际物品编码协会(EAN)。目前我国商品使用的前缀码是 EAN 国际组织分配给我国的 690、691、692、693。

可见,随着以条码技术为代表的自动识别技术在各行各业应用的广度和深度不断发展,从一维条码发展到二维条码,随后又出现了将一维条码和二维条码结合在一起的复合码,条码介质由纸质发展到特殊介质,其应用已从商业领域拓展到物流、金融等经济领域,并向纵深发展,面向企业信息化管理的深层次的集成。条码技术产品逐渐向高、精、尖和集成化方向发展。

(1)条码技术产业迅猛发展

据美国的专业研究机构 VDC 统计,全球条码市场规模一直在持续稳步增长。到 2008 年,全球条码技术装备的市场规模从 2003 年的 90 亿美元增长到 155 亿美元,其中美洲地区年均增长率超过 6%,欧洲、中东和非洲地区年均增长率接近 7%,亚太地区年均增长率达到 12%。国际条码技术产业的前景方兴未艾。同时,随着条码技术的深入,条码技术装备也朝着多功能、远距离、小型化、软件硬件并举、安全可靠、经济适用方向发展,出现了许多新型技术装备。

(2)条码技术与其他自动识别技术趋于集成

由于各种自动识别技术都有一定的局限性,多种技术共存既可充分发挥各自优势又可有效互补。当前发达国家都积极开展条码技术与射频识别技术等的集成研究,如美国的 InteHnec 公司已经研发出了 900MHz 的条码射频一体化识读设备。

(3)条码技术标准体系逐渐完善

条码技术作为信息自动化采集的基本手段，随着应用的深入，新的标准不断出现，标准体系逐渐完善。在国际上，条码技术标准化已经成为一个独立的标准化工作领域。国际标准化组织和国际电工委员会的联合工作组 JTC1 于 1996 年成立的第 31 分委会（SC31），是国际上开展自动识别与数据采集技术标准化研究的专门机构。

（4）条码自动识别技术应用向纵深发展

一是积极建立基于条码技术应用的全球产品与服务分类编码标准；二是积极致力于基于条码技术应用的电子商务公共信息平台的构建；三是条码技术在产品溯源、物流管理等重点领域得到更深层次的应用。

第四节　RFID 技术

一、RFID 的定义与特点

1. RFID 技术的定义

RFID 技术（Radio Frequency Identification，射频识别，俗称电子标签）是 20 世纪 90 年代开始兴起的一种自动识别技术，是一项利用射频信号通过空间耦合（交变磁场或电磁场）实现非接触信息传输并通过所传递的信息达到识别目标的技术。RFID 的主要核心部件是一个电子标签，直径仅为 2mm 不到，通过相距几厘米到几米距离内传感器发射的无线电波，可以读取电子标签内存储的信息（物品、人和器具等）。可见，RFID 技术是一种非接触式的自动识别技术，它通过射频信号自动识别目标对象并获取相关数据，识别工作无需人工干预，可工作于各种恶劣环境。

2. RFID 技术的特点

总体来看，RFID 技术具有如下特点：

（1）读取方便快捷

数据的读取无需光源，甚至可以透过外包装进行。有效识别距离长，采用自带电池的主动标签时有效识别距离可达到 30m 以上。

（2）识别速度快

标签一进入磁场，阅读器就可以即时读取其中的信息，而且能够同时处理多个标签，实现批量识别。

（3）数据容量大

数据容量最大的二维条码（PDF417）最多能存储 2 725 个数字，若包含字母的话，存储容量则会相对减少。而 RFID 标签则可以根据用户的需要扩充到数十 K。

（4）使用寿命长，应用范围广

RFID 无线通信方式使其可以应用于粉尘、油污等高污染环境和放射性环境，而且其封闭式包装使得其寿命大大超过印刷的条码。

（5）标签数据可动态更改

利用编程器可以向电子标签中写入数据，从而赋予 RFID 标签交互式便携数据文件的功能，而且写入时间比打印条码更短。

（6）更好的安全性

RFID 电子标签不仅可以嵌入或附着在不同形状、类型的产品上，而且可以为标签数据的读写设置密码保护，从而具有更高的安全性。

（7）动态实时通信

标签以每秒 50 ~ 100 次的频率与阅读器进行通信，所以只要 RFID 标签所附着的物体出现在解读器的有效识别范围内，就可以对其位置进行动态的追踪和监控。

二、RFID 技术的工作原理

射频识别技术的基本工作原理是电磁理论。

1. RFID 系统组成

最基本的 RFID 系统一般由 RFID 读写器、RFID 电了标签和计算机通信网络三部分组成（图 2-11），在实际应用中还需要其他硬件和软件的支持。

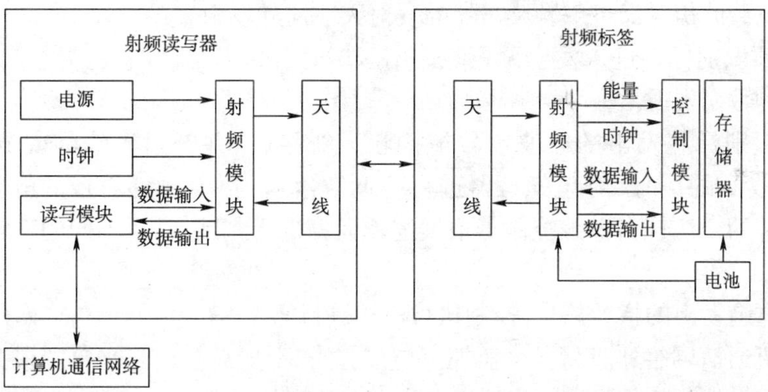

图 2-11　RFID 系统组成

（1）RFID 读写器

RFID 读写器是 RFID 系统的中间部分，可以利用射频技术读取或者改写 RFID 电子标签中的数据信息，并且可以把这些读出的数据信息通过有线或者无线方式传输到中央信息系统进行管理和分析。RFID 读写器主要包括射频模块和读写模块以及其他一些基本功能单元。RFID 读写器通过射频模块发送射频信号，读写模块连接射频模块，能对射频模块中得到的数据信息进行读写或改写。RFID 读写器还有其他的硬件设备，包括电源和时钟等。电源用来给 RFID 读写器供电，并且通过电磁感应给无源 RFID 电子标签进行供电；时钟在进行射频通信时用于确定同步信息。

（2）RFID 电子标签

RFID 电子标签是 RFID 系统中必备的一部分，由耦合元件及芯片组成。每个标签具有唯一的电子编码，附着在物体上标识目标对象，标签中存储着被识别物体的相关信息。当RFID电子标签被RFID读写器识别到或者电子标签主动向读写器发送信息时，标签内的物体信息将被读取或改写。RFID电子标签可分为有源标签和无源标签两类，通过标签中是否有电池来区分。RFID电子标签包括射频模块和控制模块两部分。射频模块通过内置的天线完成与RFID读写器之间的射频通信。控制模块内有一个存储器，存储着标签内的所有信息，其中部分信息可以通过与RFID读写器间的数据交换进行实时的修改。

（3）计算机通信网络

在RFID系统中，计算机通信网络通常用于对数据进行管理，完成通信传输功能。

2. RFID技术的工作原理

阅读器通过发射天线发送一定频率的射频信号，当射频卡进入发射天线工作区域时产生感应电流，获得能量被激活。射频卡将自身编码等信息通过卡内置发送天线发送出去。系统接收天线接收到从射频卡发送来的载波信号，经天线调节器传送到阅读器。阅读器对接收的信号进行解调和解码，然后送到后台主系统进行相关处理。主系统根据逻辑运算判断该卡的合法性，针对不同的设定做出相应的处理和控制，发出指令信号控制执行机构动作。具体过程如下：

①无线电载波信号经过射频读写器的发射天线向外发射；

②当射频识别标签进入发射天线的作用区域时，射频识别标签就会被激活，经过天线将自身信息的数据发射出去；

③射频识别标签发出的载波信号被接收天线接收，并经过天线的调节器传输给读写器。对接收到的信号，射频读写器进行解调解码后，再传送到后台的电脑控制器；

④该标签的合法性由电脑控制器根据逻辑运算进行判断，针对不同的设定作出相应的处理和控制；

⑤按照电脑发出的指令信号，控制执行机构进行运作；

⑥计算机通信网络通过将各个监控点连接起来，形成总控信息平台。根据实际不同的项目要求可以设计各不相同的相应软件完成需要达到的功能。

三、RFID技术的作用与发展

1. RFID技术的作用

RFID技术的作用充分体现在其所应用的诸多领域。目前RFID技术广泛应用于制造业、物品管理、支付、零售业、仓储业、制药、健康管理、畜牧业流通管理、公园、图书馆、交通等领域。

①收费管理。高速公路自动收费系统是RFID技术最成功的应用之一。RFID技术在高速公路收费领域的应用，可以使车辆在不需停留便可高速通过收费站的同时自动完成收费，并解决了在收费站口车辆停车排队形成交通瓶颈和收费员贪污路费的问题。其实现过程如下：当车辆经过收费站射频天线时，车上的射频卡被天线接收，相关费用被自动从用

户账户上扣除,且用指示灯及蜂鸣器告知驾驶员收费是否完成。整个过程不用停车即可完成收费管理。

②城市交通管理。在城市交通方面,交通状况日趋拥堵,解决问题的方式不能只依赖于修路,还要加强交通指挥、控制、疏导,提高城市道路利用率和深挖现有交通潜能。基于RFID技术的实时交通督导和最佳路线电子地图即将成为现实。采用RFID技术实时跟踪车辆,通过交通控制中心网络在各个路段向司机报告交通状况,指挥车辆绕开堵塞路段,并用电子地图实时显示交通状况,可使交通流向、流量区域平衡,提高城市道路的利用率。RFID技术还可用于车辆特权控制,在信号灯处给警车、应急车辆、公共汽车等行使特权。另外,采用RFID技术可使公共汽车站实时跟踪指示公共汽车到站时间及自动显示乘客信息,给乘客以很大的乘车便利。可见, RFID技术在城市交通管理中的应用,有助于改善城市交通和管理状况。

③门禁保安管理。门禁保安系统可采用RFID技术进行安保管理。只要相关人员佩戴了封装成ID卡大小的射频卡,出入时进出入口读写器,会自动识别其身份,若遇非法闯入者会有报警。在安全级别要求高的地方,还可以结合其他识别方式(如将指纹、掌纹、颜面特征存入射频卡)提高安全级别。比如1996年夏季奥运会的安全机构就采用了射频卡结合生物技术作为保安系统中的一种。

④生产线自动化管理。采用RFID技术在生产流水线上实现自动控制和监视,以提高生产率,改进生产方式,节约成本。比如德国宝马汽车公司在装配流水线上应用射频卡,(卡上携带有详细的汽车所需的所有要求),在每个工作点都安置有读写器,保证汽车在各个流水线位置处能毫不出错地完成装配任务,以尽可能大量地生产用户定制的汽车。

⑤仓储管理。将RFID技术用于智能仓库货物管理,完全有效地解决了仓库里与货物流动有关的信息的管理。如将射频卡贴在货物所通过的仓库大门边上,读写器和天线安置在叉车上,每个货物都贴有条码,所有条码信息均被存储在仓库的中心计算机中,当货物被装走运往别地时,由另一读写器识别并告知计算中心,这样管理中心即可实时了解到已经生产了多少产品和发送了多少产品,并自动识别货物,确定货物的位置。

⑥计时管理。在体育比赛中,精确的计时对于运动员公平的竞争非常重要,采用RFID技术可实现赛事的精确计时管理。比如在马拉松比赛中,由于参与人数众多,有时第一个出发的与最后一个出发的人离开起跑线能相隔几十分钟之多,如果没有一个精确的计时装置会严重影响比赛的公平性和准确性。为此,运动员会在自己的鞋带上方便地系上射频卡,在比赛的起跑线和终点线处放置带有微型天线的小垫片,当运动员越过此垫片时,计时系统接收运动员所带的射频卡发出的ID号,并记录当时的时间。这样每个运动员都有自己的起始和结束时间,避免了不公平竞赛发生的可能性。同时,在比赛路线中每隔一定的距离(如5公里)设置这样的垫片,还可很方便地记录运动员的阶段所用时间。

可见, RFID技术在不同领域中的应用体现了RFID十分重要的作用。同时,由于RFID技术在我国还处于一个起步阶段,如何让该技术在我国经济社会发展中发挥更大的作用还有待于进一步研究和实践,但可以预见的是RFID技术在我国的发展潜力是非常巨大的。

2. RFID 技术的发展

RFID 在历史上的首次应用可以追溯到第二次世界大战期间（约 1940 年代），当时的功能是用于分辨出敌方飞机与我方飞机。我方的飞机上装载有高耗电量的主动式标签，当雷达发出询问的信号，这些标签就会发出适当的响应，藉以识别出是友军或敌军，此系统称为 IFF（Identify：Friend or Foe）

1948 年，哈里·斯托克曼发表的“利用反射功率的通信”奠定了射频识别技术的理论基础。

1970 年代，美国政府透过 Los Alamos 科学实验室将 RFID 技术转移到民间。其后 RFID 技术与产品研发处于一个大发展时期，各种 RFID 技术测试得到加速，出现了一些最早的 RFID 应用。RFID 技术最先在商业上的应用是用于畜牧业。

20 世纪 80 年代到 90 年代，美国与欧洲的几家公司开始着手生产 RFID 标签，RFID 技术及产品进入商业应用阶段，各种封闭系统应用开始出现。

20 世纪 90 年代，RFID 技术标准化问题日趋得到重视。随着电子芯片、网络通信、信息安全等技术的发展，RFID 技术发展非常迅速，在很多国家和地区已经实现商业化。由于具有可以实现非接触识别、高速移动物体识别和多目标识别等特点，RFID 技术显示出巨大的发展潜力和应用空间，RFID 产品得到广泛采用。

进入 21 世纪后，RFID 标准化问题逐渐为人们所重视，RFID 产品种类更加丰富，有源电子标签、无源电子标签及半无源电子标签均得到了发展，电子标签成本不断降低。

总体上，RFID 技术包含无线通信、芯片设计制造、系统集成、信息安全等高新技术领域。目前包括中国在内的一些国家和大型公司都在加速推动 RFID 技术的发展和行业应用进程。从全球范围来看，美国在 RFID 标准的建立、相关软硬件技术的开发、应用领域走在世界的前列；欧洲紧随美国的发展，基本处于同一阶段；日本和韩国政府也同样对 RFID 技术给予了高度重视。当前我国在 RFID 应用市场上大项目比较少，但随着 RFID 技术的重要性日益明显，我国政府也更加重视该技术上的创新努力，希望 RFID 技术能够在改善人们的生活质量、提高企业经济效益、加强公共安全以及提高社会信息化水平等方面发挥重大作用。

复习思考题

2.1 了解信息采集技术的定义及其系统构成。

2.2 了解传感器技术的定义与特征。

2.3 简述传感器技术的工作原理。

2.4 了解条码技术的定义与特征。

2.5 简述条码技术的工作原理。

2.6 了解 RFID 技术的定义与特征。

2.7 简述 RFID 技术的工作原理。

2.8 了解传感器技术、条码技术和 RFID 技术的作用与发展。

第三章
信息传输技术

信息传输是从一端（信源）将命令或状态信息经信道传送到另一端（信宿），并被对方所接收的过程。信息传输过程中不能改变信息，信息本身也并不能被传送或接收，必须有载体（如数据、语言、信号等），而且传送方和接收方对载体必须有相同的解释。本章将介绍信息传输技术的基本原理，重点是计算机网络（特别是广泛应用的互联网）传输技术的原理及其应用。

学习目标

◎识记信息传输领域的基本名词术语。

◎掌握数据交换技术的基本概念。

◎掌握计算机网络的功能、组成及应用。

◎掌握网络协议的内涵及作用。

◎掌握电子数据交换（EDI）的工作原理。

关键术语

01. 信源与信宿　02. 信道　03. 数据交换技术　04. 计算机网络

05. 网络拓扑结构　06. 网络协议　07. IP 地址　08. EDI

第一节　信息传输技术概述

一、信源与信宿

1. 信源

信源是指信息的发源地。根据不同的分类方法，可以将信源分为不同的类型。通常有两种分类标准，第一种是按照信源所发出的信息在时间域内的表现形式，第二种是按照信源所发出的信息在数值域内的表现形式。

按照第一种分类方法，可以将信源分为离散信源和连续信源。

离散信源是指在时间轴上发出离散信息的信源。通常字符型或者数据型信源都属于离散信源,因为无论是字母、符号、数字或者文字都是在时间轴上分隔开的信息。

连续信源是指在时间轴上发出连续信息的信源。通常语言音频类或者图像视频类信源就属于连续信源,因为无论语音、音乐、广播或者影视节目等在时间轴上所播放的信号都是连续信息。

按照第二种分类方法,可以将信源分为模拟信源和数字信源。

模拟信源是指所发出的信息在数值轴上的表现为无限细分的模拟量。例如,语音和音响等音频类信源所发出的音量与音调等信息,在数值轴上都属于模拟信息;或者图像和影视等视频类信源发出的亮度与色彩等信息,也属于模拟信息。模拟信源在自然信源中占绝大多数。

数字信源是指发出的信息在数值轴上表现为可以量化分级的多进制数字量。例如,数据、指令或者文字符号等字符类信源都属于二进制数字信源。现代信息社会中数字信源发展很快。

模拟信源和数字信源的传输方式如图 3-1 所示。

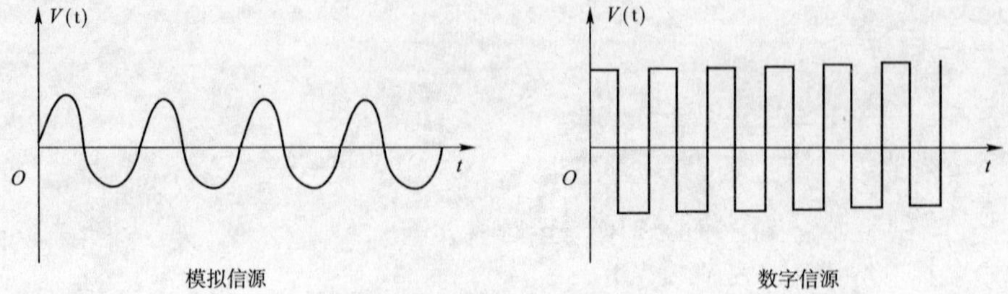

图 3-1　模拟信源和数字信源的传输

信源的分类可以概括为图 3-2。

2. 信宿

信宿是指通信过程中接收和处理信息的设备或计算机。信宿是相对于信源而言的。信宿是信息动态运行一个周期的最终环节。其功能是接收情报信息,并选择对自身有用的信息加以利用,直接或间接地为某一目的服务。信宿可以把信息资源转化为人类的巨大物质财富,在信息的再生产过程中还可以起到巨大的反馈作用。

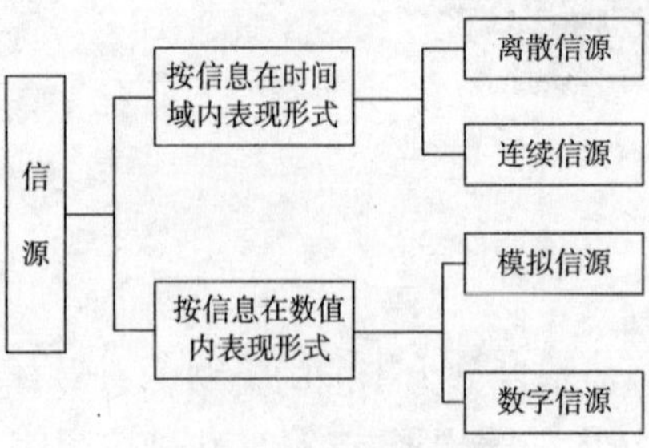

图3-2　信源的分类

二、信道

顾名思义,信道就是指信息传输的通道,在信息系统的组成中信道与信源一样是必不可少的。信道从内涵上来讲,可以分为狭义信道和广义信道。

狭义信道是指连接发端设备和收端设备之间的传输媒介,是用来传输信源所发出的信号的。例如,架空明线、电缆、光缆等是属于有线信道,利用各种传输线路作为媒介,承载各种光电信号;而自由空间、电离层、对流层等都属于无线信道,利用收发天线和电波传播空间作为传输介质,承载的是不同工作频段的无线电信号。

广义信道是指包括发端设备和收端设备与传输线路在内的物理信道。通常在模拟通信系统中所使用的广义信道除了传输线路以外,还要包括发端的模拟调制器和收端的模拟解调器,以及放大均衡等设备,它传输的对象是经过模拟调制以后的信号,故可称为模拟调制信道。对数字通信系统而言,对应它的广义信道除了传输线路外,还应该包括发端的数字编码器和数字解调器,以及收端的数字解调器和数字解码器等设备,它所传输的对象是数字编码和数字调制以后的信号,故可称为数字编码信道。

三、信息传输要求

信息传输过程中,对准确性、快速性、安全性等都有一定的要求。

1. 准确性

准确性是信息传输过程中的最基本要求。信息从信源经过信道到达信宿的过程中,需要将原始信息准确无误地传输到目的地,为此采取了一定的纠错技术(如校验码等)。

2. 快速性

随着信息传输技术的发展,人们对信息传输的速度要求越来越高。信息传输的速率从最初的几 kbps 发展到目前的百 Mbps 甚至千 Mbps。未来,随着光纤等传输介质的广泛使用,信息传输速度将有更快的提升。

3. 安全性

信息在传输过程中会受到来自各方面噪声信号的干扰。尤其是在网络传输环境下,网络黑客或病毒会对传输的信息造成很大影响,甚至造成传输系统崩溃、信息破坏或传输中止。因此,信息传输安全技术越来越被人们所重视。信息加密、数字签名、对称密钥、非对称密钥等信息安全技术在确保信息传输安全中起到了重要作用。

第二节 数据交换技术

一、数据交换的定义与特征

在数据传输系统中,当终端与计算机之间,或者计算机与计算机之间不是直通专线连接,而是要经过通信网的接续过程建立连接的时候,那么两端系统之间的传输通路就是通过通信网络中若干节点转接而成"交换线路"。在一种任意拓扑的数据通信网络中,通过网络节点的某种转接方式实现从任一端系统到另一端系统之间接通数据通路的技术,称为数据交换技术。

数据交换技术主要有电路交换、报文交换和分组交换。

1. 电路交换

电路交换在通信之前要在通信双方之间建立一条被双方独占的物理通路（由通信双方之间的交换设备和链路逐段连接而成），因而具有以下优缺点。

（1）电路交换的优点

①由于通信线路为通信双方用户专用，数据直达，所以传输数据的时延非常小。

②通信双方之间的物理通路一旦建立，双方可以随时通信，实时性强。

③双方通信时按发送顺序传送数据，不存在失序问题。

④电路交换既适用于传输模拟信号，也适用于传输数字信号。

⑤电路交换的交换设备（交换机等）及控制均较简单。

（2）电路交换的缺点

①电路交换的平均连接建立时间对计算机通信来说较长。

②电路交换连接建立后，物理通路被通信双方独占，即使通信线路空闲，也不能供其他用户使用，因而信道利用率低。

③电路交换时，数据直达，不同类型、不同规格、不同速率的终端很难相互进行通信，也难以在通信过程中进行差错控制。

2. 报文交换

报文交换（Message Switching）是以报文为数据交换的单位，报文携带有目标地址、源地址等信息，在交换结点采用存储转发的传输方式，因而有以下优缺点：

（1）报文交换的优点

①报文交换不需要为通信双方预先建立一条专用的通信线路，不存在连接建立时延，用户可随时发送报文。

②在报文交换中便于设置代码检验和数据重发设施，加之交换结点还具有路径选择，可以做到某条传输路径发生故障时重新选择另一条路径传输数据，提高了传输的可靠性。

③在存储转发中容易实现代码转换和速率匹配，甚至收发双方可以不同时处于可用状态。这样就便于类型、规格和速度不同的计算机之间进行通信。

④提供多目标服务，即一个报文可以同时发送到多个目的地址，这在电路交换中是很难实现的；

⑤允许建立数据传输的优先级，优先级高的报文优先转换。

⑥通信双方不是固定占有一条通信线路，而是在不同的时间一段一段地部分占有这条物理通路，因而大大提高了通信线路的利用率。

（2）报文交换的缺点

①由于数据进入交换结点后要经历存储、转发过程，从而引起转发时延（包括接收报文、检验正确性、排队、发送时间等），而且网络的通信量愈大，造成的时延就愈大，因此报文交换的实时性差，不适合传送实时或交互式业务的数据。

②报文交换只适用于数字信号。

③由于报文长度没有限制，而每个中间结点都要完整地接收传来的整个报文，当输出线路不空闲时还可能要存储几个完整报文等待转发，要求网络中每个结点有较大的缓冲区。为了降低成本，减少结点的缓冲存储器的容量，有时要把等待转发的报文存在磁盘上，进一步增加了传送时延。

3. 分组交换

分组交换（Packet Switching）仍采用存储转发传输方式，但将一个长报文先分割为若干个较短的分组，然后把这些分组（携带源、目的地址和编号信息）逐个地发送出去，因此分组交换除了具有报文的优点外，与报文交换相比还有以下优缺点：

（1）分组交换的优点

①加速了数据在网络中的传输。因为分组是逐个传输，可以使后一个分组的存储操作与前一个分组的转发操作并行，流水线式传输方式减少了报文的传输时间。此外，传输一个分组所需的缓冲区比传输一份报文所需的缓冲区小得多，这样因缓冲区不足而等待发送的几率及等待的时间也必然少得多。

②简化了存储管理。因为分组的长度固定，相应的缓冲区的大小也固定，在交换结点中存储器的管理通常被简化为对缓冲区的管理，相对比较容易。

③减少了出错机率和重发数据量。因为分组较短，其出错机率必然减少，每次重发的数据量也就大大减少，这样不仅提高了可靠性，也减少了传输时延。

④由于分组短小，更适用于采用优先级策略，便于及时传送一些紧急数据，因此对于计算机之间的突发式的数据通信，分组交换显然更为合适些。

（2）分组交换的缺点

①尽管分组交换比报文交换的传输时延少，但仍存在存储转发时延，而且其结点交换机必须具有更强的处理能力。

②分组交换与报文交换一样，每个分组都要加上源、目的地址和分组编号等信息，使传送的信息量大约增大 5% ~ 10%，一定程度上降低了通信效率，增加了处理的时间，使控制复杂，时延增加。

总之，若要传送的数据量很大，且其传送时间远大于呼叫时间，则采用电路交换较为合适；当端到端的通路有很多段的链路组成时，采用分组交换传送数据较为合适。从提高整个网络的信道利用率上看，报文交换和分组交换优于电路交换，其中分组交换比报文交换的时延小，尤其适合于计算机之间的突发式的数据通信。

二、数据交换的工作原理

1. 电路交换的原理

电路交换过程主要有三个阶段：电路建立、数据传输和电路拆除。

（1）电路建立

在传输数据之前，先经过呼叫过程建立一条端到端的电路。

（2）数据传输

数据传输电路建立以后，数据就可以从源站发送往目的站，电路连接是全双工的，数据可以在两个方向传输。在整个数据传输过程中，所建立的连接必须始终保持连接状态。

（3）电路拆除

数据传输结束后，由某一方发出拆除请求，然后逐节拆除到对方的节点链路，将电路的使用权交还给网络，以供其他用户使用。

电路交换属于电路资源预分配系统，即每次通信时，通信双方都要连接电路，且在一次连接中电路被预分配给一对固定用户。不管该电路上是否有数据传输，其他用户都不能使用该电路，直至通信双方要求拆除此电路为止。

2. 报文交换的工作原理

报文交换也称为包交换，它将用户的一个报文分成若干个报文组，以报文组为单位采用“存储－转发”交换方式进行通信。交换机把来自用户的报文先暂时存在节点机内排队等候，网络上链路空闲时就转发出去至下一节点，报文在下一节点再存贮－转发，直到到达目的节点。网络节点具有信息处理、存储和路由选择的功能。

3. 分组交换的工作原理

分组交换采用了“存储－转发”的方式，同时把报文分割成若干较短的按一定格式组成的分组进行交换和传输。分组交换有虚电路分组交换和数据报分组交换两种，是计算机网络中使用最广泛的一种交换技术。

（1）虚电路分组交换。虚电路分组交换在传送数据前必须在发送端和接收端之间建立一条逻辑连接，数据按照事先建好的路径顺序传输。传送数据量较大时，通常采用虚电路方式。

（2）数据报分组交换。数据报分组中每个分组的大小有严格的限制，每个数据报自身携带足够的地址信息。各数据报所走的路径不一定相同，各个数据报到达目的地的顺序可能不同，有的数据报会丢失。

第三节　计算机网络技术

一、计算机网络技术的定义与特征

1. 计算机网络技术的定义

计算机网络，是指将地理位置不同的具有独立功能的多台计算机及其外部设备，通过通信线路连接起来，在网络操作系统、网络管理软件及网络通信协议的管理和协调下，实现资源共享和信息传递的计算机系统。

2. 计算机网络技术的特点

从20世纪80年代末开始，计算机网络技术进入新的发展阶段，它以光纤通信应用于计算机网络、多媒体技术、综合业务数据网络ISDN、人工智能网络的出现和发展为主要标志。90年代至21世纪初是计算机网络高速发展的时期，计算机网络的应用向更高层次发展，尤其是Internet网络的建立，推动了计算机网络的飞速发展。据预测，今后计算机网络具有以下几个特点：

①开放式的网络体系结构，使不同软硬件环境、不同网络协议的网可以互联，真正达到资源共享、数据通信和分布处理的目标。

②向高性能发展。追求高速、高可靠和高安全性，采用多媒体技术，提供文本、声音图像等综合性服务。

③计算机网络的智能化，多方面提高网络的性能和综合的多功能服务，并更加合理地进行网络各种业务的管理，真正以分布和开放的形式向用户提供服务。

社会及科学技术的发展，为计算机网络的发展提供了更加有利的条件。计算机网络与通信网的结合，可以使众多的个人计算机不仅能够同时处理文字、数据、图像、声音等信息，而且能及时地与全国乃至全世界的信息进行交换。

二、计算机网络技术的工作原理

最简单的计算机网络就是两台计算机和连接它们的一条链路，即两个节点和一条链路。由于没有第三台计算机，因此不存在数据交换的问题。最庞大的计算机网络就是因特网，它由非常多的计算机网络通过许多路由器互联而成。因此因特网也称为“网络的网络”。另外，从网络媒介的角度来看，计算机网络可以看作是由多台计算机通过特定的设备与软件连接起来的一种新的传播媒介。

计算机网络系统的拓扑结构主要有星型、环型、总线型、树形等几种，如图3-3所示。

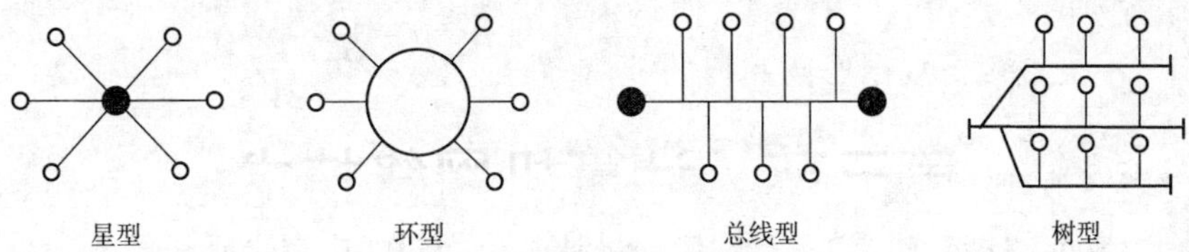

图3-3 计算机网络的拓扑结构

星型网是各节点以星型方式连接起来的，网中的每一个节点设备都以中心节点为核心，通过连接线与中心节点相连，因而这种方式构成较简单。但是中心节点一旦发生故障，影响面大，故可靠性差。

环型网是网络中各节点通过一条首尾相连的通信线路连接起来的一个闭合环型结构网，采取分布控制方式，在局域网中应用较多，有单向环和双向环两种。环形网结构简单，可靠性高，但不便于扩充。

总线型网是通过总线将所有节点都连接起来,所有节点共享一条总线。总线网络结构比较简单,扩展十分方便,主要用于局域网。

树型网是总线结构的一种扩展,它是一种分层网,适用于分级控制系统。与星型网相比,它的通信线路的总长度较短,成本较低,节点扩展容易,但结构比星型网复杂。

计算机网络通俗地讲就是由多台计算机(或其他计算机网络设备)通过传输介质和软件物理(或逻辑)连接在一起组成的。总的来说计算机网络的组成基本上包括计算机、网络操作系统、传输介质(可以是有形的,也可以是无形的,如无线网络的传输介质就是空气)以及相应的应用软件四部分。可以进一步将这四部分归纳为两类:硬件和软件。其中,硬件对计算机网络系统的性能起着决定性作用,软件则是挖掘网络潜力的工具。

1. 计算机网络硬件

组成计算机网络除了需要采用合适的体系结构,还需要各种硬件设备的支持。计算机网络系统性能的高低在很大程度便体现在网络所使用的硬件设备上。计算机网络硬件主要包括通信设备和用户端设备。

(1)通信设备

通信设备主要包括传输及交换设备、线路设备及互联设备。

①网络适配器。网络适配器(通常缩写为 NIC)把计算机连接到电缆上,传输从计算机到电缆媒介或从电缆媒介到计算机的数据。例如,一块 Ethernet 的网络适配器接受来自于计算机的称之为包的大量数据,并把那些数据包转换成可应用到铜线上的电子脉冲序列(如果介质是光纤电缆,那么就转换成光脉冲序列)。接收方的网络适配器诊断到这些电子电压(或光脉冲)并转换成数据包,传送给接收方计算机。

②集线器(Hub)。集线器的英文称为“Hub”。集线器的主要功能是对接收到的信号进行再生整形放大,以扩大网络的传输距离。它工作于 OSI(开放系统互联参考模型)第一层,即“物理层”。集线器与网卡、网线等传输介质一样,属于局域网中的基础设备,采用 CSMA/CD(一种检测协议)访问方式。集线器是纯硬件网络底层设备,基本上不具有类似于交换机的“智能记忆”能力和“学习”能力。它也不具备交换机所具有的 MAC 地址表,所以它发送数据时都是没有针对性的,而是采用广播方式发送。也就是说当它要向某节点发送数据时,不是直接把数据发送到目的节点,而是把数据包发送到与集线器相连的所有节点。

③中继器。中继器可从一个局域网上获取信号,对信号进行放大和提升功率后发向另一个局域网。它能够精确地重发信号,使信号从一个网段的末尾再延长至下一个网段而只有很小的信号衰减。

④网桥。网桥主要用于连接两个或多个 LAN 网络,并在它们之间传递数据封包。应用网桥可以连接两个或多个相同类型的网络,但允许每个网络使用不同的协议。网桥根据各个局域网上使用的协议是否相同,自动决定并完成传输的数据包的协议格式的转换。

⑤路由器。路由器的作用与网桥类似,但功能要强很多,它不仅具有网桥的全部功能,而且还具有传输路径的选择功能,使负载均衡。路由器可以决定一个网络上的节点访问另

一个网络,实现网络间的信息传递所选择的路径。

⑥网关。网关可以实现不同网络下不同协议的转换,使具有不同协议的网络通过网关连成一个网络。例如,可以使用网关在 Novell 和 Windows NT 以及 UNIX 网络操作系统之间进行通信。

⑦传输介质。传输介质的选择是重要的一环,它决定着网络的传输率、局域网的最大长度、传输的可靠性以及网络适配器的复杂性。目前使用较多的有以下几种传输介质：双绞线、同轴电缆以及光缆等。

(2) 用户端设备

用户端设备主要包括客户机、服务器、对等机等。

①服务器。虽然 Hub 是大多数网络的物理中央节点,但是服务器却是网络通信的中心结点。网络上的计算机依靠服务器存储数据,并验证登录请求；服务器与任何其他计算机一样连接到网络上；使服务器有别于其他计算机的是服务器软件,服务器比网络上的其他计算机更强大。

②客户机。客户机是依靠服务器登录验证及存储文件的计算机。虽然客户机通常具有一些自己的存储空间(硬盘空间)容纳程序文件,但是用户的文件通常存储于文件服务器上,而不是存储在客户机上。与大多数服务器不同,客户计算机执行用户程序并直接与用户进行交互。

③对等机。对等式计算机是指不仅仅执行用户程序并直接与用户进行交互(像客户机一样),而且也能与网络中的其他计算机共享自己的硬盘空间与打印机(与服务器一样)的计算机。然而对等式计算机并不验证其他计算机的文件。相反,对等式计算机通常像客户机一样使用,并且存储在对等机中的文件偶尔可供网络中的其他计算机使用。

2. 计算机网络软件

计算机网络软件是实现网络归纳所不可缺少的软环境。为了协调系统资源,系统需要通过网络软件对网络资源进行全面的管理、合理的调度和分配。网络软件一般包括了网络协议和协议软件、网络通信软件和网络操作系统：

①网络协议和协议软件,通过协议程序实现网络协议所规定的功能；

②网络通信软件实现网络工作站之间的通信；

③网络操作系统是用以实现系统资源共享、管理工作站的应用程序,并完成资源的使用,是最主要的网络软件。

三、计算机网络技术的作用与发展

1. 计算机网络技术的作用

计算机网络的功能主要表现在硬件资源共享、软件资源共享和用户间信息交换三个方面。

①硬件资源共享。可以在全网范围内提供对处理资源、存储资源、输入输出资源等昂贵设备的共享,使用户节省投资,也便于集中管理和均衡分担负荷。

②软件资源共享。允许互联网上的用户远程访问各类大型数据库,可以得到网络文件

传送服务、远地进程管理服务和远程文件访问服务，从而避免软件研制上的重复劳动以及数据资源的重复存贮，也便于集中管理。

③用户间信息交换。计算机网络为分布在各地的用户提供了强有力的通信手段。用户可以通过计算机网络传送电子邮件、发布新闻消息和进行电子商务活动。

2. 计算机网络技术的发展趋势

新一代互联网的研究始于20世纪90年代中期，其研究任务包括试图解决IP地址的扩容问题，实现组播功能，体现更高的安全性，并建立新的协议、硬件、软件、知识和新的网络测试环境，为网络应用提供功能更强、技术更先进的平台。

（1）Internet 2

1996年10月，来自美国近40所大学的代表聚集芝加哥，商讨开展Internet 2工程，建设新的国家网络以供高等教育使用，旨在为新型应用制定通用规范和辅助服务，以保证及时提供高级通信服务。1997年9月成立了“大学高级Internet发展集团”管理和协调Internet 2的建设。Internet 2的关键技术包括超高速的光学网络、超高速的路由交换机、创建新的协议以保证实时业务的服务质量、IPv6、组播技术等，其应用包括视频会议、协同工作、远程教学、数字图书馆等。

（2）IPv6

现有的IPv4协议（Internet协议4.0版本）是32位地址方案，最多可容纳43亿（2^{32}）个潜在的主机地址。最初的地址分配非常浪费资源，导致地址使用效率低下，IP地址空间有耗尽的趋势。Internet的管理者很早就意识到了这个问题，并提出了很多措施弥补IPv4的不足。然而，从长远看，由于固有的地址空间不足、地址头部过于复杂等症结，IPv4仍然难以避免遭淘汰的命运。

Internet工程任务组（Internet Engineering Task Force，IETF）从20世纪90年代初开始着手设计IPv6（Internet协议6.0版本），经过多次修订，于1998年形成比较成熟的方案（RFC2 460）。IPv6在设计上吸取了IPv4的优点，充分考虑了现代信息网络的需求，加入了很多新的元素，同时从协议层面上解决了IPv4的不足，完全满足了新一代信息网络的需求。

IPv6方案提供的地址空间几乎是用之不竭的。IPv6方案是128位的地址方案，理论上有3.4×10^{38}（2^{128}）个潜在的IP地址，也就是说，我们的地球表面每一平方米可拥有1564个地址，这样接入Internet的移动电话、PDA等无线设备都可以有唯一的IP地址。同样，任一信息家电也可设置IP地址。

IPv6方案增加了许多新的特性，如表3-1所示。

（3）网格

网格技术是在巨型计算机与Internet技术的基础上推出的一项新变革，它将分布在各地的计算机资源包括CPU、存储器、数据库等，通过高速的Internet组成充分共享的资源集成。网格的优势在于能实现数据资源、计算资源、存储资源等各种资源的全面共享。

网格是一个将地理上分布的资源集成的计算资源环境，或者说是一个计算资源池。简单地讲，网格是把整个Internet整合成一台巨大的超级计算机，实现各种资源的全面共享。可见，Internet将各种计算机连结起来，Web是将各种信息资源连结起来，而网格则是将各种计算机资源连结起来。

IPv4 和 IPv6 的比较

表 3-1

序 号	比 较 项	IPv4	IPv6
1	地址空间	2^{32}，约43亿	2^{128}，数量非常庞大
2	地址头部复杂度	复杂，20个固定字段	简单，7~12个字段，可选扩展字段
3	安全性	无，可选	内置安全性
4	移动IP	无，可选	内置支持
5	表示方式	点分10进制	点分16进制
6	自动配置	有限支持	支持
7	广播，多播，任意播	支持，支持，不支持	不支持，支持，支持

（4）云计算

“云计算”概念最早是由 Google 公司提出的。云计算（Cloud Computing）是继分布式计算（Distributed Computing）、并行处理（Parallel Computing）、网格计算（Grid Computing）等之后计算模式的最新发展。云计算通过将各种互联的计算、存储、数据、应用等资源进行有效整合实现多层次的虚拟化与抽象化，用户只需要连接上网络即可使用云计算强大的计算和存储能力。狭义云计算是指 IT 基础设施的交付和使用模式，指通过网络以按需、易扩展的方式获得所需的资源；广义云计算是指服务的交付和使用模式，指通过网络以按需、易扩展的方式获得所需的服务。这种服务可以是 IT 和软件、互联网相关的，也可以是任意其他的服务，它具有超大规模、虚拟化、可靠安全等独特功效。云是一种切实可行的方法与解决方案集合，它会像 20 世纪 90 年代的互联网一样影响未来信息技术格局。

第四节 电子数据交换（EDI）技术

一、EDI 的定义与特征

1. EDI 定义

电子数据交换（Electronic Data Interchange，EDI）是按照协议对具有一定结构特征的标准信息，经数据通信网络，在计算机系统之间进行交换和自动处理的技术。EDI 用户根据国际通用的标准格式编制报文，以计算机可读的方式将结构化的信息，例如订单、发票、提货单、海关申报单、进出口许可证等，按照协议将标准化的文件通过计算机网络进行传送。报文接收方按国际统一规定的语法规则，对报文进行处理，通过信息管理系统和作业管理决策支持系统，完成信息自动交换和处理。

EDI 有三个关键要素：

① EDI 是指计算机用户之间的数据交换和数据处理。

② EDI 交换和处理的数据必须用统一的标准编制成结构化的、标准化的数据后，方可作为被传输的资料。

③ EDI 的数据发送、接收和处理都是使用电子方式自动进行的。

一个 EDI 系统必须具备三项基本条件：

①计算机管理信息系统。

② EDI 处理软件。

③数据通信网络及其标准化。

2. EDI 的特点

① EDI 传输的是格式化标准文件，并具有格式校验功能。

② EDI 是实现计算机到计算机的自动传输和自动处理，其对象是计算机系统。

③ EDI 对于传送的文件具有跟踪、确认、防篡改、防冒领、电子签名等一系列安全保密功能。

④ EDI 文本具有法律效力。

⑤ EDI 和电子信箱都是建立在分组数据通信网上。

⑥ EDI 是建立在计算机通信网开放式系统互联模型的第七层上，即 MHS 通信平台之上。

⑦ EDI 和电子信箱都是非实时的，具有存储转发功能，因此不需用户双方联机操作。

⑧ EDI 传输的是企业间的报文，是企业间信息交流的一种方式。

⑨ EDI 使用的数据通信网络一般是增值网、专用网。

二、EDI 的工作原理

EDI 应用流程仅以订单与订单回复为例作简单介绍，目的是让大家理解 EDI 如何工作及简单的应用过程。

①制作订单。将所有必要的信息以电子传输的格式存储下来，同时产生一份电子订单。

②发送订单。买方将订单通过 EDI 系统传输给供货商。此订单实际上是发向供货商的电子信箱的，先存放在 EDI 交换中心上，等待来自供货商业主的接收指令。

③接收订单。供货商使用邮箱接收指令，从 EDI 交换中心自己的电子信箱中收取全部邮件，其中包括来自购买方的订单。

④签发回执。供货商业主在收妥订单后，使用自己计算机上的订单处理系统，为来自购买方的电子订单自动产生一份回执。经供货商确认后，此电子订单回执被发送到网络，再由 EDI 交换中心存放到购买方的电子信箱中。

⑤接收回执。购买方使用邮箱接收指令，从 EDI 交换中心自己的电子信箱中收取全部邮件，其中包括供货商发来的订单回执。在此交换过程中，还有电子协商的过程。

EDI 报文采用结构化的数据，它是按 EDI 单证标准进行格式化的。而 EDI 用户的应用系统使用的则是各种内部数据库的专用数据格式，因此，EDI 用户在报文提交网络前，须将其译成标准的 EDI 报文格式。在实际应用中，用户系统从数据库中取出符合内部格式的源数据,要先通过一个映射程序转化为平面文件(一种无格式的数据文件),然后由翻译软件将无格式的数据添到 EDI 报文的相应字段中完成翻译。同样,接收系统对收到的 EDI 报文需经过相反的转换才能将 EDI 报文中的数据插入或更新到相应的数据库表中。

三、EDI 的作用与发展

EDI 是一种在公司之间传输订单、发票等作业文件的电子化手段。当代世界,科学技术突飞猛进,社会经济日新月异。特别是自 20 世纪 80 年代以来,在新技术革命浪潮的猛烈冲击下,一场高技术竞争席卷世界,使人类社会的一切领域正在飞速地改变着面貌。国际贸易也空前活跃,市场竞争愈演愈烈。 在国际贸易中,由于买卖双方地处不同的国家和地区,因此在大多数情况下,不是简单、直接地面对面的买卖,而必须以银行进行担保,以各种纸面单证为凭证,方能达到商品与货币交换的目的。这时,纸面单证就代表了货物所有权的转移,因此从某种意义上讲“纸面单证就是外汇”。全球贸易额的上升带来了各种贸易单证、文件数量的激增。虽然计算机及其他办公自动化设备的出现可以在一定范围内减轻人工处理纸面单证的劳动强度,但由于各种型号的计算机不能完全兼容,实际上又增加了对纸张的需求。美国森林及纸张协会曾经做过统计,得出了用纸量超速增长的规律:即年国民生产总值每增加 10 亿美元,用纸量就会增加 8 万吨。此处,在各类商业贸易单证中有相当大的一部分数据是重复出现的,需要反复地键入。有人对此也做过统计,计算机的输入平均 70% 来自另一台计算机的输出,且重复输入也使出差错的几率增高。据美国一家大型分销中心统计,有 5% 的单证中存在着错误。同时重复录入浪费人力、浪费时间、降低效率。因此,纸面贸易文件成了阻碍贸易发展的一个比较突出的因素。 另外,市场竞争也出现了新的特征。价格因素在竞争中所占的比重逐渐减小,而服务性因素所占比重增大。销售商为了减少风险,要求小批量、多品种、供货快,以适应瞬息万变的市场行情。而在整个贸易链中,绝大多数的企业既是供货商又是销售商,因此提高商业文件传递速度和处理速度成了所有贸易链中成员的共同需求。同样,现代计算机的大量普及和应用以及功能的不断提高,已使计算机应用从单机应用走向系统应用;同时通信条件和技术的完善,网络的普及又为 EDI 的应用提供了坚实的基础。 正是在这样的背景下,以计算机应用、通信网络和数据标准化为基础的 EDI 应运而生。EDI 一经出现便显示出了强大的生命力,迅速地在世界各主要工业发达国家和地区得到广泛的应用。正如香港 TRADELINK 公司的宣传资料所指出的那样:“当 EDI 于 20 世纪 60 年代末期在美国首次被采用时,只属于当时经商的途径之一;时至今日,不但美国和欧洲大部分国家,以至越来越多的亚太地区国家,均已认定 EDI 是经商的唯一途径。”由于 EDI 具有高速、精确、远程和巨量的技术性能,因此 EDI 的兴起标志着一场全新的、全球性的商业革命的开始。国外专家深刻地指出:“能否开发和推动 EDI 计划,将决定对外贸易方面的兴衰和存亡。如果跟随世界贸易潮流,积极推行 EDI 就会成为巨龙而腾飞,否则就会成为恐龙而绝种。”20 世纪 60 年代末,欧洲和美国几乎同时提出了 EDI 的概念。早期的 EDI 只是在两个商业伙伴之间,依靠计算机与计算机直接通信完成。20 世纪 70 年代,数字通信技术的发展大大加快了 EDI 技术的成熟和应用范围的扩大,也带动了跨行业 EDI 系统的出现。80 年代 EDI 标准的国际化又使 EDI 的应用跃入了一个新的里程。时至今日，EDI历经萌芽期、发展期已步入成熟期。英国的EDI专家明确指出："以现有的信息技术水平,实现EDI已不是技术问题,而仅仅是一个商业问题。"

复习思考题

3.1 什么是信源和信道？信源和信道都有哪些类型？

3.2 什么是数据交换技术？数据交换技术包括哪些内容？

3.3 计算机网络有哪几种常见的拓扑结构？特征是什么？

3.4 IPv6和IPv4相比,有哪些突出的优点？

3.5 列举几种你在日常生活中所见到的信息传输方式,通过查阅相关资料,写出这些信息传输方法的概念、原理及特征。

第四章
信息存储技术

以信息处理技术为中心、以处理器的发展为核心动力的计算机工业，以及以信息传输技术为中心、以网络的发展为核心动力的计算机网络技术极大地加速了信息数字化的进程，越来越多的信息活动转变为数字形式，使数字化信息爆炸性增长，从而引发了以数字存储为基础的信息存储技术发展浪潮。信息技术正在从以计算机设备为核心的计算时代进入到以存储设备为核心的存储时代。

学习目标

◎识记信息存储领域的相关基本名词术语。

◎掌握各种存储技术的概念、特点及原理。

◎掌握数据库存储的概念及原理。

◎了解云计算、云存储的概念及原理。

关键术语

01. 信息存储	02. 存储介质	03. 数据库	04. 关系数据结构
05. 数据仓库	06. 数据挖掘	07. 云计算	08. 云存储

第一节　信息存储技术概述

一、信息存储的概念及要求

1. 信息存储概念

信息存储是指根据不同的应用环境，通过采取合理、安全、有效的方式将数据保存到某些介质上并能保证有效的访问。信息存储是针对所采集的信息进行科学有序的存放、保管，以便使用的过程。

总的来讲，信息存储包含三个方面的含义：

①将所采集的信息，按照一定规则记录在相应的信息载体上；

②将这些信息载体，按照一定的特征和内容性质组成系统有序的、可供自己或他人检索的集合体；

③应用计算机等先进的技术和手段，提高信息存储的效率和利用水平。

2. 信息存储要求

信息存储过程中，对大容量、安全性、高吞吐量等都有一定的要求。

①大容量。信息存储正在向高容量方向发展。尤其对于大型部署应用，需要存储的数据总容量可能达到GB甚至TB级。可见，大容量是信息存储的一个基本要求。

②安全性。安全性是信息存储的又一个基本要求。信息存储的安全性通常是通过增加数据冗余而实现的。如采用磁盘冗余阵列（RAID）解决方案以提高存储信息的安全性。

③高吞吐量。在信息存储方面，吞吐量按照每秒钟存储设备可以执行的读取和写入操作数来衡量，这是反映信息存储性能的一个重要指标。因此，随着信息量的不断扩大，需要存储的数据量迅速增多，信息存储过程中对存储设备的吞吐量要求越来越高。

二、信息存储介质

信息存储介质是指存储信息（数据）的载体，如软盘、光盘、DVD、硬盘、闪存、U盘、CF卡、SD卡、MMC卡、SM卡、记忆棒（Memory Stick）、XD卡等。闪存卡是利用闪存（Flash Memory）技术存储电子信息的存储器，一般应用在数码相机、掌上电脑、MP3等小型数码产品中作为存储介质，样子小巧，有如一张卡片。根据不同的生产厂商和不同的应用分类，闪存卡大概有Smart Media（SM卡）、Compact Flash（CF卡）、Multi Media Card（MMC卡）、Secure Digital（SD卡）、Memory Stick（记忆棒）、XD-Picture Card（XD卡）和微硬盘（MICRODRIVE）等。这些闪存卡虽然外观、规格不同，但是技术原理都是相同的。

1. 磁存储技术原理

（1）磁存储简介

在现代信息存储技术中，最早出现的是磁存储技术，磁盘、软磁盘和硬磁盘已普遍应用。20世纪70年代主要应用磁性氧化物在塑料薄膜和金属薄片上用涂制的方法制成磁带和磁盘，存储密度比较低，一般每平方英寸只有几MB。后来改进了磁性氧化物的磁矫顽力，采用超细磁性氧化物粉末，以及应用薄膜氧化物磁头使存储密度有所提高，80年代达到每平方英寸几十MB的水平。90年代以后硬磁盘主要采用了连续磁性薄膜介质，用磁控溅射的方法制作薄膜，减小了颗粒间界面，存储的位密度有了很大的提高。

（2）磁存储的原理及类型

磁存储技术的工作原理是通过改变磁粒子的极性在磁性介质上记录数据。在读取数据时，磁头将存储介质上的磁粒子极性转换成相应的电脉冲信号，并转换成计算机可以识别的数据形式。进行写操作的原理也是如此，只是转换过程相反。

要使用硬盘等介质上的数据文件，通常需要依靠操作系统所提供的文件系统功能，文件系统维护着存储介质上所有文件的索引。出于效率等诸多方面的考虑，在我们利用操作系统提供的指令删除数据文件的时候，磁介质上的磁粒子极性并不会被清除。操作系统只是对文件系统的索引部分进行了修改，将删除文件的相应段落标识进行了删除标记。目前主流操作系统对存储介质进行格式化操作时，也不会抹除介质上的实际数据信号。正是操作系统在处理存储时的这种设定，为我们进行数据恢复提供了可能。值得注意的是，这种恢复通常只能在数据文件删除之后相应存储位置没有写入新数据的情况下进行。因为一旦新的数据写入，磁粒子极性将无可挽回的被改变，从而使得旧有的数据真正意义上被清除。图 4-1 是硬盘结构示意图。

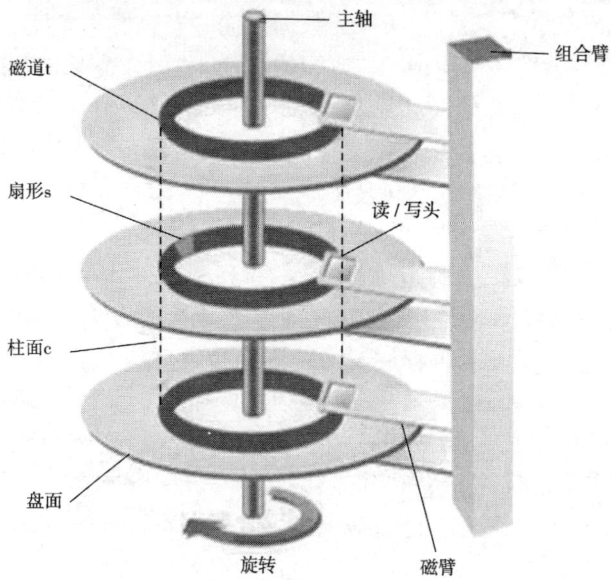

图 4-1　硬盘结构示意图

另外，除了磁存储介质之外，其他一些类型存储介质的数据恢复也遵循同样的原理，例如 U 盘、CF 卡、SD 卡等。举个例子来说，目前几乎所有的数码相机都遵循 DCIM 标准，该标准规定了设备以 FAT 形式对存储器上的相片文件进行处理。

下面对磁存储的磁盘阵列技术和存储区域网络等相关技术进行介绍。

①磁盘阵列技术。磁盘阵列的全称是 Redundant Array of Inexpensive Disk，简称 RAID 技术。它原是 1988 年由美国加州大学 Berkeley 分校的 David Patterson 教授等人提出来的磁盘冗余技术。从那时起，磁盘阵列技术发展得很快，并逐步走向成熟。

在用户看来，组成的磁盘组就像是一个硬盘，可以对它进行分区、格式化等。总之，对磁盘阵列的操作与单个硬盘一模一样。不同的是，磁盘阵列的存储性能要比单个硬盘高很多，而且可以提供数据冗余。目前人们逐渐认识了磁盘阵列技术。磁盘阵列技术可以详细地划分为若干个级别（RAID0~5）的技术。其中，RAID 0 是把所有的硬盘并联起来成为一个大的硬盘组，其容量为所有属于这个组的硬盘的总和。所有数据的存取均以并行分割方式进行,如图 4-2 所示。用 RAID 的好处简单地说就是:安全性高,速度快,数据容量超大。某些级别的 RAID 技术可以把速度提高到单个硬盘驱动器的 400%。磁盘阵列把多个硬盘驱动器连接在一起协同工作,大大提高了速度,同时把硬盘系统的可靠性提高到接近无错的境界。这些“容错”系统速度极快,同时可靠性极高。

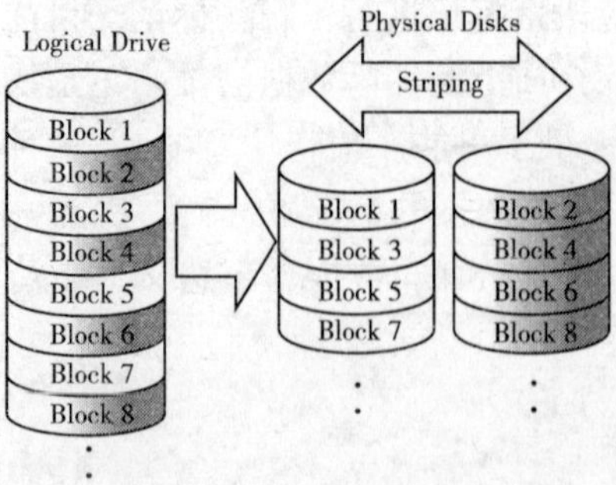

图4-2 RAID0原理图

②存储区域网络。存储区域网络(Storage Area Network, SAN)是一种高速网络或子网络,提供在计算机与存储设备之间的数据传输。存储设备是指一台或多台用以存储计算机数据的磁盘设备,通常指磁盘阵列。一个 SAN 网络由负责网络连接的通信结构、负责组织连接的管理层、存储部件以及计算机系统构成,从而保证数据传输的安全性和力度。

典型的 SAN 是一个企业整个计算机网络资源的一部分。通常 SAN 与其他计算资源紧密集群,实现远程备份和档案存储过程。SAN 支持磁盘镜像技术(disk mirroring)、备份与恢复(backup and restore)、档案数据的存档和检索、存储设备间的数据迁移以及网络中不同服务器间的数据共享等功能。此外, SAN 还可以用于合并子网和网络附接存储(NAS:network–attached storage)系统。

当前常见的可使用 SAN 技术,诸如 IBM 的光纤 SCON,是 FICON 的增强结构,或者说是一种更新的光纤信道技术。另外,存储区域网络中也运用到高速以太网协议。SCSI 和 iSCSI 是目前使用较为广泛的两种存储区域网络协议。

2. 光存储技术原理

(1)光存储的含义及优点

人的信息来源,是通过视觉、听觉、触觉等感觉器官直接或间接从信息源获取的。其中以光为信息载体的视觉信息色彩纷呈,又可包含大视场、大景深的快速运动图像,其信息丰富的程度远远超过其他的信息获取方式,因而成为人类的主要信息来源。远古的人类就知道利用光快速传递信息,例如我国商周时代就有“烽火戏诸侯”的故事。但是在很长的时期内,人们存储信息的方式一直局限于直接保存包含信息的实物(如结绳计数)或符号(如各种形式的书籍文字)。直到 150 多年前发明照相术,才真正开始了用光学方法存储信息的时代。

照相术通过光诱导乳胶中物质的光化学反应,改变乳胶局部透过率,从而实现信息的存储。由光学照相术发展而来的缩微照相术,由于能够高保真度地存储高分辨率图像,其保持文物、古籍等物品原貌的能力无可替代,在今天的海量信息存储领域仍然占有重要的位置。但是这种存储技术需要复杂费时的湿法后处理,作为一种“离线”读写方式,难于像磁盘、光盘一样与现代通信设备以及计算机联机,因而在扩大信息交流方面存在限制。

当前,光学存储主要指与计算机和其他通信系统联机的海量存储技术。与传统的磁性存储技术(磁带、磁泡、磁盘)相比,光学存储有以下特点:

①存储密度高。理论估计,光学存储的面密度为 1/λ2 的数量级,其中 λ 是用于存储的光的波长。光学方法可以寻址记录材料的整个体积,存储的体密度可达 $1/\lambda^3$。按 λ =500nm

计算,存储密度为 1TB/cm^3 的数量级。若同时在大量可分辨的窄光谱凹陷中进行记录,存储密度还可提高 1 ~ 3 个数量级,这是当前任何其他数据存储技术所无法匹敌的。

②并行程度高。由于光束可以携带图像即二维数据页,通过对照明光束波面的二维调制,光学存储器件能广泛地提供并行输入输出和数据传输。

③抗电磁干扰。外界电磁干扰的频率都远远低于光频,因此光不受外界电磁场的干扰,不同光束之间也很难互相干扰。

④存储寿命长。磁存储的信息一般只能保存 2 ~ 3 年。而只要光存储介质稳定,寿命一般在十年以上。

⑤非接触式读 / 写信息。用光读写,不会磨损和划伤存储体,这不仅延长了存储寿命,而且使存储体可以自由拆卸、移动和更换,因而可以做成真正海量的存储器。

⑥信息价位低。由于光学存储密度高,其信息价位仅为磁记录几十分之一。

上述优点使得自从激光器发明以来,光学存储技术就一直受到人们的关注。从原理上讲,只要材料的某种性质对光敏感,在被信息调制过的光束照射下能产生理化性质的改变,并且这种改变能在随后的读出过程中使读出光的性质发生变化,都可以作为光学存储的介质。光学存储按存储介质的厚度可分为面存储(二维存储)和体存储(三维存储);按数据存取的方式可分为逐位存储(又称光学打点式存储)和页面并行式存储;按鉴别存储数据的方式可分为位置选择存储和频率选择存储等。目前最普遍、最成熟的光学存储技术是光盘存储,正在发展中的技术还有很多种。

(2)光盘存储的原理

激光具有高度的单色性、方向性和相干性,经聚焦后可在记录介质中形成极微小的光照微区(直径为光波长的线度,即一微米以下),使光照部分发生物理、化学变化,从而使光照微区的某种光学性质(反射率、折射率、偏振特性等)与周围介质有较大反衬度,以实现信息的存储,这就是光盘存储的原理。

在信息的“写入”过程中,通常使写入激光束的强度被待存储信息(模拟量或数字量)所调制,而记录介质上有无理化性质的变化代表了信息的有无。在信息的“读出”过程中,用低强度的稳定激光束扫描信息轨道,随着光盘的高速旋转,介质表面的反射光强度(或其他性质)随存储的信息位而变化。用光电探测器检测反射光信号并加以解调,便可取出所需要的信息。光盘是在衬盘上淀积了记录介质及其保护膜的盘片,在记录介质表面沿螺旋形轨道,以记录斑的形式写入大量的信息位(参见图 4-3),因此光盘是按位存储的二维存储介质。记录轨道的密度可高达 1 000 道 /mm 以上,这种类似光栅的结构使光盘在白光照明下呈现绚丽的彩色。

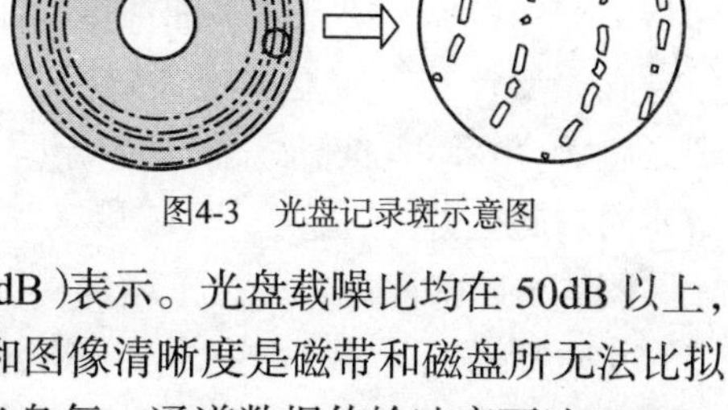
图4-3 光盘记录斑示意图

光盘存储除了具有存储密度高、抗电磁干扰、存储寿命长、非接触式读 / 写信息及信息位价格低廉等优点外,还具有信息载噪比(CNR)高的突出优点。载噪比是载波电平与噪音电平之比,以分贝(dB)表示。光盘载噪比均在 50dB 以上,且多次读写后不降低。因此,光盘多次读出的音质和图像清晰度是磁带和磁盘所无法比拟的。另外,光盘的信息传输速率也比较高。现有的光盘每一通道数据传输速率可达 50Mb/s

以上,通过改进光学系统和选择适当的激光波长,还可以提高数据传输速率。

1）光盘的类型

作为计算机系统外部设备的数字光盘存储技术,按其功能划分主要有四种：

①只读存储光盘。只读式存储光盘（Read Only Memory，ROM）的记录介质主要是光刻胶,记录方式多数采用经声光调制的聚焦氪离子激光,将信息刻录在介质上制成母盘（参见图 4-4),然后进行大量模压复制。由于制作工艺和设备的限制,这种光盘只能用来播放已经记录在盘片上的信息,用户不能自行写入。CD 只读、CD 音像和 LV 都属此类。配备了 CD–ROM 驱动器的微型计算机,也可读取大量光盘中存储的软件和多媒体信息。

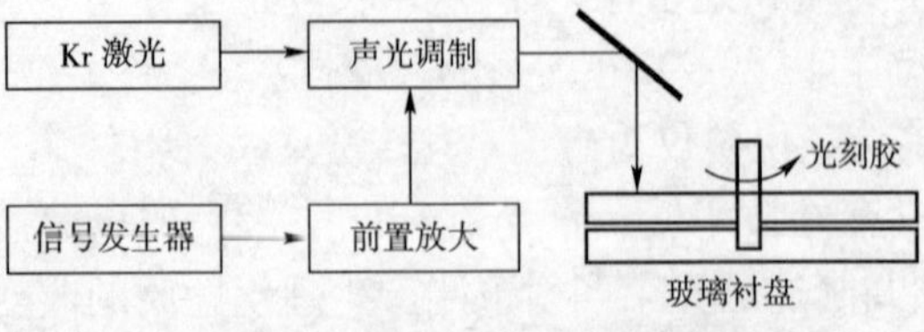

图4-4　只读光盘记录示意图

②一次写入光盘。一次写入光盘(Write Once Read Many，WORM； 或称 Direct Read after Write，DRAW）利用聚焦激光在介质的微区产生不可逆的物理和化学变化写入信息。这类光盘具有写、读两种功能,用户可以自行一次写入,写完即可读,但信息一经写入便不可擦除,也不能反复使用。它特别适合于文档和图像的存储和检索。

为了保证光盘能被用户写入,实现写后即读（DRAW),记录的数据能够实时加以检验,一次写入光盘上应有的地址码（信道号、扇区号及同步信号等）都以标准格式预先刻录并复制在光盘的衬盘上。光盘的存储介质应当是不需经过中间处理的类型。除了高分辨率、高对比度、抗缺陷性能强等对光盘存储介质的共同要求外,一次写入光盘还要求介质具有较高的记录灵敏度和较好的记录阈值,并且存储介质的力、热及光学性能应与预格式化衬盘相匹配。一次写入光盘的写入过程主要是利用激光的热效应,其记录方式有烧蚀型、起泡型、熔绒型、合金型、相变型等很多种。目前一次写入光盘已经实现商品化。

③ 可擦重写光盘。可擦重写光盘（Rewrite,或 Erasable–DRAW 即 EDAW）除用来写、读信息外,还可将已经记录在光盘上的信息擦去,然后再写入新的信息。但写、擦是分开的两个过程,需要两束不同的激光和先后两个动作才能完成,即先用擦激光将某一信道上的信息擦除,然后再用写激光将新的信息写入。这种先擦后写的两步过程限制了数据的存取时间和传输速率,因而尚未应用到计算机系统的主内存即随机存取存储器（Random Access Memory，RAM)。但是,这类光盘代替磁带并用在海量脱机存储和图像数字存储方面已成定局。

可擦重写光盘是利用记录介质在两个稳定态之间的可逆变化实现反复的写与擦。光盘可擦重写技术的关键是解决新的存储介质材料。经过多年的努力,已在磁光型（热磁反转型）存储材料上得到突破而获得实用化。

磁光型存储介质具有磁各向异性,在垂直于薄膜表面方向有一易磁化轴,产生垂直磁记录磁畴。在写入信息之前,用一定强度的磁场 H0 对介质进行初始磁化,使各磁畴单元具有相同的磁化方向。

图 4-5 描述了磁光盘的原理。

④直接重写光盘（Overwrite)。前面介绍的可擦重写磁光盘,在记录信息时往往需要两次动作,即先将信道上原有的信息擦除,然后再写入新的信息。这可以用一束激光的两

次动作完成，也可用擦除光束和随后的写入光束配合完成。无论采取哪种方式，都将限制光盘数据传输速率的提高。光盘存储技术目前的研究热点，一是提高可擦重写光盘的性能，二是研究直接重写光盘。直接重写光盘可用一束激光、一次动作录入信息，也就是在写入新信息的同时自动擦除原有信息，无需两次动作。显然，这种光盘能够有效地提高数据传输率，有希望应用到计算机系统的随机存取存储器。

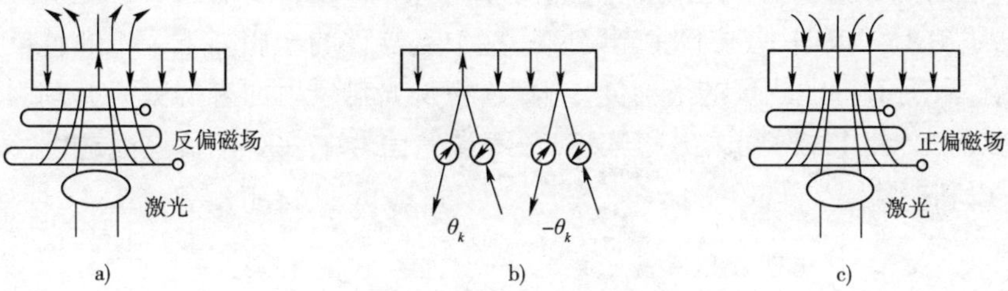

图 4-5　磁光光盘的原理

a) 写入；b) 读出；c) 擦除

实现直接重写的可能途径之一，是利用激光束的粒子作用，在极短的时间内使介质完成快速晶化。这种光致晶化的可逆相变过程可以非常快。当擦除激光脉宽与写入激光脉宽相当时（20ns ~ 50ns），相变光盘可进行直接重写，从而大大缩短了数据的存取时间。近年来，国内外的大量研究工作都围绕着降低擦除时间（加快晶化速度）、提高晶态和非晶态的反衬度以及多次擦除中材料稳定性等方面进行。

2）光盘存储器

光盘存储器是在光盘已经设计定型，各项性能参数都已确定的情况下，特定盘片的驱动器。光盘读取和检索信息的功能，要靠光盘驱动器实现。实用的光盘驱动器虽然小巧紧凑，却是光、机、电相结合的高技术产物。它包括提供高质量读出光束和引导检索出的光信号的精密光学系统；产生信息读出信号、再现盘片格式化地址信号、检测光盘聚焦误差信号和跟踪误差信号的电子学电路；以及实现光束高精度跟踪的伺服控制系统。

这里简要介绍光盘存储器的光学系统。各类光盘存储器的光学系统大体相似，都采用半导体激光器作光源，光学头及光学系统或采用一束激光一套光路进行信息的写读（如只读存储器及一次写入存储器）；或用两个独立的光源，配置两套光路，一套用来读写，另一套用来擦除（如可擦重写存储器）。直接重写式相变光盘存储器，在信息写入的同时自动擦除原有信息，因而也只需一束激光、一套光路完成全部读、写、擦功能，故可以和一次写入存储器兼容以便制成多功能相变光盘存储器。

光学系统是围绕着以下几方面配置的：从半导体激光器发出的激光一般都有较大的发散角，为了更有效地利用光能量，首先要把半导体激光器中发出的发散光束准直成平行光束。半导体激光束的截面为椭圆，需要经过整形变成圆光束，才能最后在光盘上聚焦成圆光斑，满足读、写的要求。要采取措施使沿同一光路传播的入射到光盘的光束和从光盘反射回来的光束不致发生干涉。要防止光盘表面的反射光进入到激光器，否则会在激光输出中增加显著的噪声。由于写 / 读光束和擦除光束都是用同一个物镜聚焦在光盘上，因此，要高效地将经过准直以后的写 / 读光束和擦除光束耦合到同一光路中。

根据光盘存储介质的不同,其光学系统大致可分为单光束光学系统和双光束光学系统两类。单光束光学系统适合于只读光盘和一次写入光盘,具备信息的写、读功能。对于直接重写相变光盘原则上也可使用,只是激光器的功率及脉冲要求不同,因而激光器的驱动电路也不同。图 4-6 给出单光束光学系统的主要部分示意图。

如图 4-7 所示,双光束光学系统用于可擦重写光盘。器件 1~8、10~13 构成写 / 读光路,器件 14~19、5~8、20~21 构成擦除光路。一些关键器件的作用如下：二向色反射镜,为一干涉滤光镜,只反射特定波长的入射光；刀口,将从光盘反射回来的激光分割为两部分,分别进入探测器 12 和 13,得到读出和聚焦、跟踪误差信号；一对正负柱面透镜,改变光束为椭圆截面,以利擦除。

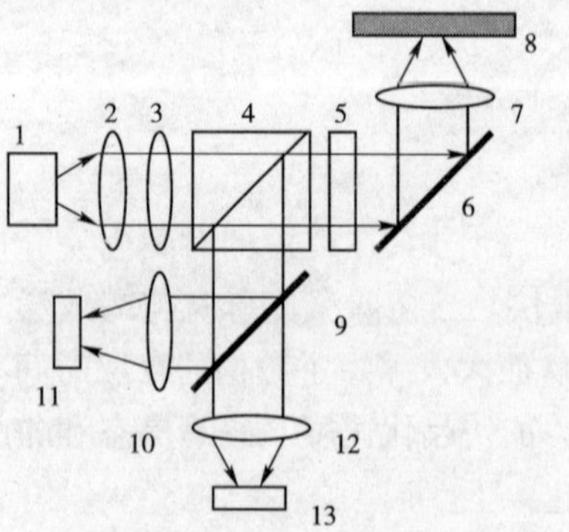

图4-6 单光束光学系统的光路示意图

1- 光源（半导体激光器）；2、3- 透镜；4- 偏振分束器；5- 四分之 - 波片；6- 反射镜；7- 聚焦物镜；8- 光盘；9- 分束镜；10- 透镜；11- 读出探测器；12- 透镜；13- 聚焦、跟踪误差探测器

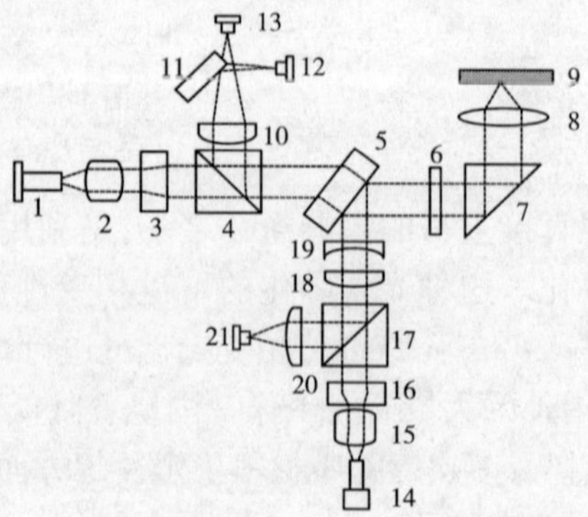

图4-7 双光束光学系统的光路示意图

1- 写、读激光器（0.83m）；2、3- 透镜；4- 偏振分束器；5- 二向色反射镜；6- 透镜；7- 反射镜；8- 聚焦物镜；9- 光盘；10- 透镜；11- 刀口；12、13- 探测器；14- 擦除激光器（0.78m）；15、16- 透镜；17- 偏振分束器；18、19- 一对正负柱面透镜；20- 透镜；21- 探测器

3）光盘存储技术的发展

尽管光盘存储技术发展迅速,磁盘存储仍然是其强大的竞争对手。目前从总体上说,光盘的存储密度优于磁盘,主要由于磁盘的道距（约 10 微米）比光盘的道距（约 1 微米）大得多。但是,磁盘技术也在不断发展。至于在数据传输速率方面,光盘的性能仍然不及磁盘。光盘必须不断保持和提高在存储密度方面的优势,同时在数据速率方面赶上和超过磁盘,才能在计算机系统使用中站稳脚跟。

常规光盘存储虽然已经达到很高的面密度,但在存储密度方面与磁盘的竞争中能否取得最终优势仍无定局。即使采用短波长、峰值强度烧蚀（克服衍射引起的光点尺寸限制）和先进的编码等技术,存储密度达到每平方厘米几百兆位（$<1Gb/cm^2$）就到顶了。而磁盘存储并不存在这种光学限制。磁性存储的面密度在物理上受到超顺磁性的限制（即当磁畴体积过于缩小时,使已磁化的磁畴保持定向排列的各向异性能量会接近磁畴的内能,而引起自发的去磁）。在过去 10 年中,硬磁盘的面密度以每年 60% 的速率递增,并且也将很快逼近超顺磁性极限（约为 40 Gb/in^2 或 6.2 Gb/cm^2）。磁盘和光盘都无法将信息存储在材料的整个体积,

多层光盘虽然能提高存储容量,但允许的层数毕竟有限。同时,磁盘和光盘的机械运动寻址方式和按位存储的本质,限制了数据传输速率的进一步提高。

计算机处理能力的快速增长,以及为了满足多媒体(文本,声音和图像)娱乐和处理对存储容量和传输速率的渴求,导致了对体积光学存储的高度兴趣。为了充分利用存储材料的整个体积以提高存储的体密度和存储容量,有必要将光学存储从平面式的二维光盘存储扩展到体积式的三维存储。

(3)全息存储技术原理

全息存储(Holographic Memory)是利用全息照相的原理实现数据的记录。这一概念是 Dennis Gabor 在 1984 年为提高电子显微镜的分辨率而提出的(注:全息表示物体发出光波的全部信息,例如振幅、强度、相位等)。全息存储技术的最大优点就是超高密度。例如,我们可以在一个糖块大小的特殊立方体中存储超过 1TB(1TB=1 024GB)大小的数据,这相当于 1 500 张 CD 光盘的数据总和。不仅如此,全息存储技术还具有极大的提升潜力,只要控制芯片具有足够强的数据处理能力,全息存储技术甚至可以提供高达 1 000TB 的容量。相比之下,目前硬盘的最大容量才 4TB,这个容量只相当于全息存储技术的“立方体糖块”的一个小碎片的存储能力。

传统照相技术是利用光照引起感光乳胶发生化学变化的原理记录影像,感光乳胶的化学变化强度和入射光波的强度一一对应。换句话说,我们在拍照时只是记录了图像的光强信息,我们所得到的照片不管成像多么清晰、多么逼真,景象都是平面(二维)的。而全息照相就突破了这种限制,它利用光的干涉原理和特殊的感光材料,不仅可以记录被摄物体发射或透射光波强度的信息,还能将光波的相位精确地保存下来,从而获得真实的立体图像。

用于全息照相的拍摄设备并不是普通相机,而是一台激光器。该激光器产生的激光束被分光镜一分为二,其中一束直接照射到被拍摄的物体(形成的反射光称为“物光”),另一束直接照射到感光胶片上(称为“参考光”)。物光和参考光最终会在感光胶片中相遇。这两种光的波长相同,只是相位有差异,因此它们在感光胶片上相遇时会产生干涉现象。

根据物理学知识可知,当两束相干光叠加时,就会产生相干图纹,这时我们将记录介质放在相干图纹中,就可以记录下相干信息(注意:此时记录的是两束光的共同信息)。虽然参考光没含有任何信息,但它的作用非常关键,因为有了这束参考光,我们就可以在介质上记录下完整的光束信息,包括相位信息。

相对于记录来说,还原要简单一些,只须借助一束参考光从一定角度照射全息照片,眼前就会出现非常逼真的立体场景。而且参考光所照射的角度不同,呈现出的立体图形侧面场景也将不同(注意:此处的参考光是与记录时完全相同的一束光)。

三、信息存储技术的发展

1. 信息存储技术的历程

信息的表现形态很简单,主要是数据、文字、声音和图像。早期,人类存储信息依靠大脑记忆,一个人的大脑大约可存储 10^{13} 个信息。然而,单凭大脑记忆是不够的,于是人们又借助于一些实物如石块、在绳上打结等记事,可以认为这是信息存储的开始。文字的出现、造纸术和印刷术的发明,使信息存储技术得到了飞跃发展。直至今日,这些仍然是人们最普遍采用的信息记录方式。随着科学技术的发展,社会信息量剧增,用纸张存储信息的局限性愈来愈明显地暴露出来,如体积大、查阅速度慢和维护不便等。现代信息存储技术的产生始于20世纪40年代,并将随着科技的进步而不断地发展。

(1)20世纪40年代

20世纪40年代光学仪器的发展和照相技术的进步使得缩微胶卷在信息存储中得到了应用。缩微技术能在按动一次快门之际捕获大量详尽的资料信息，把它们记录在非常小的面积上（一页文字记录在1～2mm^2范围内）。该技术的优点是成本低、复制方便、寿命长和易于保存等。此后,图书馆等情报资料部门广泛采用此技术保存资料。缩微胶卷的缺点是胶卷的疵点和划痕极易产生错码,不易存储二进制数据。此外,胶卷需要显(定)影处理,难以做到实时存取和随机存取,因此不便于和计算机联用。

(2)20世纪50年代

20世纪50年代中期出现了水银柱延迟线存储器。水银柱延迟线存储器是利用水银槽内超声波传播的存储器。此后不久,又研制出了阴极射线管存储器和磁鼓。阴极射线管存储器是将由电子束存储在荧光屏上的电荷用邻近的平面电极进行存取的存储器。磁鼓存储器是利用磁化状态存储信息的存储器,但是只能作为廉价的主存储器,已逐渐地被磁芯存储器所取代。

(3)20世纪60年代

20世纪60年代,计算机信息处理技术得到了迅速的发展和推广,从而促进了各种存储技术的发展。1963年开始采用磁芯存储器。在磁芯存储器中,存储一位信息用一个具有方形磁滞特性的铁氧体磁芯,根据剩余磁通的方向使之对应于“1”和“0”。随着集成电路技术的发展,比磁芯存储器具有更短存取时间的半导体存储器迅速地发展起来。

(4)20世纪70年代

20世纪70年代末,出现了光盘存储技术。光盘存储技术是采用磁盘以来最重要的新型数据存储技术,它综合了高密度磁带巨大的存储容量和磁盘能快速随机取数的优点,存储容量比磁盘高1～2个数量级,并具有使用寿命长、信息可保存10年以上、系统可靠、磁头与记录介质不接触等一系列独特的优良特性。

(5)20世纪80年代

20世纪80年代末,具有非易失性和抗辐射性的铁电薄膜重新引起科学界的重视。1988年,铁电薄膜半导体随机存储器研制成功。由于铁电存储器具有高速、抗辐射、非易失、高密度等特点,已成为20世纪90年代存储技术的研究热点。

(6)20世纪90年代

20世纪90年代,存储技术的研究主要集中在磁、光和铁电三种存储技术上。近年来,磁存储技术在新型介质材料、磁头材料和结构、伺服定位及头盘界面等方面都有了重大突破。目前,磁存储技术已经非常成熟,并已成为20世纪最主要的、使用最广泛的存储技术。此时的光存储技术也已进入了实用阶段。可擦光盘将成为今后主流的产品。研发人员正致力于光存储技术的改进和发展工作,并不断探索一些基于更新记录原理的光存储技术,如光化学烧孔存储、全息记录存储、双光子激发三维存储等。

2. 信息存储技术的发展趋势

（1）存储虚拟化技术

随着计算机内信息量的不断增加，以往直连式的本地存储系统已无法满足业务数据的海量增长，搭建共享的存储架构，实现数据的统一存储、管理和应用已经成为一个行业的发展趋势，而虚拟存储技术正逐步成为共享存储管理的主流技术。存储虚拟化技术将不同接口协议的物理存储设备整合成一个虚拟存储池，根据需要为主机创建并提供等效于本地逻辑设备的虚拟存储卷。

使用虚拟存储技术可以实现存储管理的自动化与智能化。在虚拟存储环境下，所有的存储资源在逻辑上被映射为一个整体，对用户来说是单一视图的透明存储，系统管理员只需专注于管理存储空间本身，所有的存储管理操作，如系统升级、改变 RAID 级别、初始化逻辑卷、建立和分配虚拟磁盘、存储空间扩容等常用操作都比从前更加容易。

使用虚拟存储技术可以极大地提高存储使用率，而以前困扰科技网络中心的最大问题就是物理存储设备的使用效率不高。以传统磁盘存储为例，一些主机的磁盘容量利用率不高。而一些主机空间却经常不足，致使客户不得不购买超过实际数据量较多的磁盘空间，从而造成存储空间资源的浪费。虚拟化存储技术解决了这种存储空间使用上的浪费，把系统中各个分散的存储空间整合起来，按需分配磁盘空间，客户几乎可以 100% 地使用磁盘容量，从而极大地提高了存储资源的利用率。

使用虚拟存储技术可以减少存储成本。由于历史的原因，科技网络中心不得不面对各种各样的异构环境，包括不同操作系统、不同硬件环境的主机。采用存储虚拟化技术，支持物理磁盘空间动态扩展，而无需新增磁盘阵列，从而降低了用户总体拥有成本，增加了用户的投资回报率。

（2）分级存储技术

分级存储管理（Hierarchical Storage Management，HSM）起源于 1978 年，首先使用于大型机系统。存储实现分级以后，在线存储、近线存储和离线存储存放的数据价值不同，在同一级别存储内部（比如在线存储和离线存储）存放的数据也应该不同，实现每一级别内的“分级存储”。如何将各个级别存储中数据统一管理起来便成了最为关键的问题。分级存储管理是将离线存储、近线存储和在线存储融为一体的技术。在分级存储系统中涉及许多技术，如数据增量扫描技术、基于多指标的数据分级策略、在线迁移中的一致性保证技术、数据自动迁移存储技术、存储虚拟化技术、分级存储管理技术等。这里主要就几个关键技术进行讨论。

目前，分级存储管理更多从降低成本、不影响数据应用效果、提高效率的角度解决数据的存储问题。随着单盘成本的下降，有业内专家预测，不久的将来，近线存储技术将取代数据迁移技术，用户将以模拟海量空间的、更为安全可靠的磁盘介质保存历史数据。而成熟完善的数据迁移技术将更好地融入到近线存储设备中，为分级存储的发展起到关键的推动作用。

（3）数据保护技术

随着磁盘阵列和通信技术的飞速发展，为解决业务关键型系统可用性所面临的挑战，人们开始将着眼点转向远程镜像与数据恢复技术之上。显然，这种技术要求本地和远程磁盘子系统具有高度智能化。磁盘阵列技术的发展,正在将磁盘镜像功能的处理器负荷从处理器本身转移到智能磁盘控制器上。

数据保护系统的建设是一个循序渐进的过程,在进行了本地备份系统建设之后,还要建立一套可靠的远程容灾系统。当灾难发生后,通过备份的数据完整、快速、简捷、可靠地恢复原有系统,以避免因灾难对业务系统的损害。

这种技术不但保证了我们能够做到在灾难发生的同时,实现应用处理过程的实时恢复,而且解决了在数据恢复过程中一直困扰人们的费时费力的磁带倒带工作,这就是所谓的智能磁盘存储子系统。此外,通信技术的发展使得实现异地间高速、稳定的数据交换成为可能。

第二节　数据库技术

数据库技术是信息系统的一个核心技术,是一种计算机辅助管理数据的方法,即研究如何组织和存储数据,如何高效地获取和处理数据。它是通过研究数据库的结构、存储、设计、管理以及应用的基本理论和实现方法,并利用这些理论实现对数据库中的数据进行处理、分析和理解的技术。概括来讲,数据库技术是研究、管理和应用数据库的一门软件科学。

数据库技术是现代信息科学与技术的重要组成部分,是计算机数据处理与信息管理系统的核心。数据库技术研究和解决了计算机信息处理过程中大量数据有效地组织和存储的问题,减少数据存储冗余,实现数据共享,保障数据安全,以及高效地检索数据和处理数据。数据库技术的根本目标是要解决数据的共享问题。

数据库技术研究和管理的对象是数据,所以数据库技术所涉及的具体内容主要包括:通过对数据的统一组织和管理,按照指定的结构建立相应的数据库和数据仓库;利用数据库管理系统和数据挖掘系统设计出能够实现对数据库中的数据进行添加、修改、删除、处理、分析、理解、报表和打印等多种功能的数据管理和数据挖掘应用系统;并利用应用管理系统最终实现对数据的处理、分析和理解。

一、数据库技术的发展

从20世纪60年代末期开始到现在,数据库技术已经发展了40多年。在这40多年的历程中,人们在数据库技术的理论研究和系统开发上都取得了辉煌的成就,而且已经开始对新一代数据库系统的深入研究。数据库系统已经成为现代计算机系统的重要组成部分。

1. 数据库技术与信息技术

信息技术(Information Technology,IT)是当今使用频率最高的名词之一,它随着计算机技术在工业、农业以及日常生活中的广泛应用,已经被越来越多的个人和企业作为自己赶超世界潮流的标志之一。而数据库技术则是信息技术中一个重要的支撑。没有数据库技术，人们在浩瀚的信息世界中将显得手足无措。

数据库技术是计算机科学技术的一个重要分支。从20世纪50年代中期开始，计算机应用从科学研究部门扩展到企业管理及政府行政部门，人们对数据处理的要求也越来越高。1968年，世界上诞生了第一个商品化的信息管理系统IMS（Information Management System），从此，数据库技术得到了迅猛发展。在互联网日益被人们接受的今天，Internet又使数据库技术、知识、技能的重要性得到了充分的放大。现在数据库已经成为信息管理、办公自动化、计算机辅助设计等应用的主要软件工具之一，帮助人们处理各种各样的信息数据。

数据库最初是在大公司或大机构中用作大规模事务处理的基础。后来随着个人计算机的普及，数据库技术被移植到PC（Personal Computer，个人计算机）上，供单用户个人数据库应用。接着，由于PC在工作组内连成网，数据库技术就移植到工作组级。现在，数据库正在Internet和内联网中广泛使用。

20世纪60年代中期，数据库技术是用来解决文件处理系统问题的。当时的数据库处理技术还很脆弱，常常发生应用不能提交的情况。20世纪70年代关系模型的诞生为数据库专家提供了构造和处理数据库的标准方法，推动了关系数据库的发展和应用。1979年，Ashton-Tate公司引入了微型计算机产品dBase Ⅱ，并称之为关系数据库管理系统，从此数据库技术移植到了个人计算机上。20世纪80年代中期到后期，终端用户开始使用局域网技术将独立的计算机连接成网络，终端之间共享数据库，形成了一种新型的多用户数据处理，称为客户机/服务器数据库结构。现在，数据库技术正在被用来同Internet技术相结合，以便在机构内联网、部门局域网甚至WWW上发布数据库数据。

2. 数据库技术发展历程

数据模型是数据库技术的核心和基础，因此对数据库系统发展阶段的划分应该以数据模型的发展演变作为主要依据和标志。按照数据模型的发展演变过程，数据库技术从开始到现在短短的40年中，主要经历了三个发展阶段：第一代是网状和层次数据库系统，第二代是关系数据库系统，第三代是以面向对象数据模型为主要特征的数据库系统。数据库技术与网络通信技术、人工智能技术、面向对象程序设计技术、并行计算技术等相互渗透、有机结合，成为当代数据库技术发展的重要特征。

（1）第一代数据库系统

第一代数据库系统是20世纪70年代研制的层次和网状数据库系统。层次数据库系统的典型代表是1969年IBM公司研制出的层次模型的数据库管理系统IMS。20世纪60年代末70年代初，美国数据库系统语言协会CODASYL（Conference on Data System Language）下属的数据库任务组DBTG（Data Base Task Group）提出了若干报告，被称为DBTG报告。DBTG报告确定并建立了网状数据库系统的许多概念、方法和技术，是网状数据库的典型代表。在DBTG思想和方法的指引下数据库系统的实现技术不断成熟，开发了许多商品化的数据库系统，它们都是基于层次模型和网状模型的。

可以说，层次数据库是数据库系统的先驱，而网状数据库则是数据库概念、方法、技术的奠基者。

（2）第二代数据库系统

第二代数据库系统是关系数据库系统。1970 年 IBM 公司的 San Jose 研究试验室的研究员 Edgar F. Codd 发表了题为《大型共享数据库数据的关系模型》的论文，提出了关系数据模型，开创了关系数据库方法和关系数据库理论，为关系数据库技术奠定了理论基础。Edgar F. Codd 于 1981 年被授予 ACM 图灵奖，以表彰他在关系数据库研究方面的杰出贡献。

20 世纪 70 年代是关系数据库理论研究和原型开发的时代，其中以 IBM 公司的 San Jose 研究试验室开发的 System R 和 Berkeley 大学研制的 Ingres 为典型代表。大量的理论成果和实践经验终于使关系数据库从实验室走向了社会，因此，人们把 20 世纪 70 年代称为数据库时代。20 世纪 80 年代几乎所有新开发的系统均是关系型的，其中涌现出了许多性能优良的商品化关系数据库管理系统，如 DB2、Oracle、Informix、Sybase 等。这些商用数据库系统的应用使数据库技术日益广泛地应用到企业管理、情报检索、辅助决策等方面，成为实现和优化信息系统的基本技术。

（3）第三代数据库系统

从 20 世纪 80 年代以来，数据库技术在商业上的巨大成功刺激了其他领域对数据库技术需求的迅速增长。这些新的领域为数据库应用开辟了新的天地，并在应用中提出了一些新的数据管理的需求，推动了数据库技术的研究与发展。

1990 年高级 DBMS 功能委员会发表了《第三代数据库系统宣言》，提出了第三代数据库管理系统应具有的三个基本特征：支持数据管理、对象管理和知识管理；必须保持或继承第二代数据库系统的技术；必须对其他系统开放。

3. 数据库技术发展的趋势

非结构化数据库是部分研究者针对关系数据库模型过于简单、不便表达复杂的嵌套需要以及支持数据类型有限等局限，从数据模型入手而提出的全面基于因特网应用的新型数据库理论。他们认为这种数据库的最大区别就在于它突破了关系数据库结构定义不易改变和数据定长的限制，支持重复字段、子字段以及变长字段，并实现了对变长数据和重复字段进行处理和数据项的变长存储管理，在处理连续信息（包括全文信息）和非结构信息（重复数据和变长数据）中有着传统关系型数据库所无法比拟的优势。但研究者认为此种数据库技术并不会完全取代现在流行的关系数据库，而是它们的有益的补充。

未来数据库技术及市场发展的两大方向是数据仓库、电子商务。部分学者在对各个数据库厂商的发展方向和应用需求的不断扩展的现状进行分析的基础上，提出数据库技术及市场在向数据仓库和电子商务两个方向不断发展的观点。他们指出：许多行业如电信、金融、税务等逐步认识到数据仓库技术对于企业宏观发展所带来的巨大经济效益，纷纷建立数据仓库系统。在中国提供大型数据仓库解决方案的厂商主要有 Oracle、IBM、Sybase、CA 及 Informix 等，已经建设成功并已收回投资的项目主要有招商银行系统和国信证券系统等。目前，国内外学者对数据仓库的研究正在继续深入。与此同时，一些学者将数据库技术及市场发展的视角瞄准电子商务领域。他们认为：现在的信息系统逐渐要求按照以客户。为中心的方式建立应用框架，势必要求数据库应用更加广泛地接触客户。而 Internet 给了我们一个非常便捷的连接途径，通过 Internet 我们可以实现所谓的 One One Marketing 和 One One business，进而实现 E business。因此，电子商务将成为未来数据库技术发展的另一方向。

二、数据库技术的原理

1. 数据模型

数据库理论领域中最常见的数据模型主要有层次模型、网状模型和关系模型三种。

①层次模型(Hierarchical Model)：层次模型使用树形结构表示数据以及数据之间的联系。

②网状模型(Network Model)：网状模型使用网状结构表示数据以及数据之间的联系。

③关系模型（ Relational Model)：关系模型是一种理论最成熟、应用最广泛的数据模型。在关系模型中，数据存放在一种称为二维表的逻辑单元中，整个数据库又是由若干个相互关联的二维表组成的。

目前，已经有一些流行的、比较成熟的软件产品能够很好地支持关系型数据模型，这些产品称为关系型数据库管理系统（ Relational Database Management System，RDBMS)。例如，微软公司的 Microsoft Access 和 MS-SQL Server，Sybase 公司的 Sybase，甲骨文公司的 Oracle 以及 IBM 公司的 DB2。其中，Microsoft Access 是一个中小型数据库管理系统，适用于一般的中小企业；MS-SQL Server 、Sybase 和 Oracle 基本属于大中型的数据库管理系统；而 DB2 则属于大型的数据库管理系统，并且对计算机硬件有很高和专门的要求。

2. 关系型数据库

关系型数据库是基于关系模型的数据库。关系模型具有三要素：关系数据结构、关系数据操作、关系数据完整性约束。

（1）关系数据结构

关系模型的数据结构非常单一；现实世界中的实体以及实体之间的各种联系统一用关系表示；在用户看来，一个关系就是一张二维表。

关系术语：

①关系（Relation）：关系是满足一定条件的二维表，每个关系有一个关系名。关系必须满足的特性包括：关系（表）的每一元组（行）定义实体集的一个实体，每一列定义实体一个属性；每一列表示一个属性（字段），且列名不能重复；关系必须有一个主键（关键字），用来唯一标识一个元组（行），即实体；列的每个值必须与对应属性的类型相同；列是不可分割的最小数据项；行、列的顺序无关紧要。

例如，客户信息关系如表 4-1 所示。

客户信息关系表 表 4-1

客户 ID	客户名称	注册日期	联系人 ID	类型	状态
20100146	新大白宾馆	2006/2/12	31002894	大户	1
20101845	石永贵	2004/6/18	20101845	流动	1
20102481	覃显明	2007/5/25	20102481	流动	1
…	…	…	…	…	…

②关系模式：关系模式是对关系的结构及其特征的抽象描述，一般由关系名、关系中的属性名及主键构成。

描述方式：关系名（属性 1,属性 2，…,属性 n),其中有下划线的“属性 1”为主键。例如客户信息：

客户信息（客户 ID,客户名称,密码,注册日期,联系人 ID,类别,状态,预存费余额）

（2）关系数据操作

数据操作是指对数据库中各种数据对象允许执行的操作的集合,主要有查询和更新（插入、删除、修改）两大类。其中,查询是最主要也最频繁执行的操作；关系数据操作的执行过程以关系代数为理论基础。将数据库的各表视作集合,执行并、交、差和笛卡尔积等集合运算。专门用于数据库操作的关系运算包括：

① 选择运算：从参与运算的关系中选择满足给定条件的那些元组构成一个新关系。

② 投影运算：从参与运算的关系中选择给定的若干属性构成一个新关系。

③ 连接运算：从两个关系的广义笛卡尔积中选择属性值满足一定条件的元组构成一个新关系。

（3）关系数据完整性约束

数据的约束是一组完整性规则的集合。完整性规则是数据模型中数据及其联系所具有的制约和依存规则,用以保证数据的正确性、有效性和一致性。关系数据完整性约束包括：

① 实体完整性（Entity Integrity）：关系的主属性值不能取空值。

② 参照完整性（Referential Integrity）：参照关系（子表）的外键取值不能超出被参照关系（父表）的主键取值。

③ 用户定义的完整性（User-defined Integrity）：属性取值满足某种条件或函数要求，包括对每个关系的取值限制（或称约束）的具体定义。

三、数据仓库与数据挖掘

1. 数据仓库的定义及特点

数据仓库是在企业管理和决策中面向主题的、集成的、与时间相关的、不可修改的数据集合。数据仓库最根本的特点是物理地存放数据,而且这些数据并不是最新的、专有的,而是来源于其他数据库的。数据仓库的建立并不是要取代数据库,它要建立在一个较全面和完善的信息应用的基础上用于支持高层决策分析,而事务处理数据库在企业的信息环境中承担的是日常操作性的任务。数据仓库是数据库技术的一种新的应用。而且到目前为止,数据仓库还是用关系数据库管理系统管理其中的数据。

2. 数据仓库与数据库的区别

数据仓库的出现并不是要取代数据库。目前,大部分数据仓库还是用关系数据库管理系统管理的。可以说数据库、数据仓库相辅相成、各有千秋。数据库是面向事务的设计,数据仓库是面向主题设计的。数据库一般存储在线交易数据,数据仓库存储的一般是历史数据。数据库设计是尽量避免冗余,一般采用符合范式的规则设计；数据仓库在设计时有意引入冗余,采用反范式的方式设计。数据库是为捕获数据而设计,数据仓库是为分析数据而设计,它的两个基本的元素是维表和事实表。数据仓库弥补了原有的数据库的缺点,将原来的以单一数据库为中心的数据环境发展为一种新环境——体系化环境。

3. 数据挖掘的定义及功能

数据挖掘是指从数据集合中自动抽取隐藏在数据中的那些有用信息的过程,这些信息的表现形式为规则、概念、规律及模式等。它可帮助决策者分析历史数据及当前数据,并从中发现隐藏的关系和模式,进而预测未来可能发生的行为。数据挖掘的过程也叫知识发现的过程。

数据挖掘综合了各个学科技术,有很多的功能,当前的主要功能如下:

①分类:按照分析对象的属性、特征,建立不同的组类描述事物。例如,银行部门根据以前的数据将客户分成不同的类别,并以此来区分新申请贷款的客户,再采取相应的贷款方案。

②聚类:识别出分析对内在的规则,按照这些规则把对象分成若干类。例如:将申请人分为高度风险申请者,中度风险申请者,低度风险申请者。

③关联规则和序列模式的发现:关联是某种事物发生时其他事物会发生的这样一种联系。例如,每天购买啤酒的人也有可能购买香烟,比重大小,可以通过关联的支持度和可信度来描述。与关联不同,序列是一种纵向的联系。例如,今天银行调整利率,明天股市的变化。

④预测:把握分析对象发展的规律,对未来的趋势做出预见。例如,对未来经济发展的判断。

⑤偏差的检测:该检测是对分析对象的少数的、极端的特例的描述,揭示内在的原因。例如,在银行的 100 万笔交易中有 500 例的欺诈行为,银行为了稳健经营,就要寻找这 500 例的内在因素,减小以后经营的风险。

需要注意的是:数据挖掘的各项功能不是独立存在的,而是在数据挖掘中互相联系。

4. 数据仓库技术及应用

数据仓库系统是一个信息提供平台,从业务处理系统获得数据,主要以星型模型和雪花模型进行数据组织,并为用户提供各种手段从数据中获取信息和知识。数据仓库并没有严格的数学理论基础,更偏向于工程。由于数据仓库的这种工程性,因而在技术上可以根据它的工作过程分为:数据的抽取、存储和管理,数据的表现以及数据仓库的设计。数据仓库是一个独立的数据环境,它需要通过抽取过程将数据从联机事务处理系统、外部数据源、脱机的数据存储介质中导入到数据仓库。数据抽取在技术上主要涉及互联、复制、增量、转换、调度和监控等几个方面。数据仓库的数据并不要求与联机事务处理系统保持实时的同步,因此数据抽取可以定时进行,但多个抽取操作执行的时间、相互的顺序、成败对数据仓库中信息的有效性则至关重要。在数据仓库的世界里,数据抽取只能成为辅助的角色。

数据仓库的真正关键是数据的存储和管理。数据仓库的组织管理方式决定了它有别于传统数据库,同时也决定了其对外部数据的表现形式。要决定采用什么产品和技术建立数据仓库的核心,则需要从数据仓库的技术特点着手分析。

5. 数据挖掘技术的相关算法及模型

作为一门处理数据的新兴技术，数据挖掘有许多的新特征。首先，数据挖掘面对的是海量的数据，这也是数据挖掘产生的原因。其次，数据可能是不完全的、有噪声的、随机的、复杂的数据结构，维数大。最后，数据挖掘是许多学科的交叉，运用了统计学、计算机、数学等学科的技术。以下是常见和应用最广泛的算法和模型。

（1）统计方法

传统的统计学为数据挖掘提供了许多判别和回归分析方法，常用的有贝叶斯推理、回归分析、方差分析等技术。贝叶斯推理是在知道新的信息后修正数据集概率分布的基本工具，处理数据挖掘中的分类问题；回归分析用来找到一个输入变量和输出变量关系的最佳模型，在回归分析中用来描述一个变量的变化趋势和别的变量值的关系的线性回归，或用来为某些事件发生的概率建模预测变量集的对数回归；方差分析一般用于分析估计回归直线的性能和自变量对最终回归的影响。

（2）关联规则

关联规则是一种简单、实用的分析规则，它描述了一个事物中某些属性同时出现的规律和模式，是数据挖掘中最成熟的主要技术之一。关联规则在数据挖掘领域应用很广泛，适合于在大型数据集中发现数据之间的有意义关系，它不受只选择一个因变量的限制。大多数关联规则挖掘算法能够无遗漏发现隐藏在所挖掘数据中的所有关联关系，但并不是所有通过关联得到的属性之间的关系都有实际应用价值，要对这些规则进行有效的评价，筛选有意义的关联规则。

（3）聚类分析

聚类分析是根据所选样本间关联的标准将其划分成几个组，同组内的样本具有较高相似度，不同组的则相异。常用的技术有分裂算法、凝聚算法、划分聚类和增量聚类。聚类方法适合于探讨样本间的内部关系，从而对样本结构做出合理的评价。此外，聚类分析还用于对孤立点的检测。并非由聚类分析算法得到的类对决策都有效，在运用某一个算法之前，一般要先对数据的聚类趋势进行检验。

第三节　云存储技术

一、云存储技术概述

1. 云存储技术的定义

（1）概念

云存储是在云计算（cloud computing）概念上延伸和发展出来的一个新的概念，是指通过集群应用、网格技术或分布式文件系统等功能，将网络中大量各种不同类型的存储设备通过应用软件集合起来协同工作，共同对外提供数据存储和业务访问功能的一个系统。

当云计算系统运算和处理的核心是大量数据的存储和管理时，云计算系统中就需要配置大量的存储设备，那么云计算系统就转变成为一个云存储系统，所以云存储是一个以数据存储和管理为核心的云计算系统。

（2）云计算与云存储的关系

云存储与云计算都是以云开头，笔者在没有真正接触这方面的知识时，常会将它们混淆了。简单来说，云存储是配置了大容量存储空间的一个云计算系统。也就是说，云计算是云存储的技术支持，有了这个技术支持，再加上一个容量大的存储空间，就是云存储了。说起来很简单，但是这里面的技术及存储空间都是要求很高的。

云计算是分布式处理、并行处理和网格计算的发展，是透过网络将庞大的计算处理程序自动分拆成无数个较小的子程序，再交由多台服务器所组成的庞大系统经计算分析之后将处理结果回传给用户。通过云计算技术，网络服务提供者可以在数秒之内处理数以千万计甚至亿计的信息，达到和"超级计算机"同样强大的网络服务。

综合来说，云存储与云计算之间的不同点是，从架构模型来看云存储系统比云计算系统多了一个存储层。相同点是在基础管理也多了很多与数据管理和数据安全有关的功能，尤其在访问层和应用接口层则完全相同。

2. 云存储技术的特征

云存储系统与传统系统相比，具有如下不同特点：

①从功能需求来看，云存储系统面向高性能计算、事务处理等应用。

②从性能需求看，云存储服务首先需要考虑的是数据的安全、可靠、效率等指标。而且由于用户规模大、服务范围广、服务范围广、网络环境复杂多变等，实现高质量的云存储服务必将面临更大的技术挑战。

③从数据管理来看，云存储系统不仅要提供类似于POSIX的传统文件访问，还要能够支持海量数据管理并提供公共服务支撑功能，以方便云存储系统后台数据的维护。

云存储的核心是应用软件与存储设备相结合，通过应用软件实现存储设备向存储服务的转变。与传统的存储设备相比，云存储不仅仅是一个硬件，而是一个网络设备、存储设备、服务器、应用软件、公用访问接口、接入网和客户端程序等多个部分组成的复杂系统。各部分以存储设备为核心，通过应用软件对外提供数据存储和业务访问服务。

另外，云存储更多的是应用。应用存储是一种在存储设备中集成了应用软件功能的存储设备，不仅具有数据存储功能，还具有应用软件功能，可以看作是服务器和存储设备的集合体。应用存储技术的发展可以大量减少云存储中服务器的数量，从而降低系统建设成本，减少系统中由服务器造成单点故障和性能瓶颈，减少数据传输环节，提高系统性能和效率，保证整个系统的高效稳定运行。

3. 云存储的优势

（1）多终端支持

云存储强调的一个重要概念就是资源的分发。因此，在移动办公、跨平台数据分享概念甚嚣尘上的今天，多终端的支持显得尤为紧要。

（2）虚拟化技术

云存储的定义是“一种将数据存放于第三方存储虚拟资源池上的在线存储模式。服务提供商按照客户需求虚拟化资源,并提供给他们。在物理上,这些资源可能分布在不同的服务器上。”

（3）更加低成本的数据存储方式

无论是服务供应商还是用户都无需考虑数据的存放设备和地点。同时,虚拟化使得资源的应用更为高效。

（4）数据安全及可用性

云存储在数据安全与数据保护方面采用了从头至尾的多种技术,保证用户数据不受损失,包括身份验证、数字证书、数据备份（容灾）、数据传输加密（SSL）、数据库加密等技术。

（5）底层架构

出于应对高 I/O 数据访问量的考虑,云存储均采用了分布式文件系统,比较常见文件系统包括 MogileDFS 和 FastDFS。很多服务供应商也会采用开源产品打造自有的文件系统。

二、云存储系统原理

1. 云存储系统

参考云状的网络结构,创建一个新型的云状结构的存储系统,这个存储系统由多个存储设备组成,通过集群功能、分布式文件系统或类似网格计算等功能联合起来协同工作,并通过一定的应用软件或应用接口,对用户提供一定类型的存储服务和访问服务。

当使用某一个独立的存储设备时,必须非常清楚这个存储设备是什么型号、什么接口和传输协议,必须清楚地知道存储系统中有多少块磁盘,分别是什么型号、多大容量,必须清楚存储设备和服务器之间采用什么样的连接线缆。为了保证数据安全和业务的连续性,还需要建立相应的数据备份系统和容灾系统。除此之外,对存储设备进行定期地状态监控、维护、软硬件更新和升级也是必须的。

如果采用云存储,那么上面所提到的一切对使用者来讲都不需要了。云状存储系统中的所有设备对使用者来讲都是完全透明的,任何地方的任何一个经过授权的使用者都可以通过一根接入线缆与云存储连接,对云存储进行数据访问。

实际上,云存储不是存储,而是服务。就如同云状的广域网和互联网一样,云存储对使用者来讲,不是指某一个具体的设备,而是指一个由许许多多个存储设备和服务器所构成的集合体。使用者使用云存储,并不是使用某一个存储设备,而是使用整个云存储系统带来的一种数据访问服务。云存储的核心是应用软件与存储设备相结合,通过应用软件实现存储设备向存储服务的转变。

2. 云存储的结构模型

与传统的存储设备相比,云存储不仅仅是一个硬件,而是一个网络设备、存储设备、服务器、应用软件、公用访问接口、接入网和客户端程序等多个部分组成的复杂系统。各部分以存储设备为核心,通过应用软件对外提供数据存储和业务访问服务。

云存储系统的结构模型由 4 层组成,如图 4-8 所示。

(1)数据存储层

云存储系统对外提供多种不同的存储服务,各种服务的数据统一存放在云存储系统中,形成一个海量数据池。从大多数网络服务后台数据组织方式来看,传统基于单服务器的数据组织难以满足广域网多用户条件下的吞吐性能和存储容量需求。基于 P2P 架构的数据组织需要庞大的节点数量和复杂编码算法保证数据可靠性。相比而言,基于多存储服务器的数据组织方法能够更好满足在线存储服务的应用需求。在用户规模较大时,构建分布式数据中心能够为不同地理区域的用户提供更好的服务质量。

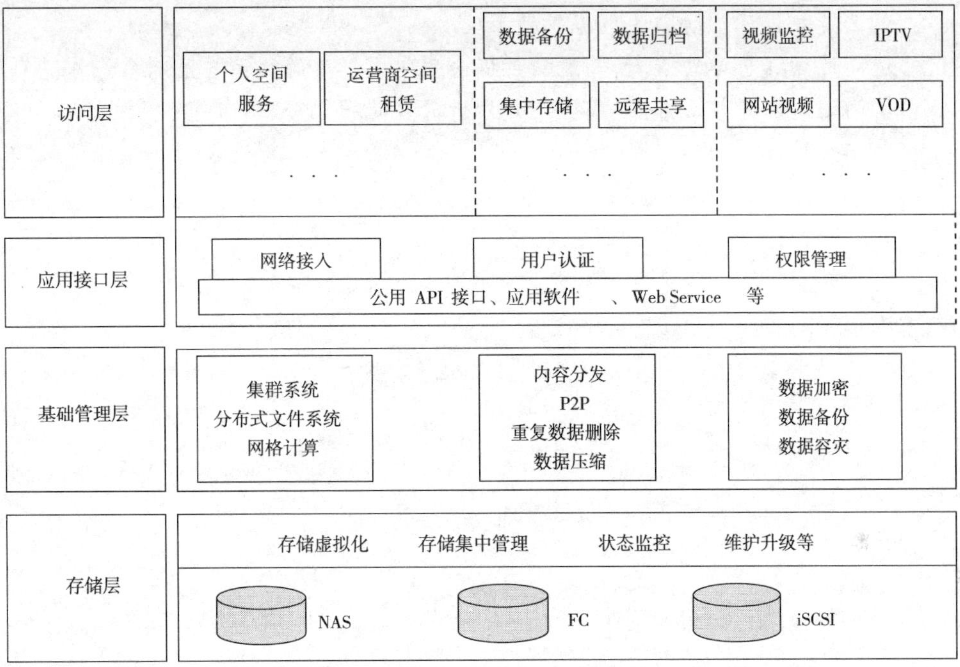

图 4-8 云存储系统的结构模型

云存储的数据存储层将不同类型的存储设备互联起来,实现海量数据的统一管理,同时实现对存储设备的集中管理、状态监控以及容量的动态扩展,实质是一种面向服务的分布式存储系统。

(2)基础管理层

云存储系统架构中的数据管理层为上层提供不同服务间公共管理的统一视图。通过设计统一的用户管理、安全管理、副本管理以及策略管理等公共数据管理功能,将底层存储与上层应用无缝衔接起来,实现多存储设备之间的协同工作,以更好的性能对外提供多种服务。

(3)应用接口层

应用接口层是云存储最灵活多变的部分。不同的云存储运营单位可以根据实际业务类型,开发不同的应用服务接口,提供不同的应用服务,如视频监控应用平台、IPTV 和视频点播应用平台、网络硬盘引用平台、远程数据备份应用平台等。

(4)用户访问层

任何一个授权用户通过用户访问层,都可以在任何地方,使用一台联网的终端设备,按照标准的公用应用接口登录路云存储平台,享受云存储服务。

复习思考题

4.1 什么是信息存储?常见的信息存储介质有哪些?

4.2 请简述磁存储的技术原理。

4.3 请简述光存储技术的原理。

4.4 什么是数据库?请简述数据库的原理。

4.5 请简述数据仓库的概念,并说明数据仓库与数据库的联系与区别。

4.6 请简述云计算与云存储的概念,并分析云存储的优势。

第五章

信息分析和控制技术

信息分析是以用户的特定需求为依托，以定性和定量研究方法为手段，通过对相关信息的收集、整理、鉴别、评价、分析、综合等系列化的加工过程，形成新的、增值的信息产品，最终为不同层次的科学决策服务的一项具有科研性质的智能活动。

信息控制是通过对信息的反馈实现的。信息反馈是由控制系统把信息输送出去，又把其作用结果反送回来与输入信息进行比较，并利用两者之间的偏差对信息的再输出发生影响，起到控制的作用，以达到预定的目标。如何对从传感器获取的信息进行分析，以发现系统运行的状态及存在的问题，并控制系统运行状态，确保系统正常稳定运行，实现系统的目标是本章要阐述的主要问题。

学习目标

◎识记信息分析的相关名词术语。

◎掌握信息控制的作用以及特性。

◎掌握地理信息系统的概念

◎掌握 GPS 的工作原理。

◎了解北斗卫星导航系统。

关键术语

01. 信息　02. 信息分析　03. 信息控制

04. 地理信息系统　05. 全球定位系统　06. 北斗卫星导航系统

第一节　信息分析

一、信息分析的概念

信息分析是对信息采取多种分析方法，从中找出事物运行规律并获取系统运行状态的技术方法。分析的目的用来判断系统是正常运行还是非正常运行。如果系统非正常运行，还要发现和分析其存在的问题，为系统控制提供依据。

信息与信息分析是密不可分的，信息是信息分析的主要对象，信息内部隐藏的某种规律则是信息分析的目标。如在交通运输领域，信息可以是与车辆有关的参数，如货车车辆的额定载重量、实际载重量，客车的额定载客量、车辆运行中的载客数等。信息分析则是指对以上数据采取一定的技术方法进行分析，得到车辆的运行状态情况。如通过对比货车和客车额定与实际数据的差额，判断出车辆是否超载、超载的程度如何。

对这一概念的理解，可以从构成这一定义的几个要素分析：

①从成因来看，信息分析的产生是由于存在社会需求。

②从方法来看，信息分析广泛采用情报学和软科学研究方法。

③从过程来看，信息分析都需要经过一系列相对程序化的环节。

④从成果来看，信息分析是形成新的增值的信息产品。

⑤从目的来看，信息分析是为不同层次的科学决策服务的。

因此，信息分析是对各种相关信息的深度加工，是一种深层次或高层次的信息服务，是一项具有研究性质的智能活动。

二、信息分析的思路

信息分析的思路就是根据用户的需求收集、加工、分析和传播信息（包括结论信息）。具体而言，一个信息分析工作周期包括问题规划、收集信息、处理信息、分析信息和撰写报告并传播结论信息五个过程，如图 5-1 所示。

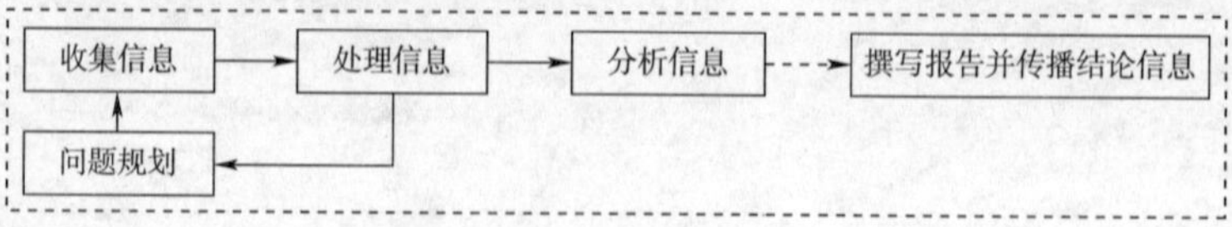

图 5-1　信息分析的流程

①问题规划阶段的主要任务是确定信息分析的工作目标、制定工作计划等。

②收集信息是指用信息采集的方法在组织内外收集与目标相关的信息，供信息分析使用。

③处理信息阶段是根据工作目标，对收集到的信息进行选择、过滤、归并和可靠性评价等。

④分析信息是用信息分析的方法对信息进行有目的的分析。信息分析方法从性质上可以划分为定性分析方法和定量分析方法两类。

⑤撰写报告并传播结论信息，是信息分析工作周期的最后一个环节，但又是下一周期的开始。在这个阶段，信息管理人员不仅要将信息分析的产品传递给信息用户，而且还要主动收集用户的反馈信息，这些反馈信息对下一阶段信息分析工作很有用处。

三、信息分析方法

信息分析的方法主要有定性分析方法和定量分析方法两种。定性分析方法一般不涉及到变量关系,主要依靠人类的逻辑思维功能分析问题；而定量分析方法肯定要涉及到变量关系,主要是依据数学函数形式进行计算求解。定性分析方法比如比较、推理、分析与综合等；定量分析方法比如回归分析法、时间序列法等。值得指出的是,由于信息分析问题的复杂性,很多问题的解决既涉及到定性分析,也涉及到定量分析,因此定性分析和定量分析方法相结合的运用越来越普遍。

信息分析的方法有许多种,如常用逻辑法、创造性思维法、专家调查法、文献计量法、层次分析法、时间序列法等。但从广义上讲,信息分析的方法是指包含五个过程的信息分析工作的方法。狭义上是指针对信息分析这一环节的具体方法。定性分析与定量分析是统一的,相互补充的。定性分析是定量分析的基本前提,没有定性的定量是一种盲目的、毫无价值的定量；定量分析使定性更加科学、准确,可以促使定性分析得出广泛而深入的结论。

（1）定性分析方法

定性分析方法是指信息分析人员针对目标,运用自己的主观判断进行分析的一类方法。主要凭分析者的直觉、经验,凭分析对象过去和现在的延续状况及最新的信息资料,对分析对象的性质、特点、发展变化规律作出判断。常用的定性分析方法有小组座谈、深度访谈、专家意见法、投射法、头脑风暴法、鱼刺图法等。

①小组座谈。小组座谈（Focus Group）是近年来新发展的用来进行定性分析的重要手段。做法是选取一组（通常是 8 ~ 12 人）具有代表性的相关对象,在一个装有单向镜或者录音录像设备的房间里,在主持人的组织下,就某个专题进行讨论,从而获得其研究对象的特征,为进一步定量调查奠定基础。小组座谈法的应用范围包括态度测试、产品测试、政策效果测试等。

②深度访谈。深度访谈（In-depth Interview）是一种无结构、直接的、一对一的访问形式。访问过程中,由掌握高级访谈技巧的调查员对调查对象进行深入的访问,用以揭示对某一问题的潜在动机、态度和情感,最常应用于探测性调查。应用范围包括详细了解复杂行为、敏感话题或对企业高层、专家、政府官员进行访问等。

③专家意见法。专家意见法（也称德菲尔法，Delphi Method）是采用函询或现场深度访问的方式,反复征求专家意见,经过客观分析和多次征询,逐步使各种不同意见趋于一致。其主要优点是：预测成本低,在预测过程中不同观点可以表达并加以调和。尤其是在缺乏数据时,可用这种方法加以弥补。缺点是:专家意见未必能反映客观事实,责任较分散,一般适用于总额、总体趋势的预测。

④投射法。用无结构、非直接的问询方式,挖掘被访者所关心问题的潜在动机、信仰、态度或感情的一种定性分析方法。该方法并不要求被访者叙述自己的行为,而是要他们评论其他人的行为。在评论他人的行为时,被访者就间接地将自己的动机、信仰、态度或感情投射进来。投射法可细分成联想法、完成法、结构法和表现法四种。

⑤头脑风暴法。头脑风暴法（Brain storming）是在需要考虑多种可能的解决方案时,寻求最佳解决方案的最有效的方法。头脑风暴法可分为直接头脑风暴法（简称头脑风暴法）和质疑头脑风暴法（也称反头脑风暴法）。前者是专家群体决策基础上尽可能激发创造性,产生尽可能多的设想的方法；后者则是对前者提出的设想、方案逐一质疑,分析其现实可

行性的方法。成功的头脑风暴法一般应包括以下要点：由主持人控制讨论进程；禁止相互评价；鼓励尽可能多地提出设想，以大量的设想保证质量较高的设想存在；记录每个不重复的设想；设定发言时间限制，到时立即终止发言。

⑥鱼刺图法。鱼刺图，又称因果图、树图等，是用于分析问题原因的模型。鱼刺图的构造方法是列出影响问题各主要环节的因素，对各个因素再同样进行分析，直至不能分解为止。应用鱼刺图分析问题的方法，也称为因果分析法。

（2）定量分析方法

定量分析方法，是指运用统计技术、系统建模、计算机模拟手段，对具体问题做出客观分析的信息分析方法。区别定性分析和定量分析的主要标准是，分析结果本身是否依赖于实时信息分析的人，如果依赖于分析人员的为定性分析方法，独立于信息分析人员的为定量分析方法。

常用的定量分析方法有：统计分析方法、预测分析方法、评价分析方法、运筹学方法、决策方法、系统模拟等。

①统计分析方法。统计分析主要是指使用统计学相关理论，对现有数据进行某种深入研究的定量分析方法。它包括两个方面内容：统计描述和统计推论。统计描述是对已经初步整理的数据资料进行加工，通过统计量对其进行描述的一种方法，主要用于研究测定现象的集中趋势、离散趋势、现象之间的相关关系等。统计推论是在随机抽样调查的基础上，根据样本资料对总体进行推论的一种方法，主要包括区间估计、统计假设检验方法等。

②预测分析方法。预测分析方法是根据对象发展变化的实际数据和历史资料，运用现代的科学理论和方法，结合各种经验、判断和知识，对事物在未来一定时期内的可能变化情况进行推测、估计和分析。定量预测方法可以分为时间序列分析和因果关系分析两类。时间序列分析又包括移动平均法和指数平滑法等。

③评价分析方法。评价是对各种可行的备选方案，从政治、经济、社会、技术等各个方面予以综合考虑，权衡利弊，给出评价结果，为决策提供科学依据的过程。评价分析一般包括以下步骤：一是确定由所有单项和大类指标组成的评价指标体系；二是确定各评价指标的权重，并从整体上调整；三是单项评价；四是综合单项评价指标，得出大类指标的评价值；五是行综合评价。

④运筹学方法。运筹学方法，又叫最优化方法，主要指运用数学方法研究各种系统的优化途径和方案，为决策者提供科学决策的依据。实践表明，运筹学方法已经成为广泛应用于公共管理、经济管理等各个领域的信息分析方法。典型的运筹学方法包括线性规划、整数规划、动态规划等。

⑤决策方法。决策是为达到某种目标，从若干个求解方案中选出一个最优或者合理方案的过程。根据决策问题中风险程度的大小，可将决策分为确定型决策、风险型决策、完全不确定型决策三类。对于确定型决策问题，应将重点放在对方案开发和每个方案效果的了解方面；对于风险性决策，应将重点放在不断减少风险上；对于完全不确定型决策，应将重点放在信息收集上，将这类问题尽量转化为风险型或者确定型决策问题。有关决策的问题，可以采用博弈论的对策矩阵、决策树等方法求解。

⑥系统模拟。系统模拟作为研究管理决策问题的有效手段,在企业、政府组织的各种具体应用中越来越重要。所谓系统模拟,是通过建立和运行系统的模型,模拟实际系统的运行状态及随时间变化的规律,以实现在计算机上进行实验的全过程。在这个过程中,通过对模拟运行过程的观察和统计,得到被模拟系统的模拟输出参数和基本特征,以此估计和推断实际系统的真实参数和真实性能,为真实系统问题的决策提供科学依据。

第二节 信息控制技术

一、信息控制模型

1. 信息控制的定义

信息控制是测量信息实际和计划的偏差,并采取校正行动的过程。从定义可以看出,信息控制至少应该包含两方面的内容 ：一是息测量实际发生情况与预先制定计划的偏差,即发现问题 ；二是采取必要而有效的措施确定并纠正信息偏差,即解决问题。

2. 信息控制模型

信息控制系统可以通过改变输入影响其输出,通过测量装置得到输出结果,送给控制装置,由控制装置按照一定的规则产生反馈信号,利用反馈信号改变输入,以达到控制输出的目的。根据系统内部结构的特性和反馈信号产生的规律,闭环系统的输入、输出间有一定的关系,不同的关系就形成控制的四种模型,如图 5-2 所示。

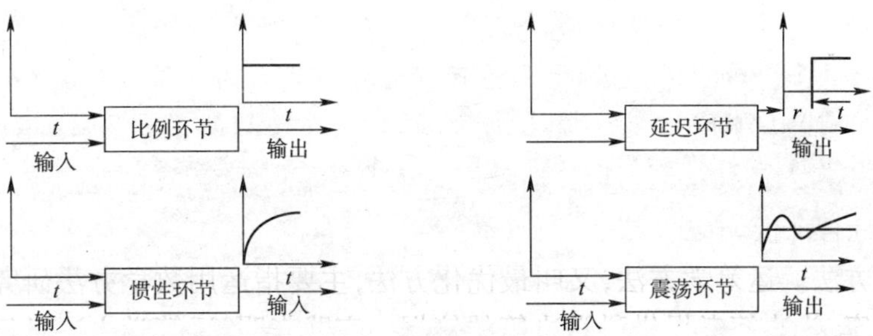

图 5-2 四种信息控制模型

①比例环节的特性是输入和输出间始终保持比例关系,如价格一定情况下的产量和产值之间的关系。

②延迟环节是指输出比输入稍微滞后一段时间,但完全重复输入的情况。例如生产商的传送带,上带的产品与下带的产品只差一个时差,其他完全一样。

③惯性环节是指输出要随输入而变化,但有个惯性。例如汽车在得到驾驶员输入的刹车信号以后;由于惯性需要过几秒才停下来。

④震荡环节是最一般的环节,震荡环节至少是两阶段的,但也可能是高阶的。震荡环

节输入与输出之间关系比较复杂。在输入为阶跃的情况下,输出的变化大致分为三类,如图 5-3 所示。

震荡环节的输出有三种情况：输出呈单调状态进入平衡,这是最佳的过渡过程；输出呈波动状态最终进入平衡状态；输出呈发散状态,输出越振越大,有可能脱离平衡状态,这种情况是我们最不希望的。因此,为了使系统达到控制的目的,必须对系统进行施控,通常我们采用干预反馈信息以改变系统的运行状态。

在信息系统中,为了控制系统的性能,经常用到的干预系统方法主要有分解、归并和解耦等三种。所谓分解就是把一个大系统按照各种原则分解为若干子系统。所谓归并就是把联系密切的几个子系统进行合并,以减少子系统之间的联系,从而使接口简化并且清楚。解耦是在相互联系的子系统之间加入一些缓冲环节,以减少他们之间的联系,使相互依赖减少。

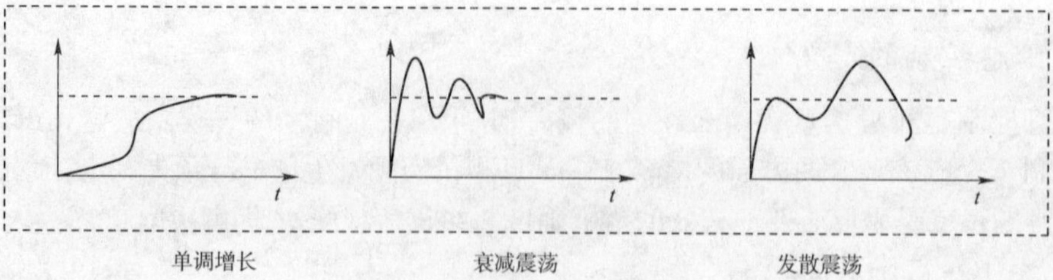

图 5-3　信息阶跃输入时的输出情况

二、信息控制技术

信息控制技术是“3C 技术”(通信 -Communication、电脑 -computer、控制 -Control),即计算机信息控制系统。它把组织运行机制的各个部分视为一个系统,将管理的各种行为综合在一起,借助于计算机进行处理,依靠信息系统进行管理。信息系统是由许多个单元(单位)组成的,其中包括：大量的数据库和软件,各种型号的电脑,传输结果的打印机以及不同专业的工作人员和管理人员。信息控制技术有很多优势,具体包括：

①效率高。数据处理速度快,管理效率高。

②科学准确。将精确无误的数据及时输入计算机系统,就能得到科学无误的结果。

③有助于克服官僚主义。任何管理行为只要进入计算机管理信息系统,那么人为的改变和主观意志等都是无济于事的。

信息控制系统是一个复杂的控制过程,概括来说主要包括收集数据、加工整理、输入转换和结果输出等环节。信息控制的基础是信息,控制是通过对信息的反馈实现的。信息反馈,就是指由控制系统把信息输送出去,又把其作用结果反送回来与输入信息进行比较,并利用两者之间的偏差对信息的再输出发生影响,起到控制的作用,以达到预定的目标。这一过程如图 5-4 所示。

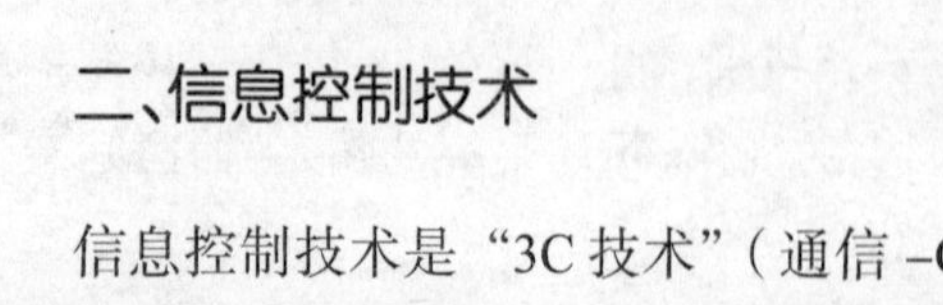

图5-4　信息控制系统的组成环节

第三节 地理信息系统（GIS）

一、地理信息系统（GIS）概述

1. 地理信息系统的概念

“地理信息系统”英文名为Geographic Information System，简称GIS。在不同的应用领域、不同的专业对GIS的理解是不同的，用简单的几句话是不能解释地理信息系统概念的。目前国内外对GIS有许多定义，通常有：

①地理信息系统是用于采集、存储、管理、处理、检索、分析和表达地理空间数据的计算机系统。

②地理信息系统是由计算机系统、地理数据和用户组成，通过对地理数据的集成、存储、检索、操作和分析，生成并输出各种地理信息。

③地理信息系统是在计算机软件和硬件支持下，运用系统工程和信息科学的理论，科学管理和综合分析具有空间内涵的地理数据，以提供对规划、管理、决策和研究所需信息的空间信息系统。

④地理信息系统是以地理空间数据库为基础，采用地理模型分析方法，适时提供多种空间的和动态的地理信息，为地理研究和地理决策服务的计算机技术系统。

地理信息系统从外部来看，表现为计算机软硬件系统；而其内涵是由计算机程序和地理数据组织而成的地理空间信息模型，是一个逻辑缩小的、高度信息化的地理系统。

上述定义均比较科学地阐明了GIS的对象、功能和特点。总之，地理信息系统是由计算机硬软件、地理数据和用户组成，通过对地理数据的采集，输入、存储、检索、操作和分析，生成并输出各种地理数据，从而为工程设计、土地利用、资源管理、城市管理、环境监测、管理决策等应用服务的计算机系统。

2. 地理信息系统（GIS）的特征

（1）空间可视化

①空间地物轮廓特征的可视化。信息系统是对现实世界的计算机模拟，而地理信息系统则突出了它对现实世界空间关系的模拟，使我们对于在空间中各事物的状态有一个非常直观的感受。无论是在屏幕上展示一幅可以无级缩放和信息查询的地图，还是展现一幅三维的地形模型，都使我们对现实世界空间关系的认识更为直观、具体。或许我们可以用计算机科学中常用的“所见即所得”一词解释这一点。

②具有空间参照特点的地物专题属性信息的可视化。地理信息系统的空间可视化功能还包括对空间分布地物的属性信息的图形可视化，这一点是由地理信息系统的一个重要特征保证的，即GIS实现了空间信息和属性信息的集成管理，并能够完善地建立两者之间的联系。例如，利用一张中国的行政区划图，可以从地理信息系统数据库中提取各省、直辖市、自治区

1994年的人口统计数据,计算人口密度,并按人口密度的分级指标指定不同的色彩和填充方式显示行政区所对应的图斑(这实现上是一个从属性到空间的关联过程),这样空间地物的专题属性特征就可以通过地理信息系统工具实现具有空间参照信息的可视化。

(2)空间导向化

利用地理信息系统,我们不仅可以纵览研究区域的全域,还可以利用缩放和漫游等GIS所提供的基本功能深入到我们更感兴趣的区域去研究。一个完善的地理信息系统提供了空间数据库功能,使我们可以以小比例尺查看全局,以中比例尺查看局部,以大比例尺查看细部。在比例尺不断增大的同时,展现给用户的空间信息内容会不断更新。例如在浏览一个行政省全局时,只需要显示大的河流、省级公路铁路以及市县级行政分区图斑等全局信息,而随着比例尺的不断增大,就需要显示建筑物、公园等具体的空间地物。这些与地图学中强调的制图综合的概念是相似的。

地理信息系统的空间导向功能还可以从空间查询功能中得到体现。利用一张省级土地利用图,我们可以通过空间查询找到"城市中的公园",并即时将地图的显示范围缩放到所有"公园"空间分布的范围内,这同样是空间导向作用的体现。

(3)空间思维化

地理信息系统的空间数据库在存储各地物空间描述信息的同时,还存储了地物之间的空间关系,这一特点为进行空间分析提供了基础。地理信息系统的空间思维,就是要利用GIS数据库中已经存储的信息,通过GIS的工具(例如缓冲区分析、叠置分析)生成GIS空间数据库中并求存储的信息。地理信息系统将许多空间分析工具集成起来,并提供二次开发工具。在进行空间分析时,用户将各种分析工具按所研究领域的专业模型组织成一个程序(即计算机可以识别和操作的思路),交由地理信息系统完成,最后提供空间可视化的分析结果。地理信息系统的空间思维功能使我们能够完成揭示空间关系、空间分布模式和空间发展趋势等其他类型信息系统所无法完成的任务。

3. 地理信息系统(GIS)的发展概况

(1)国内发展现状

我国地理信息系统方面的工作自20世纪80年代初开始。以1980年中国科学院遥感应用研究所成立全国第一个地理信息系统研究室为标志。在几年的起步发展阶段中,我国地理信息系统在理论探索、硬件配制、软件研制、规范制订、区域试验研究、局部系统建立、初步应用试验和技术队伍培养等方面都取得了进步,积累了经验,为在全国范围内展开地理信息系统的研究和应用奠定了基础。

地理信息系统进入发展阶段是从第七个五年计划开始。地理信息系统研究作为政府行为,正式列入国家科技攻关计划,开始了有计划、有组织、有目标的科学研究、应用实验和工程建设工作。许多部门同时展开了地理信息系统研究与开发工作。如全国性地理信息系统(或数据库)实体建设、区域地理信息系统研究和建设、城市地理信息系统、地理信息系统基础软件或专题应用软件的研制和地理信息系统教育培训。通过近五年的努力,在地理信息系统技术上的应用方面开创了新的局面,并在全国性应用、区域管理、规划和决策中取得了实际的效益。

自20世纪90年代起,地理信息系统步入快速发展阶段。执行地理信息系统和遥感联合科技攻关计划,强调地理信息系统的实用化、集成化和工程化,力图使地理信息系统从初步发展时期的研究实验、局部实用走向实用化和生产化,为国民经济重大问题提供分析和决策依据。努力实现基础环境数据库的建设,推进国产软件系统的实用化、遥感和地理信息系统技术一体化。在地理信息系统的区域工作重心上,出现了"东移"和"进城"的趋向,促进了地理信息系统在经济相对发达、技术力量比较雄厚、用户需求更为急迫的地区和城市首先实用化。这期间开展的主要研究及今后尚需进一步发展的领域有:重大自然灾害监测与评估系统的建设和应用;重点产粮区主要农作物估产;城市地理信息系统的建设与应用;建立数字化测绘技术体系;国家基础地理信息系统建设与应用;专业信息系统与数据库的建设和应用;基础通用软件的研制与建立;地理信息系统规范化与标准化;基于地理信息系统的数据产品研制与生产。与此同时,经营地理信息系统业务的公司逐渐增多。

总之,中国地理信息系统事业经过20年的发展,取得了重大的进展。地理信息系统的研究和应用正逐步形成行业,具备了走向产业化的条件。

（2）未来发展趋势

随着GIS技术的逐步成熟和推广应用,GIS应用新趋势呈现多层次、全方位发展。它不再局限于探讨GIS技术本身,不再全力以赴只在计算机软件工程上投入资源,而是要把大量精力集中到怎样应用上,通过一个整合的框架、分析方法和表达方式,为GIS提供系统化的知识,并且将GIS作为一种系统平台和使用工具对待。这些体现出了GIS发展成果为全社会共享的新进展。而现代的GIS技术,通过GIS技术与地理科学研究的结合,使很多和地理相关的科研部门正在利用GIS把他们多年积累的地理科学模型转化为计算机数字模型,同时在GIS技术平台上衍生出大量的新功能、新模型,有效地解决世界上大量的地理问题。

数字地球就是一个全局性的长远的战略思维问题,其核心在于:用数字化手段统一性地处理地球问题;最大限度地利用信息资源。具体地说,就是在全球、国家和区域的层次上,长远地规划地球表层和浅表层数字信息的获取、处理、应用等方面的相关工作,从系统论和一体化的角度整合已有的或者正在发展的与数字地球相关的理论、技术、数据、应用和能力。数字地球在不同历史时期又有特定的目标。目前,应当建立多比例尺、多应用层面的数字化地球、数字化地区或数字化城市,更广泛、深入地为社会可持续发展提供服务。

尽管建立数字地球涉及到的许多理论、技术、数据和应用等基础条件已经具备,仍然存在许多需要解决的理论和技术问题,主要表现在以下几方面:

①数据获取与更新方面:各类遥感新技术,如高分辨率高光谱卫星图像技术、雷达卫星技术、数据获取集成一体化技术等。

②网络、计算机硬件、数据与信息传播方面:新一代大规模平行处理器,高宽带网络,支持基于网络的分布式计算操作系统,智能网络技术,基于对象的分布式网络服务,分布处理和互操作协议等。

③数据处理、储存、数据库、信息提取与分析方面:高密度高速率的海量空间数据储存、压缩、处理技术,数据互操作技术,多比例尺多时相多源数据融合、集成技术,图像信息智能提取（图像自动分类等）技术,元数据技术,空间数据仓库,海量空间数据的智能提取技术,

空间数据交换网络技术，支持异构分布数据库的扩展对象关系模型，面向对象空间数据库，实时的多分辨率海量空间数据的存储和分发等。

目前，GIS技术应用涉及面非常宽泛，大到对全球问题的关注（如全球变暖、环境污染、厄尔尼诺现象等），远到太空（如火星、月球），小到如精准农业各个地块、公园中的每一棵树，快速反应到火警、交通事故等不胜枚举。一方面GIS的功能越来越强、系统越来越完善，另一方面地球和人类面临的问题也越来越严峻、复杂，例如人口增长、资源与需求等矛盾。人类社会的需求越来越迫切，要求越来越高，GIS将会面临越来越多的挑战，也给GIS产业带来越来越多的机遇。

二、GIS工作原理

1. GIS的组成

GIS由五个主要的元素所构成：硬件、软件、数据、人员和方法。

（1）硬件

硬件是GIS所操作的计算机。今天，GIS软件可以在很多类型的硬件上运行，从中央计算的服务器到桌面计算机，从单机到网络环境。

（2）软件

GIS软件提供所需的存储、分析和显示地理信息的功能和工具。主要的软件部件有：输入和处理地理信息的工具，数据库管理系统（DBMS），支持地理查询、分析和视觉化的工具，以及容易使用这些工具的图形化界面（GUI）等。

（3）数据

一个GIS系统中最重要的部分就是数据了。地理数据和相关的表格数据可以自己采集或者从商业数据提供者处购买。GIS将把空间数据和其他数据源的数据集成在一起，而且可以使用那些被大多数公司用来组织和保存数据的数据库管理系统管理空间数据。

（4）人员

GIS技术如果没有人来管理系统和制订计划应用于实际问题，将没有什么价值。GIS的用户范围包括从设计和维护系统的技术专家，到那些使用该系统并完成他们每天工作的人员。

（5）方法

成功的GIS系统，具有好的设计计划和自己的事务规律，这些是规范。而且对每一个公司来说，具体的操作实践又是独特的。

2. GIS的工作原理

GIS是利用计算机存储、处理地理信息的一种技术与工具，是一种在计算机软、硬件支持下，把各种资源信息和环境参数按空间分布或地理坐标，以一定格式和分类编码输入、处理、存贮、输出，以满足应用需要的人－机交互信息系统。它通过对多要素数据的操作和综合分析，方便快速地把所需要的信息以图形、图像、数字等多种形式输出，满足各应用领域或研究工作的需要。

第四节 全球定位系统（GPS）技术

一、GPS 概述

1. GPS 的概念

GPS是一个由覆盖全球的24颗卫星组成的卫星系统。这个系统可以保证在任意时刻，地球上任意一点都可以同时观测到4颗卫星，以保证卫星可以采集到该观测点的经纬度和高度，以便实现导航、定位、授时等功能。全球定位系统（GPS）是20世纪70年代由美国陆海空三军联合研制的新一代空间卫星导航定位系统。其主要目的是为陆、海、空三大领域提供实时、全天候和全球性的导航服务，并用于情报收集、核爆炸监测和应急通信等一些军事目的 GPS 具有全天候、全球覆盖、三维定速定时高精度、快速省时高效率、应用广泛多功能等特征。

GPS 主要由空间部分、地面控制部分和用户设备部分等三部分组成。

（1）空间部分——GPS 星座

GPS 的空间部分是由24颗工作卫星组成，它位于距地表20 200km的上空，均匀分布在6个轨道面上（每个轨道面4颗），轨道倾角为55°。此外，还有4颗有源备份卫星在轨运行。卫星的分布使得在全球任何地方、任何时间都可观测到4颗以上的卫星，并能保持良好定位解算精度的几何图像。这就提供了在时间上连续的全球导航能力。GPS卫星产生两组电码，一组称为C/A码（Coarse/ Acquisition Code 11023MHz），一组称为P码（Procise Code 10123MHz）。P码因频率较高，不易受干扰，定位精度高，因此受美国军方管制，并设有密码，一般民间无法解读，主要为美国军方服务。C/A码人为采取措施而刻意降低精度后，主要开放给民间使用。

（2）地面控制部分——地面监控系统

地面控制部分由1个主控站、5个全球监测站和3个地面控制站组成。监测站均配装有精密的铯钟和能够连续测量到所有可见卫星的接受机。监测站将取得的卫星观测数据，包括电离层和气象数据，经过初步处理后，传送到主控站。主控站从各监测站收集跟踪数据，计算出卫星的轨道和时钟参数，然后将结果送到3个地面控制站。地面控制站在每颗卫星运行至上空时，把这些导航数据及主控站指令注入到卫星。这种注入对每颗GPS卫星每天一次，并在卫星离开注入站作用范围之前进行最后的注入。如果某地面站发生故障，那么在卫星中预存的导航信息还可用一段时间，但导航精度会逐渐降低。

（3）用户设备部分——GPS 信号接收机

用户设备部分即GPS信号接收机。其主要功能是能够捕获到按一定卫星截止角所选择的待测卫星，并跟踪这些卫星的运行。当接收机捕获到跟踪的卫星信号后，即可测量出接收天线至卫星的伪距离和距离的变化率，解调出卫星轨道参数等数据。根据这些数据，接收机中的微处理计算机就可按定位解算方法进行定位计算，算出用户所在地理位置的经纬度、高度、速度、时间等信息。

接收机硬件和机内软件以及 GPS 数据的后处理软件包构成完整的 GPS 用户设备。GPS 接收机的结构分为天线单元和接收单元两部分。接收机一般采用机内和机外两种直流电源。设置机内电源的目的在于更换外电源时不中断连续观测。在用机外电源时机内电池自动充电。关机后，机内电池为 RAM 存储器供电，以防止数据丢失。目前各种类型的接受机体积越来越小，重量越来越轻，便于野外观测使用。

2. GPS 的发展概况

（1）GPS 的发展现状

GPS 是美国国防部为军事目的而研制组建的卫星导航系统。然而该系统最早是在测量领域中得以实际应用。目前 GPS 在测量领域中的应用大体有几个方面：

①测定极移、日长和各种地球动力学现象。目前 GPS 在数千公里的长基线定位精度已达 10–8~10–9。

②建立和维持全球性的、区域性的坐标系统。目前我们已能以毫米级的精度确定长期观测的 GPS 跟踪网点的地心坐标，以大约 ±2mm/ 年的精度确定这些网点坐标的变化率，且相对而言所付出的代价也较小，因此 GPS 也成为建立和维护动态参考框架的有力手段。

③建立各类控制网。一般来说利用 GPS 定位技术建立各类控制网具有以下优点：站之间无需保持通视，不必费时耗力建造各类觇标，选点也较为灵活方便；观测不受气候限制；可同时测定点的三维坐标；自动化程度高，可减轻作业人员劳动强度；精度高，速度快，费用省。

④大型建筑的变形监测。

⑤ 3S 集成。RS、GPS、GIS 是对地观测系统中空间信息获取、存储管理、更新、分析、应用的三大支撑技术。其中 GPS 的任务是：测定 RS 中传感器的空间位置、运动速度及姿态，如在 GPS 航空摄影测量中测定曝光瞬间航空摄影仪光学中心的空间位置。直接为 GIS 采集或更新数据。GPS 测图系统、GPS 全站仪、GIS 数据采集系统等可以分米级至米级的精度快速测定点的坐标，记录点的属性，并对数据进行编辑，生成 DTM 模型，进行周长、面积、体积等计算。

（2）GPS 的发展前景

在未来几年中，GPS 除了将继续在上述几个方面的应用中进一步得到发展和提高外，预计还将在下列两个方面得到应用：

①连续运行的 GPS 卫星定位服务系统。建立并维持该国或该地区的动态参考框架；精确测定该国或该地区的地壳运动，为地震预报和地学研究提供确的丰富的资料；测量用户可以从数据通信网络中提取邻近各跟踪站的载波相位观测值，进行事后处理，获取毫米级至厘米级精度的定位结果，以满足高精度定位用户的需要；能接收到 RTK 信号的用户还可以厘米级的精度进行实时动态定位，以满足一些特殊用户的需要；交通运输部门的用户则可接收差分 GPS 改正信号进行米级精度的导航定位。此外，该系统还可以在精密授时测定电离层延迟、气象学等方面提供多种服务。

②卫星测高。近来有人提出在低轨小卫星上设置两台 GPS 接收机（一台接收机的天线朝上，接收 GPS 卫星的直射信号；另一台接收机天线朝下，接收从冰面、水面反射回来的

GPS 信号）根据其路径差测高。采用这种方法预计可获得较高的精度，在未来几年中可能会有大进展。

二、GPS 工作原理

无线电导航定位系统、卫星测距定位系统，均是利用测距交会的原理确定点位的。

就无线电导航定位来说，设想在地面上有三个无线电信号发射台，其坐标为已知，用户接收机在某一时刻采用无线电测距方法分别测得了接收机至三个发射台的距离 d_1、d_2、d_3。只需以三个发射台为球心，以 d_1、d_2、d_3 为半径作出三个定位球面，即可交会出用户接收机的空间位置。

将无线电信号发射台地面点搬到卫星上，组成一个卫星导航定位系统，应用无线电测距交会的原理，便可由三个以上地面已知点（控制站）交会出卫星的位置。反之，利用三个以上的已知空间位置又可交会出地面未知点（用户机）的位置。

GPS 导航系统的基本原理是测量出已知位置的卫星到用户接收机之间的距离，然后综合多颗卫星的数据确定接收机的具体位置。要达到这一目的，卫星的位置可以根据星载时钟所记录的时间在卫星星历中查出。而用户到卫星的距离则通过记录卫星信号传播到用户所经历的时间，再将其乘以光速得到［由于大气层电离层的干扰，这一距离并不是用户与卫星之间的真实距离，而是伪距（PR）］。当 GPS 卫星正常工作时，会不断地用 1 和 0 二进制码元组成的伪随机码（简称伪码）发射导航电文。

GPS 系统使用的伪码一共有两种，分别是民用的 C/A 码和军用的 P（Y）码。C/A 码频率 1.023MHz，重复周期 1 毫秒，码间距 1 微秒，相当于 300m；P 码频率 10.23MHz，重复周期 266.4 天，码间距 0.1 微秒，相当于 30m。而 Y 码是在 P 码的基础上形成的，保密性能更佳。导航电文包括卫星星历、工作状况、时钟改正、电离层时延修正、大气折射修正等信息。它是从卫星信号中解调制出来，以 50b/s 调制在载频上发射的。导航电文每个主帧中包含 5 个子帧，每帧长 6s。前三帧各 10 个字码，每 30 秒重复一次，每小时更新一次。后两帧共 15 000b。导航电文中的内容主要有遥测码、转换码和第 1、2、3 数据块，其中最重要的则为星历数据。当用户接受到导航电文时，提取出卫星时间并将其与自己的时钟做对比，便可得知卫星与用户的距离，再利用导航电文中的卫星星历数据推算出卫星发射电文时所处位置，用户在 WGS-84 大地坐标系中的位置速度等信息便可得知。

可见 GPS 导航系统卫星部分的作用就是不断地发射导航电文。然而，由于用户接受机使用的时钟与卫星星载时钟不可能总是同步，所以除了用户的三维坐标 x、y、z 外，还要引进一个 Δt（即卫星与接收机之间的时间差）作为未知数，然后用 4 个方程将这 4 个未知数解出来。所以如果想知道接收机所处的位置，至少要能接收到 4 个卫星的信号。

三、北斗卫星导航系统

1. 北斗卫星导航系统概况

北斗卫星导航系统是中国自行研制开发的区域性、有源三维卫星定位与通信系统

（CNSS），是除美国的 GPS、俄罗斯的格洛纳斯（GLONASS）和欧盟的伽利略（GALILEO）之后的较成熟的卫星导航系统。北斗卫星导航系统致力于向全球用户提供高质量的定位、导航和授时服务，其建设与发展则遵循开放性、自主性、兼容性、渐进性四项原则。2012 年 10 月 25 日，我国在西昌卫星发射中心用长征三号甲运载火箭，成功将第十六颗北斗卫星送入太空预定转移轨道。

卫星导航系统是重要的空间基础设施，为人类带来了巨大的社会经济效益。中国作为发展中国家，拥有广阔的领土和海域，高度重视卫星导航系统的建设，努力探索和发展拥有自主知识产权的卫星导航定位系统。

“北斗”系统于 2012 年已覆盖亚太地区，2020 年左右将覆盖全球。目前我国正在实施和完善北斗卫星区域导航系统建设，已成功发射 16 颗北斗导航卫星。根据系统建设总体规划，2020 年左右建成覆盖全球的北斗卫星导航系统。

2. 北斗卫星导航系统优势

北斗导航终端与 GPS、欧洲的“伽利略”、俄罗斯的“格洛纳斯”相比，最有特色的是它的短信功能，每条能发送 120 个汉字。

①与美国的 GPS、俄罗斯的格洛纳斯相比，增加了通信功能。

②全天候快速定位，与 GPS 精度相当。

③同时具备定位与通信功能，无需其他通信系统支持。

④覆盖中国及周边国家和地区，24 小时全天候服务，无通信盲区。

⑤特别适合集团用户大范围监控与管理，以及无依托地区数据采集用户数据传输应用。

⑥自主系统，高强度加密设计，安全、可靠、稳定，适合关键部门应用。

3. 北斗系统推广应用的制约因素

北斗系统作为中国民族卫星导航产业的骄傲，吸引了国内外众多关注的目光。目前，北斗系统的应用经过大胆尝试和探索，已取得一定进展。但是，北斗系统作为一种新技术和新产品，有明显的技术优势，也有不足，广泛应用和改善提高仍需要一定的时间。在推广应用中还受许多因素制约，这些问题主要有：

①北斗系统目前的技术体制决定了其用户终端需能收能发，这使得用户终端的价格偏高，缺乏竞争力。北斗系统采用集中处理的有源定位体制，在技术应用上有通信功能，优势明显，这是无可怀疑的。按目前国内的应用实际，适用于高端市场，尤其是信息安全要求高和重要部门的调度监控应用。但这种体制也使用户终端制造成本增加，目前市场价格居高，多数用户难于接受。同样应用功能的用户终端产品，北斗终端要比“GPS 终端＋短信”价格高出许多倍，难与 GPS 竞争。这是市场上用户的普遍认识，也是推广北斗系统应用中遇到的主要问题之一。

②在北斗系统的建设进程中，用户终端设备的研制严重滞后，跟不上应用需求。这主要是由于国内关键器件部件生产基础差，又没有与系统建设同步组织好力量攻关，研制单位各自为战造成的。在市场经济环境下，这是一种难于避免的过程。北斗作为一个崭新的系统技术，如果能实现集中力量重点攻关，效果会好一些。由于某些原因未能做到，只能在自由竞争

中优胜劣汰。北斗系统终端研制难度大,这种竞争方式耗时较长,以致在北斗系统建成试运行时,民用终端设备尚不成熟。至今仍有十几个单位在投入资金研制北斗民用终端,但提高性能价格比的成效不大,有的单位不得不退出研发。目前能生产可用民用终端产品的厂商有五六家,价格较高,各有优缺点。民用终端生产厂商这种各自为战的研制方式,在当前用户量不大、生产批量上不去的情况下,成本下不来。而成本下不来,市场用户量就上不去,形成一个恶性循环。设备生产方式存在的高成本也是影响北斗推广应用的问题之一。

③北斗系统的应用缺乏国家政策的支持,术优势得不到发挥。北斗系统具备三项基本功能,信息安全性好,与 GPS 等国外系统相比,有明显的技术优势。但是,由于 GPS 已在我国国内普遍应用,与通信系统的组合应用研究已成熟,有几百个企业在推广应用,占据了我国卫星定位导航应用市场的绝大部分,广大用户对 GPS 应用已经认可。在这种形势下,用户终端昂贵的北斗系统在市场上是无法与 GPS 竞争的。北斗系统是我国自主的新的民族产业,又有明显的技术优势,按道理应用前景应该是很好的。但由于没有政府对北斗系统应用的长远规划、产业政策和必要的资金支持,具体鼓励推广应用的措施力度也不够,让北斗系统和 GPS 等国外系统在中国卫星导航应用市场上自由竞争。政策的缺位是影响北斗系统推广应用的最主要原因。

④卫星定位导航市场包括北斗民用市场的完全自由化和无序竞争,影响了用户对北斗系统应用的信心,延缓了北斗应用市场的健康发展。北斗系统的诞生,是我国卫星定位导航系统摆脱受制于人的困境的良好时机。但由于国家没有北斗系统民用应用的开发规划和北斗应用市场准入机制,完全听任市场无序的自由竞争。一些企业单位对北斗市场认识和估计过于乐观,为早日抢到市场,自发投入不少资金开发北斗民用终端。到目前为止,真正获得成功、设备产品质量较好的厂家只有几个。有一些企业单位在产品技术质量还不成熟的情况下,就急于推销自己的产品收回投资,采用低价竞争方式抢占市场,结果是实际运行故障频发,户服务又跟不上,动摇了用户选用或继续使用北斗系统的信心,影响北斗系统健康发展和推广应用。

北斗系统的技术改进和完善问题,已在中国第二代导航系统的研制计划中基本得到考虑。而政府政策支持、市场准入和用户终端设备降低成本的问题则必须引起政府的高度重视,才能确保我国自主的卫星导航系统健康发展。

复习思考题

5.1 什么是信息分析技术？信息分析的方法有哪些？

5.2 请简述地理信息系统的概念及特征。

5.3 请简述全球定位系统的概念及工作原理。

5.4 请简述北斗卫星导航系统的发展历程及未来发展的趋势。

第六章 道路运输信息化

当今世界，信息化步伐不断加快，信息技术已经渗透到社会经济的各个领域，给人类社会带来巨大和深远的影响。我国已经进入全面建设小康社会新的历史阶段，道路运输发展面临着巨大的机遇和挑战。道路运输是交通运输五种基本方式之一，与其他四种运输方式相比，有其自身的技术经济特点。本章将介绍道路运输行业信息化基本问题，信息化规划编制以及措施和内容，并阐述道路运输信息化顶层设计的主要思路和实现方法。

学习目标

◎掌握道路运输方式的技术特点。

◎掌握道路运输信息化的内涵和发展过程

◎掌握道路运输行业信息化的基本问题

◎了解和掌握信息化顶层设计的思路和实现方法。

关键术语

01. 道路运输	02. 道路运输信息化	03. 战略规划
04. 实体	05. 三网一库	06. 顶层设计

第一节　道路运输及其特点

道路运输是在道路上进行运输活动的一种运输方式，能实现门到门的快捷陆上运输，是交通运输五种运输方式之一。

道路运输具有如下技术经济特点。

1. 机动灵活，适应性强

由于道路运输网一般比铁路、水路网的密度要大十几倍，分布面也广，因此道路运输车辆可以“无处不到、无时不有”。道路运输在时间方面的机动性也比较大，车辆可随时调度、装运，各环节之间的衔接时间较短。尤其是道路运输对客、货运量具有很强的适应性，汽车的载重吨位有小（0.25 ~ 1t 左右）有大（200 ~ 300t 左右），既可以单个车辆独立运输，也可以由若干车辆组成车队同时运输。这一点对抢险、救灾工作和军事运输具有特别重要的意义。

2. 可实现“门到门”

由于汽车体积较小，中途一般也不需要换装，除了可沿分布较广的路网运行外，还可离开路网深入到工厂企业、农村田间、城市居民住宅等地，即可以把旅客和货物从始发地门口直接运送到目的地门口，实现“门到门”直达运输。这是其他运输方式无法比拟的特点之一。

3. 中短途运送速度较快

在中、短途运输中，由于道路运输可以实现“门到门”直达运输，中途不需要倒运、转乘就可以直接将客货运达目的地。因此，与其他运输方式相比，道路运输客、货在途时间较短，运送速度较快。

4. 原始投资少

道路运输与铁、水、航运输方式相比，所需固定设施简单，车辆购置费用一般也比较低，因此投资兴办容易，投资回收期短。据有关资料表明，在正常经营情况下，道路运输的投资每年可周转 1 ~ 3 次，而铁路运输则需要 3 ~ 4 年才能周转一次。

5. 驾驶技术较易

与火车司机或飞机驾驶员的培训要求来说，汽车驾驶技术比较容易掌握，对驾驶员的各方面素质要求相对也较低。

6. 运量较小成本较高

目前，世界上最大的汽车是美国通用汽车公司生产的矿用自卸车，长 20 多米，自重 610 吨，载重 350 吨左右，但仍比火车、轮船少得多。由于汽车载重量小，行驶阻力比铁路大 9 ~ 14 倍，所消耗的燃料又是价格较高的液体汽油或柴油，因此除了航空运输，就是汽车运输成本最高了。

7. 车辆排放对环境有污染

道路运输车辆所排出的尾气和引起的噪声对人类健康有一定的影响，是大城市环境污染的污染源之一。

目前我国道路运输的行政管理机构是交通运输部以及下属的省、市等地方管理部门，道路运输管理的业务主要涉及到旅客运输、货物运输、机动车维修与检测、机动车驾驶员培训、城市公共交通、出租车、汽车租赁、汽车站场等，在《中华人民共和国道路运输条例》中有具体的规定。

第二节　道路运输信息化的内涵和发展过程

一、道路运输信息化的内涵

信息技术在道路运输的规划、设计、施工、管理各个环节无处不在。道路运输的信息化是实现我国交通运输业高速稳定发展的前提，对实现我国交通运输智能化和人性化起着至关重要的作用。

在道路运输系统中，系统的元素包括许多主体。从道路运输的硬件构成来看，主要涉及运输网络及节点，包括道路以及附属设施、道路运营管理与监控设施设备等；从道路运输参与的主体来看，主要涉及运输需求方、运输供给方、市场管理机构以及市场中介；从道路运输的软件构成来看，主要涉及运输政策法规、运输规划、运输市场管理、运输市场监督、道路运输组织与经营等内容。

道路运输的四个主体根据自身的需要都在进行各自的工作，道路运输系统的目标是将运输管理者、道路运输需求者、道路运输供给者以及相关的软硬件服务制度和设施有机地联系起来，使道路运输系统达到最大的运行效率。道路运输信息化就是充分运用先进的信息技术方法和手段，促进和提高道路运输各项业务活动的水平和效率，实现道路运输系统的目标。

道路运输信息化是以信息高速公路为平台，运输信息系统为基础，运用各种信息技术实现运输信息的采集、传输、存储、加工和应用，有效解决运输信息的规范性、及时性和共享性问题，促成运输对象、运输工具、运输设施以及运输环境所构成的道路运输系统各要素间的有机联系，提高道路运输系统的安全性和运输效率，最佳利用运输系统的时间和空间资源，降低运输系统的环境污染，达到道路运输系统的目标。

二、我国道路运输信息化发展

道路运输作为国民经济发展的基础性产业，在社会发展和经济建设中起着举足轻重的作用。我国道路运输信息化发展历经30多年，与改革开放的步伐紧紧相随。自20世纪70年代中期，交通运输部将计算机应用于科学计算、工程设计和自动控制方面，信息化逐步开始应用于交通行业。1987年，根据国家经济信息系统总体方案的要求及其技术指导原则，结合交通运输管理现代化的需要，国家编制了《交通运输信息系统总体规划方案》，该方案的出台标志着传统交通向信息化交通转变。直到1994年5月，交通运输部（机关）信息系统工程建设启动，交通信息化正式进入具体实施阶段。

自交通运输部《公路水路交通“十五”发展计划》下发以来，全国各省、自治区、直辖市加大对交通信息化的建设投入，制定符合自己实际需要的政策法规，成立专门机构进行信息化改造。根据对全国31个省级交通运输厅（局）调查统计，目前有90%的省厅已建机关局域网，87% 的省厅已开始应用办公自动化系统，90% 的省厅已在国际互联网上拥有自己的网站或网页，所有省厅都可与交通运输部机关通过电子邮件系统或采用其他连接方式交换信息，初步实现了政务公开信息的网上发布和有关业务的网上办理。在运输企业管理方面，信息化建设已呈现良好势头。电子商务、现代物流理念逐步渗透，计算机联网售票，车站、港口基础设施以及运输车辆的计算机管理系统已经普遍应用，工作效率大大提高。信息化的应用已收到明显的经济和社会效益，成为我国交通运输生产中不可缺少的技术手段。特别是随着信息技术的快速发展，交通系统政府网站建设发挥了越来越大的作用，为道路运输行业实现跨越式发展提供了有力的支持和保障。

2011 年 4 月，交通运输部正式印发了《公路水路交通运输信息化“十二五”发展规划》（以下简称“规划”）。该规划是《交通运输“十二五”发展规划》的重要组成部分，提出了公路水路交通安全应急、出行服务、市场监管、决策支持等方面的信息化建设任务和重点，充分体现了发展现代交通运输业的要求，描绘了交通运输信息化发展的蓝图，提出了信息化建设的行动纲领，对“十二五”时期公路水路信息化发展具有重要的指导意义。

《规划》是在认真总结“十一五”行业信息化发展经验基础上编制的。“十一五”是交通运输行业信息化发展速度较快、发展质量较好的一个时期，其突出特点是坚持了“整合、应用、服务、效益”的发展理念，以强化管理与服务绩效为重要衡量标准，以完善运行管理机制为保障，切实加强了部省联动、共建共享。交通运输部以示范、试点工程建设为依托，不仅加大了对省级交通运输信息化建设项目的资金支持力度，更加强了对项目的技术指导和监督，取得了较好的应用实效。

《规划》提出由交通运输部统一组织开展“公路水路安全畅通与应急处置系统”、“公路水路交通出行信息服务系统”、“公路水路建设与运输市场信用信息服务系统”、“交通运输经济运行监测预警与决策分析系统”四个重大工程建设，并在综合运输、区域物流、城市客运等三个领域开展信息化示范试点工程，探索发展路径，由此带动公路水路管理与服务领域业务应用的深化与完善。

在“十二五”交通运输行业信息化建设中，突出强调更加重视应用效能，围绕“十二五”行业发展战略目标，以服务公众为出发点，以解决行业和社会关注的重大问题为落脚点，深入开展需求分析，合理规划信息资源，梳理核心业务流程，制定统一标准，科学量化效能目标，强化部门间、部省间分工合作，推动跨部门、跨区域的业务协同和资源共享。为此，在保障措施部分特别强调，必须统一思想、转变观念、统筹协调、形成合力，加强执行力度，注重新技术应用，有序推进重大工程建设，并通过建立评估制度，进一步强化建设效能，将全行业信息化发展水平提升到新的高度。

虽然交通运输信息化建设已取得显著成绩，但距离交通运输行业发展的实际需求还有不小的差距。随着我国经济社会的快速发展，道路运输管理和服务水平不高的问题越来越突显。因此，需要将信息技术融入到交通建设与运输管理的全过程，加强决策支持系统建设，加快行政管理科学化步伐，提高政府行政管理水平，为公众提供更多的信息服务，全面提升整个行业的管理水平。

三、道路运输信息化战略规划

1. 战略规划的概念

“战略”一词为 strategy，最早来源于希腊语的 stratagia，是与军事活动有关的词。战略是组织长远的计划，一般是3～5年，长的能达到50年。当然由于时间长，未定因素多，因而，相对计划而言，它也比较粗略。它主要是描述企业领导者关于企业发展的一些概念的集合，包括：

（1）组织的环境

组织环境包括政治、经济、社会、技术（简称：PEST）环境，竞争对手和自身环境，应用SWOT（优势、劣势、机会、威胁）分析。

（2）组织的方向

组织方向包括组织的使命（mission）、愿景（vision）、目的（goal）。使命是组织成立的依据，是组织的根本大任。愿景是对未来向往的憧憬，是对想象的“天堂”的描述。目的则是靶心，是行动方向的相对位置的描述。例如某学校的使命是培养人才，出科研成果。对学校的愿景是美丽的校园，丰富的图书，先进的设备，优秀的教师队伍和浓厚的学术氛围等。学校的目标是十年内争取进入全国前十名等。

（3）组织的目标（Objectives）和达到目标的战略

相对于目的而言，目标则是可量化的，如学生数量，发表论文进入 SCI 和 EI 的数量，科研经费数量等。达到目标的战略是一种途径的描述，是政治、策略和决策的集合。如建立优秀的教师队伍，塑造学校高水平的无形资产，吸引优秀的学生。

2. 战略规划的目的和目标

目的是指向未来的目的地，而目标是在不久的将来可以达到的可测量的东西。如建立和维护一个学校在科学界的领导地位是一个目的，而在某年某月发展到学生万人就是一种目标。目的和目标可以由以下几个方面区分：

①时间区段。目的是持久的、无终止的、无时限的；而目标是有时限的，可以为子目标所替代的。

②特殊性。目的指的内容较广，较通用，是涉及印象、风格以及认识上的东西，是对未来的憧憬；目标则较专一，是在某一时刻可以达到的东西。一个目标的完成就沿着目的所指的境界前进了一步，但未必能达到最终目的，一个战役的胜利绝不等于战争的胜利。

③聚焦点。目的常根据外部环境叙述；目标则是内向的，隐含如何利用企业的资源。

④度量。目的和目标均是可数量化的，但目的常以相关项叙述，如“……，达到前10名”；目标是以绝对项叙述，如赢利的 50% 来自外省的顾客等。

3. 战略规划的特点

战略规划的有效性包括两个方面，一方面是战略正确与否，正确的战略应当做到组织资源和环境的良好匹配；另一方面是战略是否适合于该组织的管理过程，也就是和组织活动匹配与否。一个有效的战略一般有以下特点：

（1）方向目标明确

战略规划的方向应当是明确的，不应是二义的。其内容应当使人得到振奋和鼓舞，经常用简单的一句话概括，如建设世界一流大学、奔小康等。目标要先进，但经过努力可以达到，其描述的语言应当是坚定和简练的，如十年翻一番。

（2）可执行性良好

好的战略说明应当是通俗的、明确的和可执行的，它应当是各级领导的向导，使各级领导能确切地了解它，执行它，并使自己的战略和它保持一致。

（3）组织人事落实

制定战略的人往往也是执行战略的人，一个好的战略计划只有有了好的人员执行，它才能实现。因而战略计划要求一级级落实，直到个人。高层领导指定的战略一般应以方向和约束的形式告诉下级，下级接受任务，并以同样的方式告诉再下级，这样一级级的细化，做到深入人心，人人皆知，战略计划也就个人化了。个人化的战略计划明确了每一个人的责任，每一个人了解自己在组织中的地位，可以充分调动每一个人的积极性。这样一方面激励了大家动脑筋想办法，努力完成自己的计划，另一方面增加了组织的生命力和创造性。在一个复杂的组织中只靠高层领导一个人是难以识别所有机会的。

（4）灵活性好

一个组织的目标可能不随时间而变，但它的活动范围和组织计划的形式无时无刻不在改变。现在所制定的战略计划只是一个暂时的文件，只适用于现在，应当进行周期性的校核和评审，灵活性强使之容易适应变革的需要。

4. 道路运输行业信息化战略规划措施

战略规划的实施措施，主要是提出实现战略规划目标的途径和方法，其中针对性、实用性和可操作性是关键和重点，即规划的实施措施能够在实际工作中得到有效落实和执行，并且最终实现规划目标。

一个好的战略规划不但规划目标先进、科学、合理，更重要的是实施措施能够有效运行。交通运输部针对道路运输行业信息化规划制定的实施措施包括了以下几个方面：

（1）完善规划体系，多渠道增加建设投入

道路运输行业信息化经费，可以由交通运输部投资，从基本建设渠道解决，并按基本建设的程序办理。但是信息化建设项目的管理有其自身的特点，有些情况下的基本建设程序不全适用。基本建设经费只能解决信息化工程项目中的硬件经费，软件开发或购置经费难以解决。系统建成后的日常管理、系统维护和数据更新等经费长期没有正式的资金渠道，严重影响了信息化项目的有效实施。另外，在使用信息化项目资金方面，也缺乏必要的资金管理和使用办法。

虽然交通运输部投入信息化的资金数额巨大，但与行业信息化发展的需求相比，仍然有很大差距。除用于政府信息化建设和部分资助行业通信系统建设外，服务社会的重大信息化工程项目资金没有来源。解决信息化资金渠道问题、加强资金管理势在必行。信息化基础设施建设和系统开发等需要高昂的费用，必须广开融资源道，充分发挥市场机制，吸引更多的资金投入交通信息化建设。

（2）加强资源管理，增强服务意识，实现资源共享

交通运输部机关和地方政府交通管理部门要对交通信息资源进行有效管理，统一信息资源开发利用。有效开发利用信息资源的基础是对信息资源的科学、有效管理。信息资源管理是对信息、信息技术和信息人员等信息资源的计划、组织、控制和协调，包括信息的发生、采集、加工、储存、分配、传输、反馈环节的管理和信息资金、人才、政策法规、标准规范的实施等。

在实施信息资源制度化管理的过程中，人们从信息资源管理中获得经济效益和社会效益，信息封锁的观念已经被社会淘汰。但是，保护信息拥有者的权益也是一个很重要的问题，和信息资源共享同等重要。保证信息能得到合理保护，采取切实有效的管理和措施，才能真正实现信息资源的有效共享。总之，信息资源的开发利用应以信息服务为宗旨，以资源的有效共享为重要目标之一，可以开展如下工作：

①由交通运输部组织并制定道路运输行业的信息资源规划，反复征求各行业的意见，编写出高效的信息资源法规，并确保实施。

②建立完备的信息系统项目管理档案，特别要加强对新上项目的立项评估和审查，杜绝低水平重复开发建设。

③研究制定鼓励信息资源共享和保护信息拥有者权益以及保护隐私等办法或法规。

④加强培训教育，增强信息价值观念，提高参与信息共享的自觉性。

⑤要有计划地开发利用信息资源，建立完整可靠的数据库。数据库建设要认真解决数据的获取渠道和手段，保证数据来源的可取性和有效性；信息系统的开发要充分体现系统服务的目标，既要真正解决行业急需，又要考虑与相关系统的关联，有利于进一步集成。

（3）加强网络安全管理，建立安全保障体系

信息化发展中的信息和网络安全问题已经越来越重要，引起了广泛的重视。一方面，对于企业和用户来说，网络经济的发展，电子商务的进步，都要求有一个安全稳定的网络环境和信息保障体系；另一方面，对于政府来说，随着信息交流和共享的扩大，政府向企业提供信息引导和向社会提供信息服务的深化，政府中计算机和网络的普及，信息网络安全保密问题的危害和负面影响已经引起各级领导、管理部门和广大职工的普遍重视，安全观念不断增强。因此，采取有效的保密措施以及制定相应的管理政策和规定是十分必要的，可以开展如下工作：

①加强信息和网络安全教育和专职管理人员的培训。可采用网络宣传、普及读物等方式，增强信息安全的知识普及，让广大用户了解到信息保密的重要性；举办专职管理人员管理知识和信息技术培训，让企业和政府部门中的管理人员有一定的技术基础。

②加强信息和网络安全管理力度。信息安全技术的水平是加强监督、加强管理的技术基础，我国在这方面已经达到国际领先水平，为信息技术管理的安全有效提供了基本保障。

③安全管理的内容要法制化、制度化。国家关于信息安全、计算机和网络安全的法律法规正在不断完善；交通运输部机关要与地方交通管理部门做好协调工作，统一制定各级相关规章、办法等，要制定信息安全设施建设计划，按进度保质保量地完成；加强依法执行安全管理的力度。

④企业和政府部门的网络系统建设，要严格遵照国家的有关规定，确保网络安全，要求各部门除了要遵守国家制定的法规以外，还要制定严格的、可操作的计算机操作和网上作业程序，并形成制度。

（4）运用先进技术，加快管理进程

政府信息化已经有了很大的发展，各级地方交通部门已经实现了计算机辅助办公。随着国际贸易、国际物流的迅速发展，公路、水路交通运输市场对外开放程度扩大，为适应今后交通运输行业进一步全球化、市场化的需求，应尽快解决信息化发展速度和质量的深层次问题，特别是涉及到政府管理职能转变、管理制度改革。

辅助决策管理的知识和能力还有待进一步提高。应努力实现对运输业务信息的有效开发利用，用信息技术支持政府工作人员有效处理海量业务数据，从而大幅度节省时间和空间，并在系统应用中创建新的信息，与我国的大力推进交通运输领域的信息化进程和大力发展信息技术的国民经济目标相适应。

为使道路运输行业政务信息化跨上一个新的台阶，指导交通运输信息化的发展，要优先建设管理信息系统：一是以道路运政信息网络为龙头的全国公路管理信息网络工程，逐步扩展到公路工程建设、公路路政等管理信息网络并实现互联；二是政府上网工程，完善交通科技信息网。

（5）加快企业信息化建设，增强行业国际竞争实力

道路运输业要有效地融入国际物流市场，成为具有全球竞争力的现代运输业，就必须在推进现有道路运输企业的信息化发展中，加快现代企业管理、经营和技术应用的引入和实施。对暂不具备条件的企业和部门，要加快信息基础设施建设和相应劳动组织的改革。

我国道路运输企业信息化起步较晚，基础差，底子薄。随着道路运输市场货物配载中心、快速货运网络和第三方物流企业的迅速发展，道路运输信息化、网络化要在中外共同竞争的市场环境下发展。运输企业在实现结构调整、规模化的基础上，走信息化发展的捷径。在这种情况下，要采取以下有效措施来引导企业高效正确的发展。

①把加快运输企业信息化正式纳入道路运输信息化规划，明确发展方向、目标和重点任务。

②加强政府对企业信息化的引导和协调，指导企业做好信息资源规划和网络规划，帮助它们协调解决部门间的问题。

③对于企业内主要信息系统的开发和行业大型的信息服务系统建设，要与政府主导的信息系统（如道路运政系统）建设有效协调，对共享的信息和信息的有效流动，做有效地组织、开发，避免重复建设和浪费。

④要加大对企业信息系统建设成果的交流与推广。政府应出面组织大型国际性学术和技术交流活动，如现代物流、电子商务和专业性强的信息技术和产品等。

（6）加速信息技术产业化，推进跨越式发展

各种高新技术在道路运输行业具有广阔的应用前景。道路运输技术进步的基本特点在于广泛应用和推广信息技术、网络技术和自动控制技术，并在关键领域实现创新，将新产品、新技术扩展到全行业，形成运输业发展的主导技术或产品。确定公路、水路交通领域信息技术开发和应用的重点技术和重点领域，较全面地推动行业在规划、建设、运输、管理等

方面大幅度提高效率和质量，有利于行业结构优化和升级。为发展智能运输、现代物流和实现运输电子商务运作构筑技术基础、培养专门人才。

第三节　道路运输信息系统的主要实体

道路运输涉及的实体对象主要是托运人或旅客、运输经营者、运输行政管理者、运输货物、运输车辆、运输线路、运输场站等。托运人或旅客、运输经营者、运输行政管理者是道路运输的主观主体对象，运输货物、运输车辆、运输线路和运输场站是道路运输的客观主体对象。主观主体对象需要对客观主体对象进行有效的组织与管理，如运输经营者对运输车辆和运输线路的管理。同时主观主体对象之间也存在管理问题，如运输经营者对旅客的管理，运输行政管理者对运输经营者的管理等。如果引入举报、投诉和监督机制，托运人或旅客对运输经营者有监督需要，运输经营者对运输行政管理者也有监督的需要。各个主体之间构成了相互联系、相互交叉的关系，见图 6-1 所示。

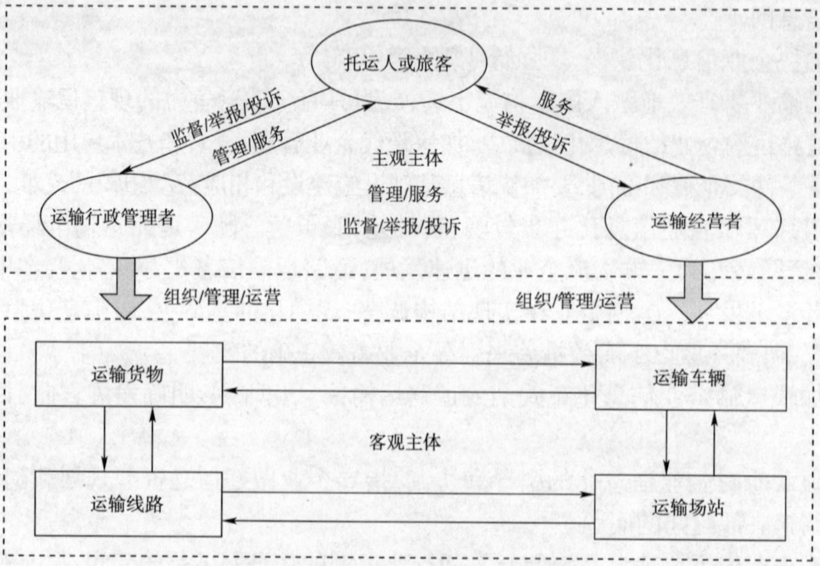

图 6-1　道路运输信息系统的主要实体

图 6-1 显示，主观主体构成一个整体圈，客观主体对象构成一个整体圈，主观主体对客观主体是单向关系，主观主体之间的关系是双向的。

关系在现实当中基本上表现为管理制度、方法和规定。一个好的管理系统意味着体现各种关系的管理制度、方法和规定是科学高效的。在此基础上，一个好的信息化系统意味着通过各种信息技术手段能够使这些管理制度、方法和规定实现信息化。道路运输信息系统也是这样一个规律和特征。

了解和掌握主体与客体的性质和关系，对于信息系统总体结构的设计具有重要的作用，能够明晰信息系统的主要组成部分，以及这些部分之间的关系，同时在信息系统开发过

程中有利于从业务功能的角度明确业务职能和业务流程，确保信息系统整体结构的全面性和完整性，使系统的理念能够得到实现。、

第四节 道路运输信息化的基本问题

我国道路运输信息化工作经过几十年的建设和发展，已经取得了显著地成绩和成效，促进了行业管理和企业运营水平的提高。不过，从信息系统建设和运作的客观要求出发，有一些基本的问题和环节还需要分析和研究。

一、对已有信息系统的改造和完善分析

我国道路运输行业信息化建设工作已经全面展开，行业管理信息系统开发和应用取得了一定的成效，部分省市信息化工作进展迅速，资金投入较大，基础设施、系统硬件和应用软件的建设成效非常明显和突出，业务应用系统已经在行业管理工作中发挥着巨大作用。

对于各省市已经有效运行的系统，应当采取优化升级的指导思想，对现有业务管理系统进行完善，并重点解决三个问题：一是数据信息的唯一性标识全国标准化（人、车、户）；二是新增业务职能的设计和开发；三是对现有行业管理业务处理流程的优化再造以及开发需要业务协同管理的功能模块。这种避免重新设计的策略可以充分利用已有的资源，减小投入，在继承的条件下寻求发展，符合可持续发展的科学发展观，最大化地提高信息化的投入产出效益。

对于企业信息管理系统，需要根据运输市场的要求和变化进行不断地改造和更新，增加业务功能和数据处理能力，同时还要建设和完善与行业管理部门的信息共享机制。

二、新开发信息系统的分析

我国部分省市由于经济发展等多方面因素的影响，道路运输行业信息化管理工作仍处于起步阶段。交通运输部应当要求这些省份采取开展顶层设计的指导思想，实现整体性和全局性的设计目标，保证数据格式的规范性，业务处理和流程的一致性和协调性，有效地解决道路运输行业部、省、市之间的业务协同和信息共享问题，为大区域的行业管理奠定基础。

操作策略上可以选择合适的对象进行系统性的顶层设计工作，并作为新系统开发的模板，在全国处于新开发阶段的省市范围进行推广和应用。交通运输部在建设过程中给予指导和必要的扶持。

同时应当解决好已有信息系统与新开发信息系统的关系。已有的信息系统应当留有接口，以便和新系统进行数据和功能对接。新开发的信息系统应当主动与已有信息系统进

行对接，寻求信息共享和业务协同。

三、道路运输管理部门与其他社会管理部门的协调问题分析

随着国民经济的快速发展，一些道路运输活动已经不是交通运输部一家能够管理的。如道路交通安全问题，涉及到公安交通管理部门和技术安全监督管理部门。此外，道路运输行业一些管理活动也需要社会其他管理部门的协调与配合，如治理超限超载、突发事件应急保障等。在与其他社会管理部门的业务协同方面，目前最突出的问题是信息资源的共享，其次才是业务协同问题。

数据信息的不一致性和不及时性导致了各个管理主体之间出现信息不对称现象。信息不对称必然产生决策的相互矛盾，即某个社会管理主体做出的判断和决策可能与其他社会管理主体的判断和决策出现冲突，产生扯皮现象。在这种情况下，政府管理的效能和公信力必然受到损害。

针对上述问题，道路运输行业信息化建设首先需要解决的是数据共享问题。由于各部门的信息系统均是建立在某个特定的数据库技术之上，因此技术手段解决数据共享的障碍应该是不存在的，最大的障碍来自于管理体制和管理理念等方面。

与公安交通管理部门的合作，首先是车辆信息的共享，包括基本信息和车辆运行动态信息（如违章信息等）。公安交通管理部门掌握着机动车基本信息和交通违章信息，道路运输管理部门掌握营业性运输车辆基本信息和部分运行动态信息（如审验信息和运行信息），彼此之间都存在对对方信息的需求。但目前这种需求还没有达到非常迫切的程度，因此信息共享的相关工作没有实质性开展。从今后发展的趋势看，应当将这项工作列入计划，给予重视并逐步开展有关工作。

与安全技术监督部门的数据共享，主要体现在运输生产设备以及车辆检测等环节，涉及设备质量认证和安全事故认定等方面。从数据共享的性质来看主要以静态信息为主，即目前主要的业务数据内容，动态数据需求比较少。因此未来双方的信息共享合作工作应当以现有的业务合作为数据共享的主要依据和基础，可以采用协议的或其他形式促使双方数据共享合作逐渐步入制度化和规范化。

除了公安及安全技术监督部门外，道路运输管理部门与社会其他管理部门之间也存在一些信息共享问题，如统计部门、气象部门等。但从数据交换的需求看，运输管理部门提供的数据较多，对对方数据的需求相对较少，供多需少的特点使得数据共享的工作比较容易开展。未来的工作重点应当解决数据共享的制度和技术问题，以使数据交流更加准确和流畅。

四、道路运输行业部、省、市级之间业务协同问题分析

1. 业务协同与数据融合的方法

道路运输行业部、省、市级之间存在着业务协同问题。并因而引发出数据融合问题。业务处理涉及到数据处理问题，对于业务协同和数据融合的解决方法，主要存在两种工作思路，即集中式管理思路和分散式管理思路。

（1）集中式管理思路

集中式管理思路，主要是数据的集中，即建立集中并统一管理的数据中心，所有的业务处理全部针对数据中心进行，本地或异地对数据的处理请求在技术上可以采用C/S或B/S方式实现。

集中式管理思路的优势是数据信息高度统一、规范化程度高、统一管理方便，特别是异地之间的信息交流障碍小，同时动态信息的及时性非常好，对行业管理业务工作起到重要作用。由于数据高度集中，实际应用中对网络通信的服务能力要求非常高，网络通信的带宽、通信质量和安全等问题必然直接影响到运输管理业务的开展。

近年来，随着网络通信技术的不断发展和完善，通信服务能力得到了极大的改善，以光纤为主要通信介质的网络信息系统在道路交通运输行业得到了广泛的应用，使得集中式管理思路在地市级数据中心和省级数据中心的建设中得以实现。许多省市均建立了集中统一的数据中心，运行效果良好。

（2）分散式管理思路

分散式管理思路，主要是将数据分散到若干个数据节点，每个节点主要存储和处理本节点的数据，形成本地数据库资源。由于大多数业务主要访问本地数据库，因此对网络通信的要求相对较低，只要局域网内部保持通信畅通就可以满足绝大多数业务处理的需要。

分散式管理思路主要适合于本地业务量处理占主要份额的情况。当异地之间需要数据信息交流时，访问数量将增加，最佳的方法是对数据进行融合，改为集中式管理方法，以提高效率。

目前，由于网络通信技术的快速发展，云计算技术的出现，使得分散式管理思路有了新的生命力和发展契机。特别是在大区域管理模式方面，过于集中式的管理思路存在许多问题，表现在建设资金、硬件能力、管理权限、数据刷新、访问能力、安全管理等方面。因此分散式管理思路在许多行业管理应用中得到了体现。

（3）道路运输行业的应用策略

根据以上分析，集中式管理和分散式管理各有长短，过度的集中或过度的分散都是不可取的。因此，结合道路运输行业管理的发展现状和趋势，大区域管理已经是主流管理模式。从实际情况看，地市域和省域已经成为管理工作的重点。经济发达地区省域之间的数据信息交流日益频繁，数据中心以地市级和省级数据中心为主，县级数据中心应当逐步取消。国家级数据中心目前可以根据业务需要以项目的形式进行建设和开发，比如联网联控的实施。其特点是针对性强，工作内容和数据具体，实施条件相对容易。类似这样的工作都可以从交通运输部等国家级层面进行数据的集中式管理。但对于日常常规性的业务处理数据，目前来看采用国家级数据中心还不是最好的方案。

2. 业务协同与数据融合的主要模式

解决部、省、市级之间业务协同和数据融合问题可以采用云计算技术的实现方案。就目前我国道路运输行业的信息化水平来说，建立道路运输云数据中心应该是可行的。

首先，在基础设施方面，大部分省、市、县的行业信息化中都有独立的服务器，甚至好多省市购买了TB级的存储系统。这些强大的服务器系统为数据中心的硬件架设提供了可能。

其次，在网络资源方面，现在几乎所有的省、市级道路运输管理局（处）都拥有百兆光纤宽带，相对充足的网络带宽资源能够得到保证。

最后，各省、市运管局（处）都有一套独立的运政业务管理信息系统，能很好地完成管理系统和表现层应实现的功能。

现在关键问题是如何把这些单个的数据中心连接起来组成一个云计算中心。建设方案可以按照如下步骤进行：

第一，建立一个统一的全局性道路运输管理信息系统，由多个道路运输计算数据中心组成云计算中心。其基础架构比较复杂，需要由多个已经具备了云计算模式的单个数据中心所组成。也就是说，其资源池是一个云数据中心级的资源池。同时在这个资源池之上，还要具备全局表现层。最终用户通过全局表现层，进而访问到内部的多个数据中心。全局表现层需要根据用户访问压力的大小，甚至基于用户访问的特点，把访问量发布到不同的数据中心，然后全局管理系统就会把更多的资源分配到相应的数据中心，如计算资源、网络资源等，从而实现最快的访问。

第二，将各省、市运管局（处）已有的数据中心进行有效集成并部署成云数据中心，可考虑分三个步骤完成。第一步，各个运管局（处）把原有的固化数据中心改造为适合云计算的单独数据中心，称之为云节点；第二步，建设一个道路运输全局管理系统，把多个云节点联系到一点，作为道路运输系统内部的私有云，仅为道路运输系统内部服务；第三步，各运管局（处）根据自己的发展状况和发展特点，租用其他公用云设施，组合成混合云的道路运输数据平台。

五、行业管理机构内部各职能部门之间业务协同问题分析

从道路运输行业管理机构的工作内容看，有些业务需要各个职能部门的相互协调和配合才能够完成，如安全生产管理、节能减排、应急保障等。目前的行业管理信息系统基本上没有针对业务协同问题进行功能模块的开发，绝大部分功能主要集中在本部门的主要业务职能方面。从行业管理发展趋势和需求分析，行业管理机构内各职能部门的业务协同将越来越普遍，逐渐成为基本的管理工作内容，因此各级道路运输行业管理机构的信息管理系统应当将部门之间业务协同的功能开发作为信息化建设的重要工作内容。

一个机构内部各职能部门之间的业务协同相对整个行业各级之间的协同要简单和容易，主要原因是机构可以成为一个基本点，采用集中式的管理模式更加方便和高效。数据库采用集中式管理能够有效解决信息共享问题，只要把握好数据的录入/修改权限设置问题。浏览/读取数据权限可以根据管理工作的需要进行设置，就可有效解决业务协同中数据共享的问题。业务流程的设置重点是解决好每个环节业务主体问题，以及整个业务流程监控机制问题。明确业务主体实质上是确定每个管理主体需要工作的内容，落实业务处理的责任。整个业务流程的监控机制非常重要，它是保证业务协同工作能够按时按量完成的唯一手段，在人工管理的方法中通常是通过某个职能部门负责，并通过上一级主管领导进行协调沟通实现的。在信息系统的开发中仍然可以按照这个思路。其中，可以采用信息系

统强制的时间等约束手段代替上级领导的协调作用，即业务处理到达每个部门都有时间和内容等方面的要求，这样才能使多个业务部门的业务协同工作按时按量完成。

六、行业管理信息系统与企业信息系统协调问题分析

道路运输行业管理信息系统与运输企业信息系统存在着数据共享和业务协同问题。两者之间的信息沟通，一方面能满足运输企业对行业管理部门相关管理法规和政策的需求，体现出政府管理部门良好的服务职责；另一方面，行业管理部门通过对运输企业信息的统计分析，能够有效地实施行业监管。

从道路运输行业管理信息系统看，除了内部管理业务外，许多信息资源和业务受理都应当通过信息技术手段向运输企业和社会开放（相关内容见应用架构部分）。

从运输企业信息系统看，各个企业信息系统的结构和功能各不相同，信息的格式和内容也存在差异。有行业管理部门指导的信息系统数据共享问题比较容易解决，只要在企业管理信息系统中增加与行业管理部门信息系统联系的功能模块，根据要求上报数据资料即可。企业独立自行开发的信息系统数据共享的难度大一些，可行的方法是政府行业管理部门提出规范化的数据格式和内容，要求这类企业开发数据生成模块，产生准确的数据，通过通信技术实现数据共享。

在企业信息系统建设中，道路运输行业管理部门应当积极发挥引导和倡导作用，有些方面还应当起主导作用，如汽车站联网售票工作。由于企业信息化过程不仅仅是信息技术的问题，还涉及到管理的体制和机制、多方利益主体的协调、建设资金的筹措等。因此，行业管理部门在处理和协调这些非技术因素中更应发挥积极和重要的作用。

七、未来行业管理业务变化分析

随着我国国民经济和社会的稳步、快速发展，社会对道路运输行业的服务需求也会不断地发生变化，这就意味着未来道路运输行业管理的职能和内容也将不断变化。这些变化必然要求道路运输行业信息管理系统不断修改和完善，对业务功能需要不断调整和扩充，对数据信息需要进行增加和扩展。这项工作将成为未来道路运输行业信息化建设的主要内容之一。

1. 管理体制可能的变化

根据我国国民经济中长期发展规划的目标和任务，我国国民经济将继续保持稳步增长，社会运输需求将持续增加。其中，大区域间的人员流动和货物运输活动越来越频繁，多种运输方式协调的综合运输体系将成为我国交通运输建设的重点，因此运输管理体制上存在着变化的可能。要使综合运输在实际运作中得到真正的体现，多种运输方式的业务协同是重要的运营保障。公路（含道路）与铁路、公路与民航之间必然需要业务层面的协作，新的业务管理职能会不断出现，上述几方面的信息化建设和应用将成为综合运输运行的基础。

2. 管理模式可能的变化

目前,我国道路运输已经形成了部、省、市、县、所（站）的五级管理层次。从未来发展趋势分析,道路运输活动的范围随着国民经济的发展将逐渐扩大,异地执法和业务协同的需求将逐步增多。而目前全国各省的道路运输行业管理信息系统均没有开发这类管理功能模块。大区域管理模式对业务职能产生了新的需求,管理对象更加多样、复杂,需要信息技术的应用解决快速和准确的管理要求。省级之间的业务协同和数据共享是实施大区域管理模式的技术基础和保障。

3. 管理对象可能的变化

国民经济和社会快速发展,将使社会活动和人民生活方式发生巨大变化,主要体现在生活方式和需求多种多样,其中有许多内容都与人们的出行和货物的流动有关,目前能够明显观察到的新现象包括汽车代驾和物联网。

2011 年 5 月 1 日开始,醉酒驾车已经纳入刑法范围,汽车代驾在全国各地逐步兴起。从政府管理的角度看,目前汽车代驾缺乏行业监管。为此,交通运输部应当积极应对,根据监管情况的变化,研究其管理的模式和方法。

我国物联网的应用正处于起步阶段。随着政府和企业的重视程度不断增强,物联网的发展速度将会持续增长。物联网发展的关键在于物联网标准体系建设、物联网设备与标识,以及物联网通信、中间件和安全等。与电话和手机等相类似,物联网的发展也存在"网络效应"现象,即应用规模小时发展速度缓慢,当达到一定规模的临界点后发展速度会遵循"摩尔定律",呈现出倍增现象。未来 5~10 年我国物联网的发展很有可能出现倍增发展的局面。道路运输行业管理部门应当密切关注物联网的发展,在货物运输方面能够有效解决行业管理和监管问题,同时能够丰富行业管理的内容,开展主要货物的流量和流向、货物运输的时间特性、重点货物的监控等管理活动,为制定道路运输规划提供基础性的保障。

可以肯定,随着未来社会需求的不断变化,将持续引发道路运输行业管理新的业务职能不断出现。建议道路运输行业管理部门密切关注社会需求的变化,前瞻性地分析和研究各种需求的特征和规律,及时调整和完善行业管理职能的结构和内容,同步修改行业管理信息系统和增加新的功能模块,更好地履行管理 + 服务的职责。

八、"三网一库"政务信息化发展模式

在道路运输行业中,国家提出了"三网一库"政务信息化发展模式。"三网"的涵义是:内网,即各级交通行政主管部门机关内部的办公业务网;专网,即连接部级和省、地级交通行政主管部门的政务信息交换网,或办公业务资源网,可通过行业网站提供社会服务;外网,即以因特网为依托的公众信息服务网,通过政府网站开展与社会公众信息交换和信息服务。"一库",即分布在三个网上的逻辑库,具体为:内网上的办理政务业务所需的各种数据库（专用业务系统数据库和基础数据库群等）,专网上的可为交通行业政务业务提供共享的数据库或为各种资源网建立的专业管理数据库,外网上的政府服务社会的各种公用信息数据库。

第五节　道路运输信息化顶层设计

道路运输信息化顶层设计从业务和技术两个方面出发,综合应用归纳、分析、演绎、聚类的方法,以求能更加全面、更多角度得到分析结果。其中主要包括四个环节:总体分析、信息资源规划、技术架构与基础保障环境规划(包括信息化现状分析)、总体实施方案设计。

一、总体分析

总体分析是从全局出发,站在信息化总体规划的高度,对机构业务的总体情况进行分析。通过总体分析,使我们能够按照信息工程方法重新认识机构的本质,系统地、概括地把握机构的功能。

总体分析过程有两条线:一是整体业务调研,即对机构业务进行全面梳理,调研并整理各部门的职责和主要业务,并对重点部门主线业务进行分析,分析部门职责、业务过程、业务活动,确定主线业务内容,建立机构的整体业务模型(此模型反映了机构的主要业务以及业务之间的关系)。而后进一步分析各类业务的关联关系,根据业务活动关联和数据关联的紧密程度将机构职能划分为若干个职能域,界定每个职能域的管理目标、涵盖的功能和边界,以及与当前机构中各部门的覆盖关系,建立职能域模型。二是管理模式分析,即根据机构岗位设置和业务特征,从多个维度对用户进行分类,在用户分类的基础上将具有相同属性用户集合划分为不同的角色,建立机构的用户模型。同时从机构的管理结构出发,明确用户权限的授予过程,建立授权模型。

总体分析的成果是整体业务模型、职能域划分、用户模型和授权模型。整体业务模型和职能域划分将明确信息资源规划的范围或边界,为各职能域进行进一步的业务分析奠定基础,指导各职能域建立业务模型、功能模型。用户模型、授权模型将会指导各职能域用户权限模型的生成,指导应用系统的设计与开发。

二、划分职能域和业务分析

信息资源规划首先要明确某职能域对应的业务部门和业务科室,确定该职能域的业务范围,对该职能域内各部门和机构的职能做出说明,然后对职能域内各部门之间的业务关系进行分析。在上述基础上,对该职能域涵盖的职责说明进行归类和分析,归纳出职能域的业务大类,描述业务大类相互之间的逻辑关系,形成职能域业务模型。在以上工作之后,对职能域内的业务大类进一步分解,用“业务大类－业务过程－业务活动”三层结构表达完整的业务功能结构,并分析业务活动的参与人员、活动内容和活动时序。对可信息化的业务活动(或业务过程)进行信息流分析,分析业务活动(或业务过程)、参与部门(或人员)、信息三者之间的关系。最后,对分析结果汇总和归类,形成职能域的功能模型、数据模型和权限模型。

信息资源规划的成果是职能域的业务模型、功能模型、数据模型和权限模型。其中,职能域功能模型是信息系统设计时系统功能边界划分和系统需求分析和设计的基础；职能域数据模型是职能域主题数据库和业务系统库数据结构设计基础,也是设计全域数据模型的基础；职能域权限模型是系统角色设置和用户角色授权的基础。

三、技术架构与基础保障环境规划

技术架构与基础保障环境规划包括软件架构设计、应用系统架构设计、数据架构设计、安全架构设计、基础设施规划五部分内容。它不仅依赖于信息化规划、信息化现状分析,还受前述宏观信息资源规划结果的影响。

应用架构设计规划全局信息系统各子系统或模块之间的关联架构,公共服务平台的构建方式,以及各功能服务之间的调用方式,是顶层设计的主要和核心内容之一。

1. 应用架构的内涵和设计要求

（1）应用架构的内涵

应用架构（Application Architecture）是道路运输信息化顶层设计中的一个重要层面,主要关注于应用系统的设计。应用架构是在业务架构和数据架构确定后,根据业务架构确定的具体业务需求,考虑信息应用的规则以及数据架构中确定的主题数据库,重点分析业务线和主题数据库之间的逻辑关系,将业务线分组、归并,形成应用系统类。

道路运输信息化顶层应用架构可有效组织管理业务和数据,从而为业务目标服务,旨在提高全国道路运输行业管理和服务能力。道路运输顶层应用架构围绕业务发展目标,根据业务架构的需求,确定应用发展方向和应用系统类,确保道路运输信息化建设应用与行业管理发展目标和中心任务相一致,增强信息化对行业管理的支撑服务能力。

应用架构设计是顶层设计需求分析和实现的中间桥梁。道路运输信息化顶层应用架构不是孤立的,必须紧密依赖于道路运输业务架构和数据架构。业务架构驱动应用架构,以体现流程驱动 IT 系统。同时,数据架构支撑应用架构,它们之间形成紧密的逻辑相关关系。道路运输信息化顶层应用架构的设计,也正是在业务架构和数据架构的基础上进行的。

（2）应用架构的设计要求

应用架构设计的目标源于道路运输中的核心问题,即从逻辑的纵向抽象层次,解析业务链和信息流,梳理行业内外系统之间的关联关系。因此,应用系统设计的目标是能够清楚展示道路运输业务链和相关信息的流向。应用系统的各个子系统必须符合业务架构的运作要求,能够完全实现业务流程的工作需求。应用架构的设计原则有以下几点：

①组件化。组件化也即模块化,即道路运输管理信息化顶层应用系统的设计应该按照系统论的思想,按照自顶向下的方法,将整个应用系统分解为若干个子模块。子模块尽量相互独立,减少耦合性。各子模块之间依赖应用接口进行信息的传递和交互。

②平台化。应用架构可分为两个内容,即应用程序和基础设施。应用程序处理业务问

题，而基础设施处理技术问题。因此，需要将应用架构从业务和技术两个方面进行平台化设计。

③完备性。应用架构的设计源于业务系统的架构，是业务功能在应用层面的集中体现。因此，应用架构必须囊括业务系统的全部业务功能，即必须具备完备性。从业务架构的角度看，业务职能是随着社会需求而变化的，新的社会需求就会产生新的业务管理职能，业务架构的体系和内容也会不断调整。合理的业务架构设计能够保证体系架构在较长的时间范围内不发生变化，体系内容可以变动。

2. 应用架构与业务架构的关系

业务架构从职能的角度出发，建立了总体的业务需求，为构建应用架构奠定了基础。应用架构在业务架构的基础上，从满足业务需求的角度出发，结合业务中产生、控制和使用数据的要求，确定实现业务需求所需要的应用系统类。从业务架构到数据架构再到应用架构的过程，是从业务需求，即需要解决的问题架构导出解答问题架构的过程。

应用架构与业务架构有着密不可分的关系。总的来说，业务架构驱动应用架构，是业务驱动 IT 的集中体现；而应用架构是业务职能的集中体现，为业务架构向实际应用提供了转化的桥梁。

道路运输行业管理的业务包括道路旅客运输（班线客运、旅游客运、农村客运、城市公交、城市出租）管理与服务、道路货物运输（普通货物、危险货物、物流服务）管理与服务、机动车维修和检测管理与服务、机动车驾驶员培训管理与服务、运输站场（客运站场、货运站场）管理与服务、汽车租赁管理与服务、货运代理管理与服务、国际运输管理与服务、轨道交通管理与服务、源头治超、安全监管、运政稽查、公共服务、辅助决策等 14 个模块。

根据道路运输业务的 14 个主要职能，通过重点分析业务线和相应主题数据库之间的逻辑关系，将业务线进行分组和归并，建立业务架构与应用架构之间的映射关系，形成应用系统类。按照业务构架蓝图可以将应用架构切分为核心基本业务应用、综合业务应用（综合管理与综合服务应用）和企业应用等三类，如图 6-2 所示。

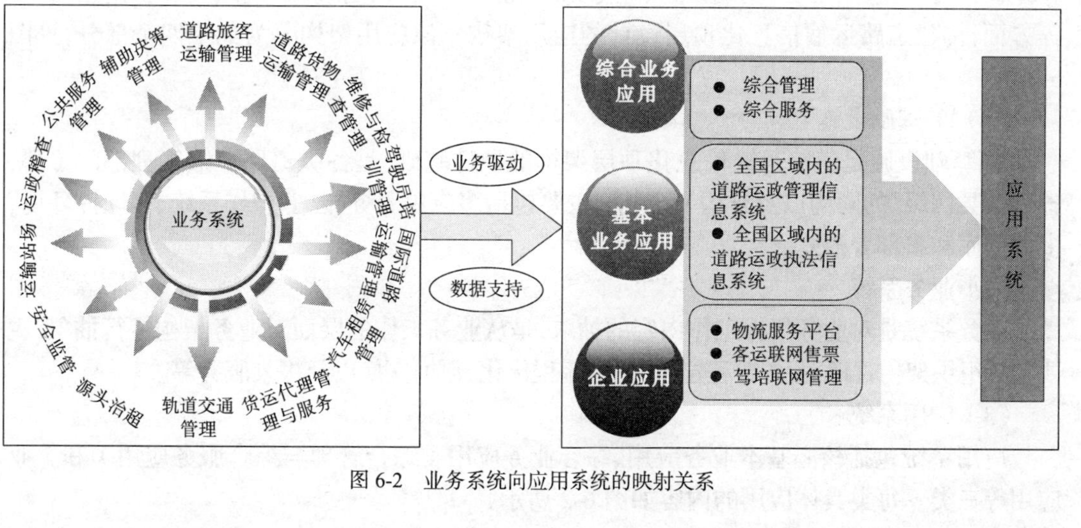

图 6-2　业务系统向应用系统的映射关系

（1）基本业务应用

基本业务应用主要解决国家法律法规赋予道路运输行业管理部门的职责履行问题，涉及行政许可、市场监管和执法等。信息应用系统包括全国区域内的道路运政管理信息系统、全国区域内的道路运政执法信息系统。

（2）综合业务应用

综合业务应用包括综合管理和综合服务两类。综合管理类具体包括综合运输系统信息管理平台、道路旅客和货物运输运行监测与分析平台、道路运输安全监管与应急处置平台、全国道路运输信用信息管理系统等；综合服务类包括道路运输公众信息服务平台、政府门户网站等。

以上各种应用平台都可以根据管理工作需要包含不同功能特点的子系统。例如，道路运输安全监管与应急处置平台中可以包括营运车辆联网联控系统、危险货物运输安全监管系统、道路客运枢纽联网监控系统等。

道路旅客和货物运输运行监测与分析平台中可以包括道路运输车辆燃料消耗量检测和监督管理系统、道路运输统计系统、道路客运信息直报系统、重点联系企业直报系统、道路运输经济运行分析系统等。

道路运输信息服务平台包括政务服务系统、网上许可受理系统、客运出行信息服务系统、身份验证及信用信息查询系统、出租汽车公众服务系统、车辆救援服务网络等。

（3）企业应用

企业应用包括城市公交 IC 卡跨区域应用、交通物流公共信息平台、客运联网售票 系统和电子客票系统、公交调度运营管理、城市出租调度运营管理、综合客运枢纽管理、驾培联网管理等和物联网运营管理系统等。

3. 道路运输信息化顶层设计应用架构

根据业务系统向应用系统的映射关系，可将应用架构分为基本业务应用、综合业务应用（综合管理与综合服务应用）和企业应用等三类。

在此基础上，结合 IT 基础设施、业务系统、访问环境（包括多访问通道和多角色门户）等方面，构建道路运输信息化顶层设计的应用架构。该应用架构分为如下四个部分，见图 6-3。

（1）IT 基础设施

IT 基础设施是道路运输信息化顶层架构的硬件基础，是各级道路运输管理部门（部、省、市、县四级）的同构以及异构 IT 环境，主要包括多应用服务器、多操作系统、多硬件环境、多数据库和多部署模式。

（2）业务系统

业务系统是对业务架构工作内容的抽取，是从业务工作的层面对业务架构进行抽象，主要包括组织架构管理、业务流程建模、业务流程优化、数据交换以及报表服务等。

（3）应用系统

应用系统包括核心基本业务应用、综合业务应用（综合管理与综合服务应用）和企业应用等三类。每类具体应用的内容如图 6-2 所示。

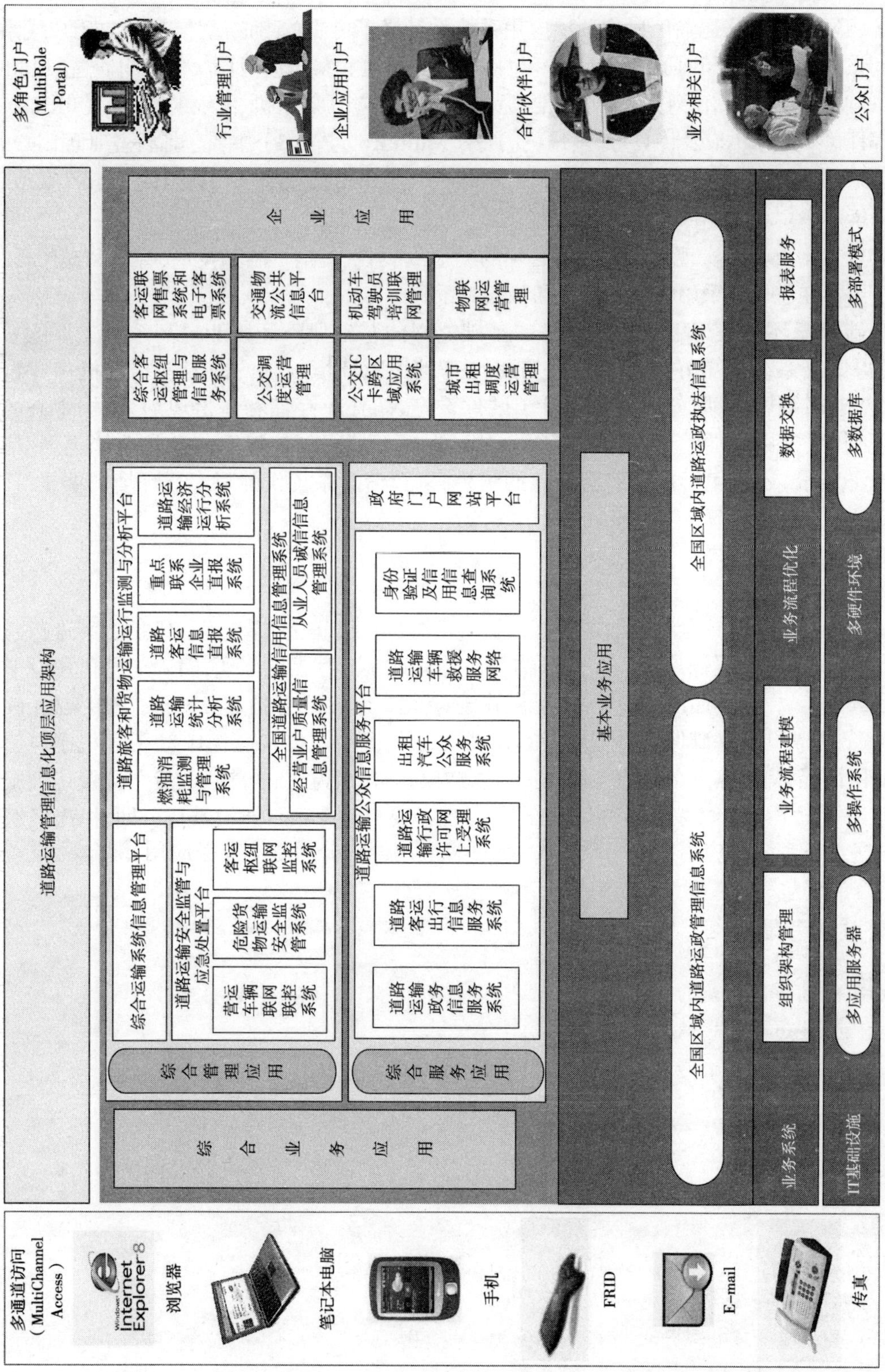

图6-3 道路运输信息化顶层应用架构

（4）访问环境

访问环境是道路运输信息化顶层应用系统设计必不可少的组成部分，是外界用户或系统访问该系统的入口和通道。访问环境包括多访问通道和多角色门户。多访问通道（Multi Channel Access）包括IE浏览器（或其他浏览器）、笔记本电脑、手机、无线射频识别（FRID）、电子邮件（E-mail）以及传真等；多角色门户（Multi Role Portal）主要包括行业管理门户、企业应用门户、合作伙伴门户（含技术支持单位）、业务相关门户（包括公安、交警、安检、物价等部门）以及公众门户（向公众提供服务的窗口）等。

安全架构设计是实现信息安全所必须的功能或服务、安全机制和技术、管理和操作，以及这些因素在整个体系中的合理部署和相互关系。

基础保障环境是为用户提供服务的基础。好的基础保障环境能提高系统支撑的效率，使得信息系统能更好地满足业务需求。基础保障环境规划的内容包括：机房建设规划、基础网络规划、服务器架构设计（硬件选型、拓扑）、存储和备份规划、数据中心的节能规划、数据中心的整合和虚拟化等。基础保障环境规划依赖于信息化总体规划、信息化业务需求，还依赖于技术架构设计的结果，以及信息系统设计对运行环境的要求。

四、实施方案设计

总体解决方案设计是综合前述规划，对系统建设方案、实施方案、运行维护方案进行总体设计，形成整体建设路线图。它主要结合信息化现状与存在的问题，明确信息化建设下一阶段的内容，根据顶层设计前面的成果，确定总体技术方案，包括业务架构、应用架构、软件架构、数据架构与基础保障环境规划的方案。此外，还要根据机构现有IT治理机制与信息化队伍情况，提出信息系统建设模式（如外购模式、自建模式、合作模式等），以及运维服务体系建设方案与组织保障体系建设方案。最后，要对整个项目建设进行分期，提出经费概算与进度计划安排。

复习思考题

6.1 简述道路运输的概念。

6.2 简述道路运输的技术经济特点。

6.3 阐述道路运输行业信息化规划的措施和内容。

6.4 阐述信息化顶层设计的主要内容。

第七章
道路运输电子政务

道路运输行政管理是对道路运输业的各种经济活动所进行的计划、组织、指导、协调、监督和服务工作的总称。本章主要对道路运输行政管理的内涵、运行机制、特点和作用进行介绍，阐述道路运输电子政务的概念和内涵，并介绍相应的实施思路和主要措施。

学习目标

◎掌握道路运输行政管理的概念和内涵。

◎掌握道路运输行政管理的运行机制。

◎掌握道路运输电子政务的内容和任务。

◎掌握道路运输电子政务的实施思路和措施。

关键术语

01. 道路运输行政管理　　02. 电子政务　　03. 运政管理运行机制

04. 业务架构　　05. 应用架构　　06. 数据库系统

第一节　道路运输行政管理

一、我国道路运输行政管理的体制结构

1. 道路运输行政管理

道路运输行政管理，也称道路运输行政，就是由县级以上地方人民政府交通主管部门负责领导，县级以上道路运输管理机构负责具体实施，为实现国家当时的中心工作目标，有效履行政府行政管理职能，对道路运输业的各种经济活动所进行的计划、组织、指导、协调、监督和服务工作的总称。在这个定义中，对道路运输行政的主体、客体和运输行政管理工作的主要内容都有一定的表达。

（1）道路运输行政管理主体

交通运输行政管理的主体是各级政府的交通主管机关及其下属的交通运输管理机构。

根据2012年11月9日中华人民共和国国务院令第628号公布的《中华人民共和国道路运输条例》(2012年修正本)第七条规定:“国务院交通主管部门主管全国道路运输管理工作。县级以上地方人民政府交通主管部门负责组织领导本行政区域的道路运输管理工作。县级以上道路运输管理机构负责具体实施道路运输管理工作。”具体说,就是中华人民共和国交通运输部主管全国道路运输管理工作;各省、自治区、直辖市人民政府的交通运输厅(委、局)、各地级市一级政府交通运输局(委)和县一级政府的交通运输局负责组织领导本行政区域的道路运输管理工作;县级以上道路运管机构,有省级道路运输管理局、市级道路运输管理处和县级道路运输管理所及其下属运管站,负责具体实施道路运输管理工作。上述政府机关及其下属机构或授权单位,形成了我国道路运输行政管理主体。

(2)道路运输行政管理客体

交通运政管理的对象是道路运输领域中所有从事交通客货运输经营的主体、从事交通运输相关业务经营的主体以及他们从事的经营活动。《中华人民共和国道路运输条例》第二条明确规定了道路运政管理的对象,就是“从事道路运输经营以及道路运输相关业务的,应当遵守本条例。所称交通运输经营包括道路旅客运输经营(以下简称客运经营)和道路货物运输经营(以下简称货运经营);道路运输相关业务包括站(场)经营、机动车维修经营、机动车驾驶员培训”。在具体管理过程中,从事上述经营的主体,包括社会上所有从事道路运输及相关业务活动的单位、组织和个人都是运政管理的对象。

交通运管机关通过运政管理活动和运政执法贯彻落实交通运输行政管理的法律、法规和规章,实现国家的经济发展目标,保证交通运输行业与国民经济的协调发展。至于交通运输行政管理对象的具体范围以及交通运输行政管理的主要内容和任务,后面再做详细的论述。

2. 行政管理体制的含义

经济领域的行政管理就是通过计划、组织、领导、调控等手段,协调可支配的人力、物力、财力等各种资源,在职责范围内履行管理职能实现其优化配置的过程。行政管理活动要顺利、有序地进行,必须科学地界定管理活动的权限,确定管理职能;而管理职权的履行,必须有一系列制度规则作保证,同时还要有一定的人员编制和设置一定的行政机构,这是行政管理活动的物质保证。在行政学中,把由上述硬件的(机构、人员)管理要素和软件的(关于确定管理职能、界定管理权限及制订行政管理活动的制度规则)管理要素组成的综合体,称为行政管理体制。概括起来,行政管理体制就是在管理活动中管理职能的界定、管理权限的划分及管理活动进行的制度体系及由此而决定的人员编制和管理机构设置的形式。

3. 行政管理体制的构成要素

根据行政学原理,行政管理体制由五大要素组成,它们分别是管理职能、管理机构、管理人员、管理规则和运行机制。从这些要素存在的形态来看,管理机构和管理人员是实体要素,是行政管理体制得以运行的物质形式;而管理职能、管理规则和运行机制是体制的软件,是无形要素,维持行政管理主体的运作,以求达到预定的管理目标。交通运输管理体制与所有行政机构一样,也是由这五种要素构成的。

(1)行政管理职能

行政机构的管理职能,是根据国家法律法规赋予行政机构的管理行政事务的社会公共职责。从职能的过程和作用方式来看,就是行政机构对所辖对象的计划、指导、协调、控制、沟通、监督职能的总和。行政机构的职能十分重要,因为正是行政管理职能决定政府行政机构的规模、结构、形式和管理方式,反映行政机构活动的基本方向、根本任务和所发挥的作用。

科学地认识和确定行政管理职能对行政管理体制改革十分关键。只有在进行行政体制改革过程中,科学地实现行政管理职能的转变,才能取得改革的成功。

(2)行政管理机构

如前所述,行政机构是享有有限行政权力的行政主体,是行政管理活动的具体承担者,是行政管理体制中的骨干要素。

(3)行政管理人员

行政管理人员指在行政机构中占据一定地位,负有一定责任,从事一定行政事务操作的工作人员。行政人员是行政组织的细胞,一切组织的功能最终都要依靠行政人员的努力来实现。因此,行政人员的素质对行政管理的效率和水平起着决定性的作用。如果行政人员素质优秀、训练有素、纪律严明,可以弥补行政机构的不足;相反的,行政人员素质低下、纪律松弛、业务荒疏,则再完善的行政机构,其功能也无法有效发挥。

行政管理人员配备的数量与专业结构,主要取决于每个具体行政机构的职能和权责。一般来说,在专业经济行政管理机构中,既有专业技术强的技术经济业务,也有一般性行政事务工作,更有组织、领导、指挥、协调工作。因此,专业行政机构主要包含三类人员:领导人员、专业技术人员和一般工作人员。不同层次的行政领导人员要按管理岗位确定;专业技术人员要按“按需配备、定岗定员、一专多能”的原则确定;一般行政人员按劳动定额和工作量安排。履行社会公共事务的行政机构,无论属于行政性质或是事业单位,其行政管理人员都要按国家公务员标准录用。

(4)行政管理规则

道路运输管理部门属于专业行政部门,对这类部门而言,行政管理规则主要包括四个方面:其一,有关法律、法规和规章;其二,国家制定的相关政策;其三,行业(产业)专业技术标准与规范;其四,各专业行政管理机构依法制定的工作章程、作业制度等。

(5)行政管理运行机制

行政管理体制是一个由多个实体要素和关系要素构成的有机整体。在其运转过程中,各组成部分之间要发生大量的物质、能量和信息的交换,同时显示出相互之间的联系、作用的方式和规律,这就是行政管理体制的运行机制。归纳起来,它主要包括六种:竞争机制、(合同)约束机制、激励机制、协调机制、反馈机制和监督机制。

关于以上所述的行政管理体制构成要素的相关内容,可以用图 7-1 表示。

总之,行政管理体制的五大要素有机结合,形成一个完整的大系统。各类要素间的相互关系体现在管理活动中各自不同的地位和作用上,体现在彼此之间相互联系、相互配合、相互制约的过程中。在行政管理体制的六个构成要素中,管理职能配置和权责划分是体制设立的基本前提,管理机构是体制存在的物质基础,管理人员是体制运作的动力,管理规则是体制运作的规范依据,运行机制是体制有效运转的保障。

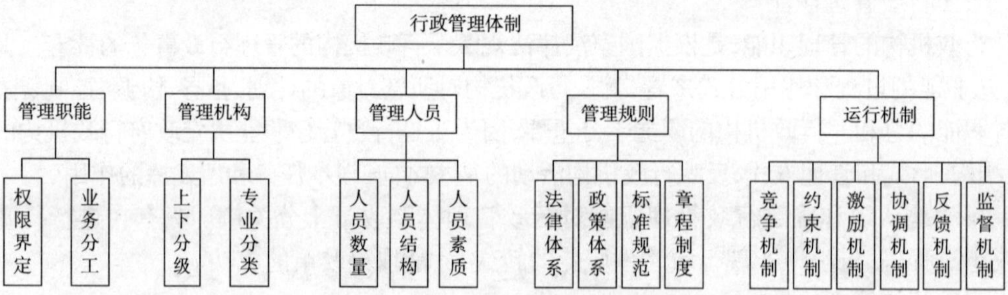

图 7-1 行政管理体制构成要素

4. 我国五级道路运输行政管理机关

我国当前的五级道路运政管理机构是20世纪80年代中期形成的。虽然在形成过程中，各省份之间略有差异，但它能代表我国当前道路运输行政管理的基本模式。这一模式是按我国各级交通主管部门与政府层级相对应的行政级别梯级对口设置的，并按相应级别确定管理职能、管理范围和权责分工。这些运管机构属于各级政府交通主管部门的下设机构，只是有些省份第五层级的运输管理站是县运管所的派出机构，不属于乡（镇）级政府领导，也有些省份的运输管理站属于乡交通管理所领导。在组建时，由于国家财政比较紧张，省级及以下运管机构的经费开支从运输管理费中按规定比例提取。具体结构见图 7-2 所示。

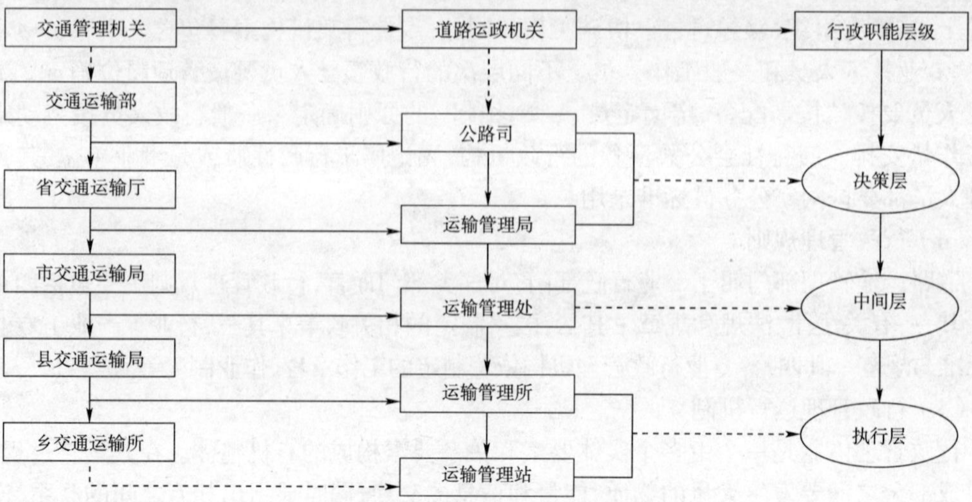

图 7-2 五级道路运输行政管理结构

我国五级道路运政管理体制是“条块”结合的管理模式。所谓“条”，就是从上到下的垂直管理；所谓“块”，就是按照政府行政序列和层次，设置相应的管理机构，并由当地政府负责的管理。行政管理职权可以分为管人、管财（物）和管事三项。垂直管理模式对一个省的道路运政管理而言，就是省运管局对市（地）运管处、县（市）运管所实行人、财、事的垂直管理，即“条条”管理。以层级政府交通主管部门设置相应运输管理机构，如省交通厅设置运管局、市交通局设置运管处、县交通局设置运管所作为其下属机构，并对其人、财、事务实施管理，就是道路运输的“块块”管理。

在我国五级道路运输管理体制中，基本上都是“条块”管理相结合，即一部分权力资源按“条”行使，另一部分权力资源按“块”履行。道路运政“条块”结合管理模式又根据权力资源的划分不同而分为两类：第一类，管人和管财的职责由同级交通主管部门负责，而业务管理由上一级运政管理机关负责，即省级运管局对市级运管处、市级运管处对县级运管所进行业务指导管理。第二类，省级运管机构负责管理市级和县级运管机构的经费（财）、人员计划编制；但人事管理分别由市、县级交通主管部门负责，即省级运管主管财，而地方交通部门管人，业务则由两者共管。

“条块”管理模式存在着一些弊端：由于权力资源分离，形成管理意志和管理方向的分歧，造成政出多门、条块职责交叉、权责不一致的问题，难以形成合力，严重影响了管理效率。

另外，道路运政管理人员的身份不一致，也出现了很多问题。有些主管机关的行政管理人员按国家公务员对待，而另一些运管机关的人员则按事业单位干部对待。由于事业单位的人员管理与公务员管理完全不同，事业单位进人容易，形成很多运管机构人员超编、机构臃肿、干部和工人并存的混乱局面，影响了道路运输管理效率。

二、运政管理的运行机制和内容

1. 道路运输行政管理的运行机制的内容

道路运输行政管理的运行机制归纳起来，主要包括六种：竞争机制、（合同）约束机制、激励机制、协调机制、反馈机制和监督机制。

（1）竞争机制

竞争机制指各种管理机构之间以及管理人员之间相互比较、彼此竞争、优胜劣汰的机制。竞争机制在行政管理资源的优化配置上发挥作用。

（2）约束机制

约束机制指在履行行政管理职能过程中，行政机构与管理对象之间、与社会各阶层之间、与上级行政管理机构之间，通过合同、协议和规定等各种方式所形成的互相约束的机制。

（3）激励机制

激励机制也表现为管理办法，主要指在履行行政职能中，通过制定工作目标、规定奖惩办法，根据各类管理主体的实际工作业绩和考核决定升迁、兑现奖励与惩罚，以刺激管理主体积极性、提高管理效率的机制。

（4）协调机制

行政管理内容丰富、涉及面广，管理主体和客体的层面及种类都很多，因此协调管理是十分必要的。行政管理的协调机制表现的方面主要有：纵向上，上下级管理机构之间的协调；横向上，与其他政府部门之间的协调；行政管理机构内部诸要素之间的协调。在协调机制中，协调要素之间必须注意就目标一致达成共识，以建立部门相互支持为主导的关系，并形成合力；在上级与下级管理机构之间要在分清职责条件下，落实权利与责任，达到政令畅通、运转有序；在管理体制内部，诸要素要实现有机结合，对管理体制外部社会和经济环境要表现出适应能力强。

（5）反馈机制

行政管理机制是一个开放的大系统，由众多的分系统和更细的子系统构成。按照系统工程理论，建立有效的反馈机制，将管理工作中各种资源信息、工作信息、效果信息及外部作用信息及时反映给管理行为主体，由管理主体做出科学灵敏反应并采取正确管理措施，从而实现行政管理体制高效率的工作。

（6）监督机制

监督机制指在行政管理体制中，各个管理主体的自我约束和相互督察的关系。

2. 道路运输行政管理的内容

道路运政管理机关属于国民经济专业管理部门，其基本职能是对交通运输业的发展和业内的经济活动依据法规实施调控、规范和监督管理。运政管理的具体内容是根据国家经济社会发展的总方针、总任务，交通运输业现阶段的管理目标、发展政策，交通运输业自身特点与社会需求决定的。运政管理的具体内容可以归纳如下：

（1）行业发展规划

目前，我国道路运输市场已基本建立。与全国社会主义市场经济一样，我国道路运输市场也应当是“微观由市场调节、宏观由政府控制”。所以，政府对交通运输发展的规划和计划是不能缺少的。在这方面，发达国家的经验是值得参考的。例如，法国政府对交通运输采取指导性计划模式，运输劳务交换由市场组织完成，政府则对整个交通发展的中长期规划进行指导；德国用社会运输市场经济模式，运输微观经济由市场自发调节，运输宏观关系由政府控制，实行“尽可能多的竞争，最必要的计划”。这些基本作法，与我国有一致性。

道路运政管理的统筹规划就是根据行业发展目标，对行业发展的规模、速度、重点、布局及行业结构进行统筹安排，制定近期、中期和长期的发展规划。规划体系包括县、市（地）、省、全国道路运输发展规划的纵向系统和道路运输各分支行业规划的横向系统。规划的种类主要有行业总体规划、行业分类规划和行业管理规划。规划的主要内容有发展战略，长期、中期、短期发展目标，行业内部结构和区域分布结构及实施措施等。

在统筹规划及安排计划过程中，道路运政管理机关应加强综合协调工作，使道路运输发展规划计划与国民经济各部门之间，以及道路运输业内部各组成部分之间保持适当比例和互相协调。道路运政管理机关在做规划计划时，还要注意解决运输需求与供给，各地区、各部门、各种经济成分道路运输经营者，运力布局及支持保障系统，运输投入与产出，社会效益与经济效益等方面的平衡关系。

规划计划的技术操作问题，在管理学、系统工程学等课程中都有详细的讲述，在本书中为了节省篇幅，以保证叙述重点内容，就不再予以赘述。

（2）制定和贯彻方针政策

在运政管理中，制定方针政策是决策层，即中央和省级运政管理机关承担的职能。制定方针政策一定要根据国家关于体制改革和经济发展的总方针、总政策，结合交通运输行业的特点与具体情况进行，以解决交通运输的发展方向和管理政策问题为中心。贯彻实行方针政策是市级、县级和乡级交通运政管理机构的主要职能。运政管理部门需研究制定以下几方面的政策：

①调整道路运输结构政策。道路运输结构调整主要有道路运输组织结构调整、道路运输运力结构调整、道路运输经营结构调整等内容。

②维护客货运输市场和汽车维修市场秩序的政策。

③促进科技进步的政策。

④构建和谐交通运输的相关政策。

（3）制定和贯彻法规规范

每个国家都有一个完整的法规体系，这是一个现代化国家所必需的。从法规体系的产生和构成上来说，如果把整个法规体系喻为“母子法规体系”，就是在母体系中存在着许多“子法规体系”。道路运政法规就是我国母法规体系中的这样一个子法规体系。在道路运政法规体系中，从法规的来源讲，也是多元的。制定法规规范作为运政管理机关的工作，一是部门规章由中央交通主管部门制定，省级行政法规由省级地方人大及其常委会制定，省级地方规章由省级人民政府制定，各级交通主管部门及其领导的运管机构必须承担调查起草的义务；二是交通运输行业的各级各类技术标准、经济标准和作业、工艺规程，主要由中央和省级交通主管部门及其领导的运政管理机关制定，部分则逐步移交中央和省级运输协会以行业规范出台。这些法规规范的贯彻执行工作，主要由市（地）级、县级及其下属运管站承担。

（4）运输活动的组织指挥

这里的组织指挥不是指企业内部运输生产经营活动的组织和指挥，而是对企业和运输业户没有能力解决，也不可能解决的企业间、地区间、部门间、运输各子行业之间需要政府出面协调的运输组织活动。例如，各种不同运输方式之间的联合运输在法规上、商业上、技术上的协调，某些生产环节没有行政管理机关出面是不可能圆满实现的。现代化道路运输，具有社会化大生产的特点，其运输生产过程是一种多工种、多环节的复杂过程，需不同的运输方式互相配合协调完成，为合理组织运输，要求做到运输过程的连续性、平行性、协调性、均衡性，必须对运输过程进行必要的组织和指挥。

（5）做好协调服务工作

由于道路运输涉及面广、工作头绪多，所以协调是运政管理部门的一项重要工作。一是协调运输市场承、托双方的关系，调解纠纷，维护合法权益；二是协调经营者之间的关系，维持运输合理分工，加强站、运配合，调节经营范围，创造平等竞争的经营环境，鼓励合作经营；三是协调地区之间的运输分工与合作，核批跨省、跨区运输，开展直达快速运输，努力实现运输的连接贯通，方便旅客、货主；四是协调好运政管理部门与政府其他行政管理部门的关系，共同完成对道路运输市场的规范管理，避免职责交叉、政出多门、互相掣肘等现象的发生。

（6）运输活动的执法监督

《道路运输条例》赋予县以上各级交通主管部门对道路运管机构实施道路运输管理工作的指导监督责任，规定各级运管机构要提高执法队伍及其工作人员的法治素质和业务素质，并规定运管工作人员上岗前必须接受系统的运管法治和业务培训，经考核合格，方能上岗履行职务。各级运管机构及其工作人员执行职务时要自觉接受社会和公众的监督。各级运管机构应建立道路运输举报制度，公开举报电话、通信地址和电子邮箱信息。各级交通主管部门接到举报后，应当依法及时查处。

监督检查是运输行政管理的基本职能之一。监督检查就是对运输经营行为和运输市场秩序进行的监控、考察、指导，其依据就是国家颁布的各项法规，其目的就是保证国家有关道路运输的各项方针、政策、法规、制度得到有效而正确的贯彻执行。监督检查有预防违章、纠正违章、掌握情况、收集信息等功能，对保护合法经营、维护运输秩序、提高运输质量有重要的作用。

三、道路运输行政管理的特点和作用

1. 道路运输行政管理的特点

从运输经济学的理论可知，道路运输行业与其他行业比较，具有十分特殊的技术经济特性，在生产过程和产品方面都有许多与一般产业部门的不同之处。由于我国目前正处于经济体制变革的特殊时期，再加上政府的行政管理与行业管理、企业经营管理有很大差别，使我国当前的道路运输行政管理有以下几个方面的特点：

（1）以宏观调控和间接管理为主的道路运输行政管理

道路运输生产的三要素中，只有两项要素（运输工具和运输劳动力）掌握在运输生产者手中，而运输对象（旅客、货物）是不能像其他生产部门直接掌握劳动对象那样掌握在运输生产者手中的。运输产品是无形的运输劳务，它的生产过程和消费过程同时产生、同时进行、同时结束。也就是说，运输产品既不能储存，也不能调拨，它决定了运力的供给必须以社会经济的运输需求为限度，并受到国家或地区经济发展的制约。运力供大于求会造成运输资源的浪费，运力供不应求会影响国民经济的发展和人民生活水平的提高，所以对道路运输行业进行宏观调控是十分必要的。

改革开放以来，随着我国社会主义市场经济体制的建立，我国政府的管理职能也随之进行调整，由直接对企业的干预转变为间接管理，管理办法也由行政手段转化为经济手段、法律手段和辅以行政手段的结合。为了充分发挥市场机制配置道路运输资源的作用，防止行政部门干扰市场，实现政企分开，我国道路运政部门实行了间接管理、宏观调控。除了抢险救灾等紧急运输任务外，不直接组织和指挥运输生产，不干预运输企业内部的经营管理和生产事务。这是目前我国道路运政管理的一个显著特点。

（2）统一领导、分级管理是当前我国道路运输行政管理的特点之一

道路运输和铁路运输不同，具有点多、面广、线长、流动分散、经营业户多的特点，而且运输企业兴办容易，适应性强，经营规模可大可小，容易普及。改革开放以来，为了鼓励发展道路运输生产力，实行了允许各种经济成分、各行各业办运输的政策，形成道路运输行业多种经济成分、多种经营形式、多样经营规模的局面，活跃了道路运输市场。这些特点，再加上我国国土面积大，地区之间发展也不平衡，决定了我国道路运输行政管理必须统一领导，不能各行其事，必须分级管理，不宜过度集中。

目前世界上除了英国、日本等一些地域较小的国家外，美国等大国都实行道路分级管理。美国州一级政府对运政管理有很大的自主权，但问题也正出在这里。由于各州之间运输法规不一致，管理政策不相同，曾经给道路跨州运输带来很多困难。我国正处在改革阶段，社会主义市场机制还不健全，法规也不尽完善，在这种情况下更需要保持全国的统一领导。

按照统一领导的原则，各级道路运政机构都要围绕全行业管理的统一目标，尽职尽责，

发挥各自的功能，保持指导思想统一、行动步调一致，搞好全行业的法规协调、技术协调和商业协调，使道路运输行业保持与国民经济发展步调相一致。

（3）我国道路运政管理必须是统一规范下的法治管理

行政管理的统一规范，就是对行政管理的管理步骤、管理程序、管理方法和行为方式实现法律化和制度化，就是政府部门通过行政法规对上述各项管理活动进行规范。它能够为国家行政提供法律保障，能够提高行政管理质量和行政管理效率，同时也有利于加强行政机关的自身建设。

道路运输行业的特点是生产门类杂、分散经营、点多、面广、环节多，再加上改革开放以后运输经营者的经济成分多样化，行业结构复杂，必须制定和实施统一的规范，才能建立竞争有序的道路运输市场，才能保护合法经营、维护良好的运输秩序，促进运输生产力的发展。

道路运输活动是在一个很大的范围内进行的，有站场、线路、多种服务保障系统；而每一次运输活动都要在这个大系统内连续地、一环接一环地进行。道路运输有本地区内运输，有跨市、跨省运输，还有出入境国际运输。这些客观特点要求道路运输行政管理必须具有整体性。道路运输行政管理的对象是道路运输业的全部经营者，无论是企业或是个体运输户，也无论是专业运输车辆或是机关单位企事业车辆，只要从事道路运输经营，就在道路运政管理范围之内。这就是对道路运输的整体行政管理。

（4）道路运政管理是协调的行政管理

道路运输行业是一个社会性极强的行业。道路运输活动是线长、面广的经济活动，涉及的方方面面比哪一个行业都多。它的服务对象是经济社会的各行业、各部门以及几乎全部的社会成员。它的活动与其他运输方式，如铁路、水运、航空等既协作又竞争，有着密切的关系。道路运输活动还要受到国家其他行政机关，如工商、财政、税务、物价、计统部门的管理与监督。在道路运输活动中，无论是客运还是货运，每天都发生着千千万万的经济合同关系，需要道路运政部门规范与调整。所以，道路运输行政管理是协调的行政管理。道路运政管理机关要做好与政府综合经济管理部门、经济监督部门的协调与配合，要做好地区间横向协调管理，要做好与其他运输方式的协调与配合，还要做好与路政、稽征等其他交通行政机关的协调与配合。目前，在我国体制改革期间，政府行政机关之间经常出现职责交叉，政出多门、互相掣肘也时有发生，这就更需要搞好协调管理。

2. 道路运输行政管理的作用

道路运输行政能够维护交通运输市场秩序，保障交通运输安全，保护交通运输各方当事人的合法权益，促进交通运输业的健康发展。

改革开放以来，我国道路运输经历了快速、持续的发展。但是，在实现迅速发展的过程中，交通运输市场秩序混乱成为突出问题。例如，收费项目繁多；非法营运屡禁不止；运力盲目增长；低水平发展和恶性竞争；一些运输户，主要是个体车主和承包车辆超限超载运输严重。这些问题损害了合法经营者和广大旅客、货主的利益，造成国家和人民群众生命财产的巨大损失，影响了社会经济活动的正常进行，限制了我国交通运输业的健康发展。因此，道路运输行政管理能够有效规范道路运输市场秩序，保障我国交通运输业的全面、协调、可持续发展。

第二节　道路运输电子政务

一、道路运输电子政务的概念和内涵

1. 道路运输电子政务的概念

自 20 世纪 90 年代电子政务产生以来，关于电子政务的定义有很多，并且随着实践的发展而不断更新。

联合国经济社会理事会将电子政务定义为，政府通过信息通信技术手段的密集性和战略性应用组织公共管理的方式，旨在提高效率、增强政府的透明度、改善财政约束、改进公共政策的质量和决策的科学性，建立良好的政府之间、政府与社会、社区以及政府与公民之间的关系，提高公共服务的质量，赢得广泛的社会参与度。

世界银行则认为电子政府主要关注的是政府机构使用信息技术（比如万维网、互联网和移动计算），赋予政府部门以独特的能力，转变其与公民、企业、政府部门之间的关系。这些技术可以服务于不同的目的：向公民提供更加有效的政府服务、改进政府与企业和产业界的关系、通过利用信息更好地履行公民权，以及增加政府管理效能。因此而产生的收益可以减少腐败、提供透明度、促进政府服务更加便利化、增加政府收益或减少政府运行成本。

从以上定义可以看出电子政务是一个系统工程，它强调必须借助于电子信息技术为基本业务手段处理与政府有关的各项事务，同时科学性、高效性是电子政务的工作目标。

道路运输电子政务是指政府机构应用电子信息技术对业务进行处理和监控，实现道路运输行业管理的科学、规范和高效。

2. 道路运输电子政务的内涵

道路运输电子政务的内涵主要包括两个方面的内容，一是信息技术的内涵架构，二是道路运输行业管理业务的内涵架构。

信息技术的内涵架构主要涉及电子信息化硬件系统、数字网络技术和相关软件技术的综合服务系统；硬件部分包括内部局域网、外部互联网、系统通信系统和专用线路等；软件部分包括大型数据库管理系统、信息传输平台、权限管理平台、文件形成和审批上传系统、新闻发布系统、服务管理系统、政策法规发布系统、用户服务和管理系统、人事及档案管理系统、福利及住房公积金管理系统等。

道路运输行业管理业务的内涵架构与行业管理机构的业务职能架构是一致的，其主要内容如前所述。

二、道路运输电子政务业务和应用架构

根据我国道路运输管理机构实际的设置情况，如果采用云计算技术构建电子政务的业

务和应用架构，可以有两种云计算中心模式：一种是将管理系统设在交通运输部，将云计算中心设在各省，这种模式是“交通运输部＋省级数据中心”，简称为“1+M”模式；另一种是设立交通运输部和省级两级管理系统，同时建设市级数据中心，这种模式是“交通运输部＋省运管局＋市级数据中心”，简称为“1+1+M”模式。

1.“1+M”模式（交通运输部＋省级数据中心）

“1+M”模式，即“交通运输部＋省级数据中心”模式，是指交通运输部负责道路运输信息化系统的管理工作，包括系统管理、资源分配和安全管理等；而将数据中心设在各省（直辖市、自治区）道路运输管理部门，目前我国已有一些省份采取了将数据中心统一集中于省级道路运输管理部门，如山西和甘肃等省。“1+M”模式的示意如图7-3。

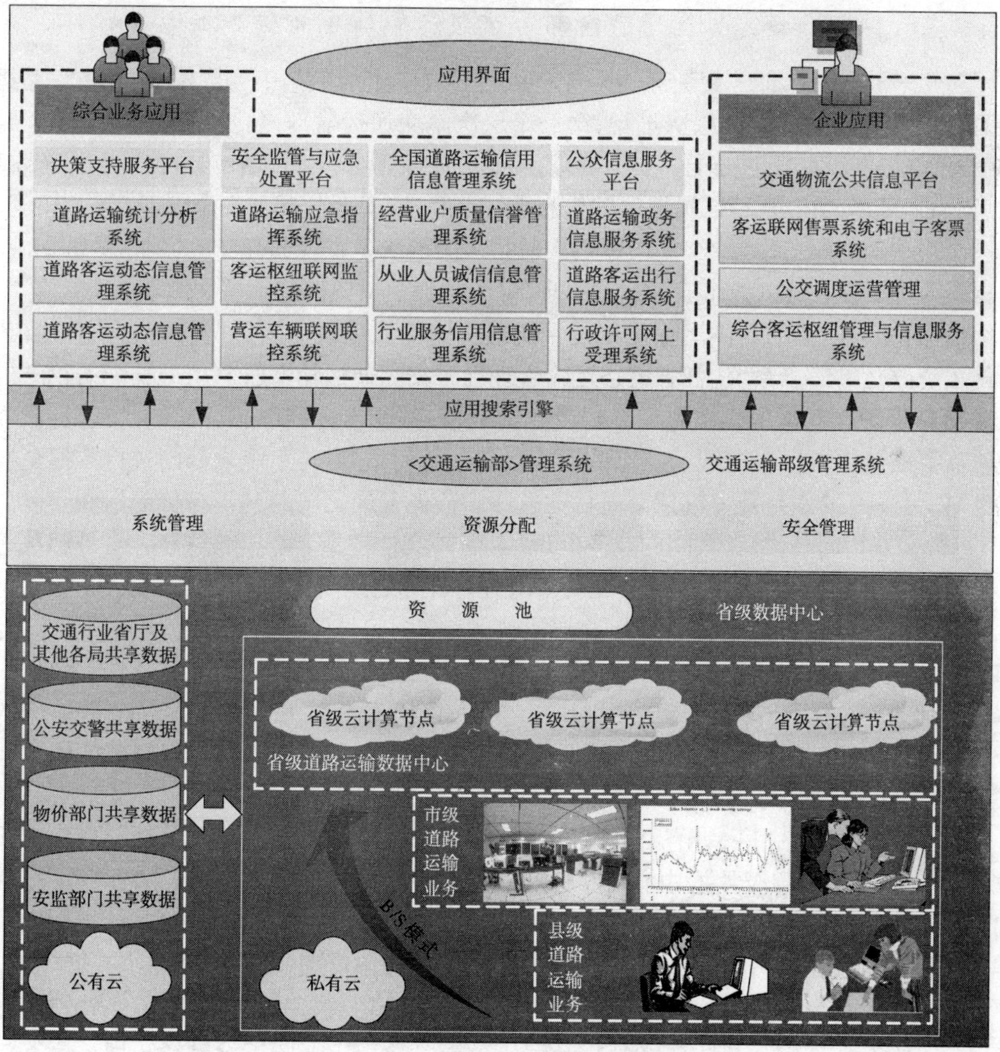

图7-3 基于“1+M”模式的系统架构图

“1+M”模式的运作机制是：交通运输部从顶层的角度监管整个道路运输信息系统，

数据资源（数据中心）设在各省（直辖市、自治区），而省（直辖市、自治区）属各市、县因业务需要（如异地违章、超载超限处罚等）访问异地数据时，可以采用 C/S 或 B/S 模式通过数据中心进行访问，各市、县根据自己的需要进入不同的云节点进行访问。同时，如需要与系统外部门进行数据交换和共享时，可以通过公有云（包括交通行业省厅和其他各局、公安交警、物价部门和安监部门等）进行交互。

采用“1+M”模式的优点是：交通运输部从顶层集中管理信息系统，可以保证数据资源的高度共享性和数据一致性。该模式的缺点是：交通运输部监管权力过于集中，不利于各省（直辖市、自治区）、市、县内部及相互之间具体业务的开展。鉴于从目前交通运输行业管理的实际情况，省级行业管理机构是业务执行的主要部门，应当赋予其更多的管理权限。

2.“1+1+M”模式（交通运输部 + 省级运管局 + 市级数据中心）

“1+1+M”模式，即“交通运输部 + 省级运管局 + 市级数据中心”模式，是指道路运输信息系统的管理分为两个层次进行，第一个层次是交通运输部，负责全国（顶层）道路运输信息系统的管理、资源分配和安全管理；第二个层次是各省（直辖市、自治区）的道路（交通）运输管理局，负责本辖区道路运输信息系统的管理、资源分配和安全管理。从权限上看，第一个层次监管第二个层次，第二个层次对第一个层次负责，同时监管各地市的数据中心。数据资源主要设在省内各市交通运输管理部门。“1+1+M”模式示意如图 7-4。

“1+1+M”模式的具体运作机制是：交通运输部从顶层的角度监管各省（直辖市、自治区）道路运输信息系统，各省道路运输管理局根据交通运输部管理系统分配的权限进行业务信息管理。数据中心主要设在每个省的地市，各省（直辖市、自治区）在进行业务处理时需要的数据可以以访问云节点的形式获取。另外，如需与系统外部门进行数据交换和共享时，可以通过公有云（包括交通行业省厅和其他各局，公安交警、物价部门和安监部门等）进行交互。同时，各省之间的业务处理（如省外交通违章、电子警察违章、省外超载等），可以通过交通运输部管理系统所分配的权限进行省际之间的云节点数据的访问。

采用“1+1+M”模式的优点是：交通运输部和各省道路运输管理局分别从顶层（全国）和省域的角度对道路运输信息系统实施管理，在保证数据资源（市级）共享性和数据一致性的基础上，解决了权力过于集中的问题。然而，该模式也存在一些缺陷，如省际之间的业务处理可能需要部级管理系统进行协调，同时数据节点比较多，操作环节将增加，因此并不如“1+M”模式处理效率高。

“1+M”模式与“1+1+M”模式的主要区别是数据中心的设置不同。“1+M”模式的数据中心主要是以省级数据中心为节点，因此省级数据中心需要对全省的数据进行整合和统一管理。“1+1+M”模式的数据中心主要是以地市级数据中心为节点，地市数据中心需要对各地市数据进行整合和统一管理，省级层面不再对数据进行集中和统一管理。

在进行道路运输信息化顶层系统设计时，具体采用哪种模式，需要结合各省（自治区、直辖市）道路运输信息系统具体建设情况进行综合考虑。一些省份已经实现了全省数据的集中式管理，可以采用“1+M”模式。还有一些省份没有实现省级数据的统一管理，可以以地市级数据中心为节点，采用“1+1+M”模式，以后再根据需要逐步过渡。

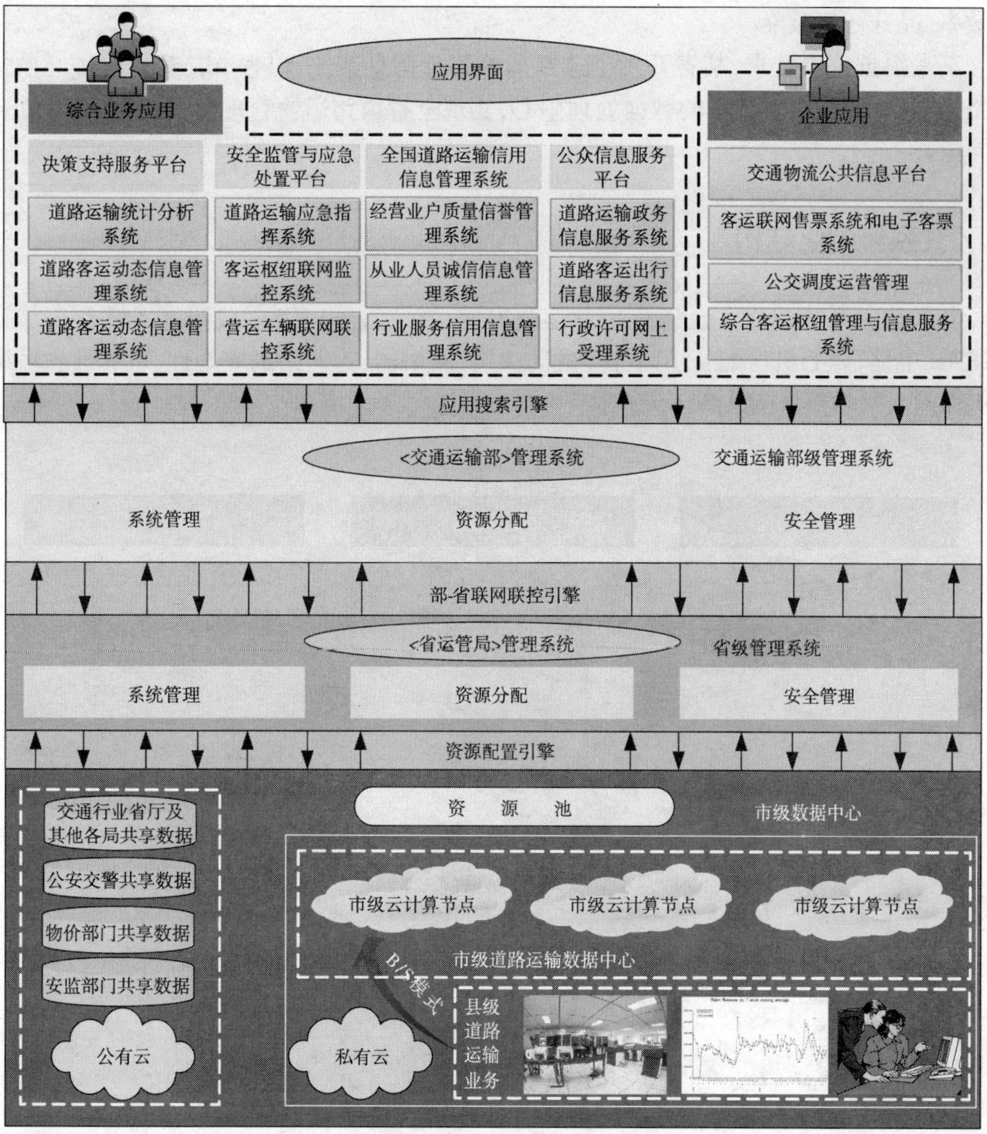

图 7-4　基于“1+1+M”模式的系统架构图

第三节　道路运输电子政务应用案例

一、应用背景

交通运输部在“十一五”规划中提出，要全面开展道路运输管理机构电子政务建设，基本建成省、市、县三级联网的道路运输综合管理信息平台，基本实现道路运输管理日常工作的电子化、网络化，主要业务许可实现网上办理，进一步方便广大经营业户，提高运输管理效率，提升行业形象。

正是根据这个要求，某省开发了道路运输管理信息系统，以省、市、县三级统一的传输网络为基础，建立全省统一的数据处理中心，实现全省道路运输管理数据的集中、共享和实时同步。

二、系统网络结构

电子政务系统建立了全省统一的运政专网，省、市、县三级广域网主干链路全部采用2MSDH电路，中心机房配备了高性能的防火墙、路由器，为网络的安全性、可靠性和扩展性提供保障。网络拓扑图见图7-5所示。

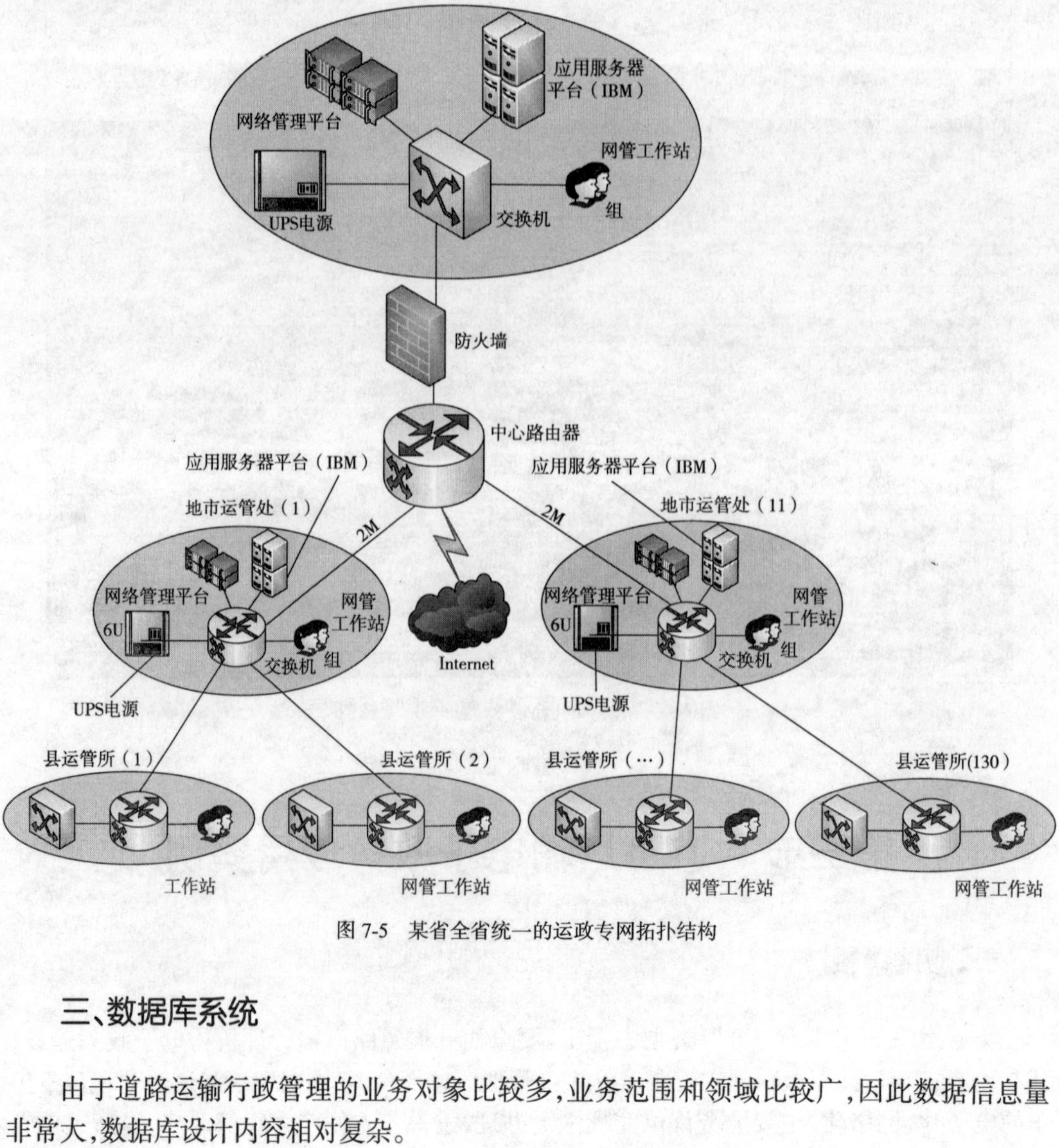

图7-5 某省全省统一的运政专网拓扑结构

三、数据库系统

由于道路运输行政管理的业务对象比较多，业务范围和领域比较广，因此数据信息量非常大，数据库设计内容相对复杂。

首先根据行政业务管理的需要，对不同业务处理进行综合分析，提炼出共享数据资源，作为设计数据库的基本依据，其主要的数据源有运输车辆、运输线路、经营业户、道路运输营运证、运输驾驶员、从业资格证、运输票据、行政处罚等。针对这些数据源分别建立了相对应的数据库，每个数据库根据数据源的特征设置了相应的数据字段或数据项，数据字段的类型、宽度、小数点、界限等一些数据属性根据实际使用中的数据进行了设定。

此外，由于目前道路运输行政管理实施了五级管理体系，因此在不同级别的行政管理机构都设计了业务数据库，并且各个级别之间存在着数据库的关联，关联的关系可以使复制、调用、抽取等操作在数据库的设计中得到了顺利实现，实现了省级、市级和县级之间运输行政管理业务数据的有效传递和共享。

四、应用系统主要功能

1. 旅客运输管理

实现对旅客运输业户、旅客运输车辆、旅客运输营运线路档案的建立，业户、线路经营许可证的办理，车辆道路运输证、报停、转户、审验等业务的办理，数据的查询、变更、统计、维护等。

2. 货物运输管理

实现对货物运输业户、货物运输车辆档案的建立，业户经营许可证的办理，车辆道路运输证、报停、转户、审验等业务的办理，数据的查询、变更、统计、维护等。

3. 机动车维修管理

实现对维修企业档案的建立，经营许可证业务的办理，数据的查询、变更、统计、维护，以及车辆等级评定、二级维护等业务的办理。

4. 机动车驾驶员培训管理

实现对机动车驾驶员培训学校档案的建立，经营许可证业务的办理，数据的查询、变更、统计和维护。

5. 从业资格管理

实现对道路运输从业人员档案的建立，从业资格证初领、增驾、换证、补证、审验等业务的办理，数据的查询、变更、统计和维护。

6. 站场管理

实现对旅客运输站场、货物运输站场档案的建立，经营许可证业务的办理，数据的查询、变更、统计和维护。

7. 道路运输行政处罚管理

实现违章车辆的立案信息录入，处罚业务办理，案件文书的打印，数据的查询、统计和维护。

8. 票证管理

实现票证的录入、发放、核销、缴销等业务的办理，数据的查询、变更、统计和维护。

9. 综合报表

实现对客货运输户、线路、车辆、道路运输驾驶员、维修企业、运输站场等信息的查询和统计。

10. 文件管理

提供运管系统内部机构之间的文件发送、接收、管理功能，文件内容包括文档、图片等。

11. 论坛、聊天室、工作通知

提供便利的平台，方便省、市、县三级道路运输管理机构管理人员的业务交流、讨论。

12. 触摸式查询系统

为经营户提供运政政策法规、业务办理流程、业务办理状态、业户相关信息、车辆相关信息（车辆所属业户、从业人员、车辆检测、违章、缴费等信息）的查询，以及车辆交费金额计算（管理费、附加费、滞纳金）。

复习思考题

7.1 什么是道路运输行政管理？
7.2 道路运输行政管理的特点和运行机制是什么？
7.3 什么是道路运输电子政务？
7.4 道路运输电子政务的业务架构有哪些内容？
7.5 试分析我国运输行政管理机构的政府网站。

第八章

旅客运输信息技术应用

旅客运输是通过交通载运工具运送旅客的运输活动。旅客运输的信息化是交通运输信息化的一个重要内容。本章对旅客运输进行了论述，并从旅客运输信息化实现的角度对功能结构和数据结构进行了分析论述，最后以汽车站售票管理信息系统为例，说明了旅客运输信息系统的应用方法。

学习目标

◎了解旅客运输的内容和特点。

◎掌握旅客运输信息化的整体思路和架构。

◎掌握旅客运输信息系统的主要功能结构内容。

◎掌握旅客运输信息系统的主要数据结构内容。

关键术语

01. 旅客运输　02. 旅客运输组织与管理　03. 客户关系管理

04. 客户促销分析　05. 数据结构

第一节　旅客运输概述

一、旅客运输的定义与分类

道路旅客运输是指在道路上通过交通载运工具运送旅客的运输活动。根据道路旅客运输活动是否具有经营性，可把道路旅客运输活动区分为经营性道路旅客运输和非经营性道路旅客运输。

非营业性的道路旅客运输是指为本人或本单位生产、生活服务的，不具有商业性的道路运输活动。

根据《道路旅客运输及客运站管理规定》（交通运输部 2012 年第 8 号令修改）：经营性道路旅客运输，是指用客车运送旅客、为社会公众提供服务、具有商业性质的道路客运活动，包括班车（加班车）客运、包车客运和旅游客运。

①班车客运是指营运客车在城乡道路上按照固定的线路、时间、站点、班次运行的一种客运方式,包括直达班车客运和普通班车客运。加班车客运是班车客运的一种补充形式,是在客运班车不能满足需要或者无法正常运营时,临时增加或者调配客车按客运班车的线路、站点运行的方式。

②包车客运是指以运送团体旅客为目的,将客车包租给用户安排使用,提供驾驶劳动,按照约定的起始地、目的地和路线行驶,按行驶里程或者包用时间计费并统一支付费用的一种客运方式。

③旅游客车是指以运送旅游观光的旅客为目的,在旅游景区内运营或者其线路至少有一端在旅游景区(点)的一种客运方式。

二、旅客运输的特点

旅客运输是现代交通体系的一个重要组成部分。旅客运输的目的是为人们进行经济、文化等的社交活动和生活提供必要的出行条件。

旅客运输的特点有:

①旅客运输的主要服务对象是旅客,其次是行李、包裹和邮件。通过售票工作,把旅客组织起来并最大限度地满足他们在旅行中的物质文化生活需求,集人、车、路、站于一体,主要以提供劳务的形式为旅客服务。

②旅客运输生产向社会提供的是无形产品,其核心产品是旅客的空间位移。它被旅客本身所消耗,其使用价值具有不确定性,其创造的社会经济效益远大于自身的经济效益。

③旅客运输在时间上有较大的波动性,季、月、周、日和一日内几个小时之间常会出现急剧的起伏变化。为此,客运技术设备、客运能力、车辆等必须留有一定的后备,在不同的客运量峰值期采用不同的客运组织方式。

④客运站的位置宜设在客流易于集散处,使旅客便于换乘不同的交通方式。

⑤旅客运输不同于货物运输,旅客在旅行中有不同的物质文化生活需求,如饮食、盥洗、休息、适宜的通风、照明、温度等。旅客运输企业不仅应满足这些需求,而且应积极改善,创造良好的旅行环境并提供优质的服务,使旅客心情愉悦。

世界各国的发展经验证明,发达的旅客运输可促进国民经济和社会的发展,且旅客运输必须超前发展,它在社会和经济发展中处于先行的地位。

第二节　旅客运输信息系统的功能结构

一、旅客运输组织与管理

1. 旅客运输组织与管理的主要任务

交通运输系统中各种运输方式的旅客运输组织与管理的主要任务包括铁路、公路、航空、水路等运输方式的旅客运输的技术设备、运输过程、运输计划、作业组织方式、调度指挥等，以及城市客运公共交通系统的线网布局规划和效益评价等。

具体到道路旅客运输的组织和管理包括以下几方面内容：

（1）线路规划

道路旅客运输的运输对象是客流，道路旅客运输的组织和管理的首要任务是根据客流的运输需求制定合理的运输线路。在实际工作中，运输经营者往往要进行大量的市场调研，对客流按流量、流向、流时进行详细分析，根据客流的特点进行站点和线路的规划，这样才能有的放矢，更好地满足旅客的运输需求。

（2）车辆组织

制定客车运行作业计划和车辆运行班次表是道路旅客运输组织的核心工作。客车运行作业计划是将运输任务在时间上和岗位上具体落实的表现，通过客车运行作业计划安排每辆客车在计划期内运行的路线、承担的班次、驾驶员信息等，在此基础上确定客车运用效率指标及应完成的旅客运输工作量。车辆运行班次表是旅客进行线路和班次选择的重要依据，具体内容包括车次、车型、始发地和目的地、发车时间和到站时间、票价信息、站点信息等。同时，运输经营者要求驾驶员具有一定技术理论知识和较高的驾驶技能，善于分析车辆的安全状态及故障的检修。

（3）安检系统

道路运输安全是人们关心的头等大事，运输经营者应派专人对旅客携带的物品进行安全检查。旅客也应自觉接受、配合安全检查，服从安全检查人员管理，维护安全检查秩序，以保证运输过程的安全。

（4）售票系统

订票时旅客需提供乘坐班次、时间、到达站及旅客姓名等信息完成订票业务。随着信息技术的发展，售票方式也呈现出多样化的趋势，运输经营者应逐步完善售票系统，方便旅客购票。

（5）行包托运业务

车站受理旅客行包托运的业务后，负责托运行包的保管、装车、运输、卸车、入库，直到交付给领取人。在整个过程中，运输部门要履行运输责任，保质保量地把行包运到目的地。对于贵重行包，旅客可办理保价行包托运手续。

（6）基础设施维护

现行的车辆维修执行的是“强制维护、定期检测、视情修理”的基本制度，即当道路运输车辆运行到国家有关标准规定的行驶里程或间隔时间，必须按期执行维护作业。同时，根据车辆检测诊断和技术鉴定的结果，视情按不同作业范围和深度进行，既要防止拖延修理造成车况恶化，又要防止提前修理造成浪费。车辆维修制度的贯彻执行为道路旅客运输提供了足够数量的技术状态良好的车辆。同时，运输部门应制定服务设施标准，并按标准不断完善客运站各项服务设施，提高服务设施质量水平，提高客运服务质量。

（7）文化宣传和网络维护

运输经营者应采用灵活多样的方式方法进行文化宣传，使各类旅行人员了解可为他们提供的旅行条件和旅行服务。同时,运输经营者应注重网络维护,开展网上售票、网上投诉等业务的办理,运用信息化手段提高车辆实载率和道路运输经济效益。

2. 旅客运输组织与管理的特点

旅客运输组织和货物运输组织两者有着本质相同的功能,即使输入流有序化,因此尽量缩短在途时间、减少中转次数,实现运输快速化、直达化、智能化、高效化是运输组织与管理工作者需要长期探寻的一项工作。但是,旅客运输与货物运输的运输对象截然不同,旅客运输是在一定的线路上实现客流空间位置变化的活动。客流具有主动性和自适应性,能够根据运输需求的不同自主选择运输线路,并且在运输途中对于运输服务提出了更高的要求。旅客运输组织与管理存在着以下特点:

(1)旅客运输组织与管理的广泛性

由于客流的分散,交通运输管理部门需要进行大量的调研工作,分析客流需求,通过调研选址,进行交通运输规划工作,满足人们方便快捷地运输需求。

(2)旅客运输组织与管理的信息化

由于运输过程涉及始发、终到、中转多个环节,各种运输方式常常要相互协作完成整个运输过程,信息传达的及时性、全面性显得尤为重要。建立完善的新系统,能方便用户择路分流,更快速、更高效的完成运输活动。

(3)旅客运输组织与管理的完善性

在市场经济的大环境下,运输经营者需要制定统一、规范的管理运输车辆、驾驶员等一系列与运输活动相关的制度,同时要认真做好安检工作,禁止携带危险物品,保证运输安全。

(4)旅客运输组织与管理的人性化

在运输途中,客流对于运输服务提出了更高的要求,旅客运输组织与管理要考虑旅客运输途中的舒适性等服务性要求,更好地满足旅客运输的需求。

3. 旅客运输信息系统的主要主体

道路旅客运输涉及的实体对象主要是旅客、运输经营者、运输驾驶员、运输行政管理者、运输车辆、运输线路、运输场站等。从运输企业的角度建立道路旅客运输管理信息系统,简化运输行政管理者,主要涉及旅客、运输经营者和运输驾驶员的问题分析。客观主体基本上不发生变化。

二、旅客运输信息系统的功能结构

1. 运输经营者与旅客之间的管理功能

(1)运输经营者对旅客的管理

旅客是运输经营者的顾客和服务对象,是企业利润的源泉,因此对旅客进行科学化管理是非常重要的工作。客户关系管理(CRM)正是从这个理念出发发展起来的。

客户关系管理(CRM)是采用信息技术,使企业的市场营销、销售管理、客户服务和支持等经营流程信息化，实现客户资源有效利用的管理技术。其核心思想是以“客户为中心”，提高客户满意度，改善客户关系，从而提高企业的竞争力。

CRM客户管理系统就是通过对客户详细资料的深入分析，提高客户满意程度，从而提高企业的竞争力的一种手段。它主要包含以下几个主要方面（简称7P）：

①客户概况分析（Profiling）：包括客户的层次、风险、爱好、习惯等；

②客户忠诚度分析（Persistency）：指客户对某个产品或商业机构的忠实程度、持久性、变动情况等；

③客户利润分析（Profitability）：指不同客户所消费的产品的边缘利润、总利润额、净利润等；

④客户性能分析（Performance）：指不同客户所消费的产品按种类、渠道、销售地点等指标划分的销售额；

⑤客户未来分析（Prospecting）：包括客户数量、类别等情况的未来发展趋势，争取客户的手段等；

⑥客户产品分析（Product）：包括产品设计、关联性、供应链等；

⑦客户促销分析（Promotion）：包括广告、宣传等促销活动的管理。

具体到道路旅客运输企业，就是以旅客为对象，以旅客信息为数据，建立信息的采集、传输、存储、加工和使用等一整套管理机制和方法。其中，道路旅客运输信息服务框架见图8-1所示，道路旅客综合服务信息系统的主要功能见图8-2所示。

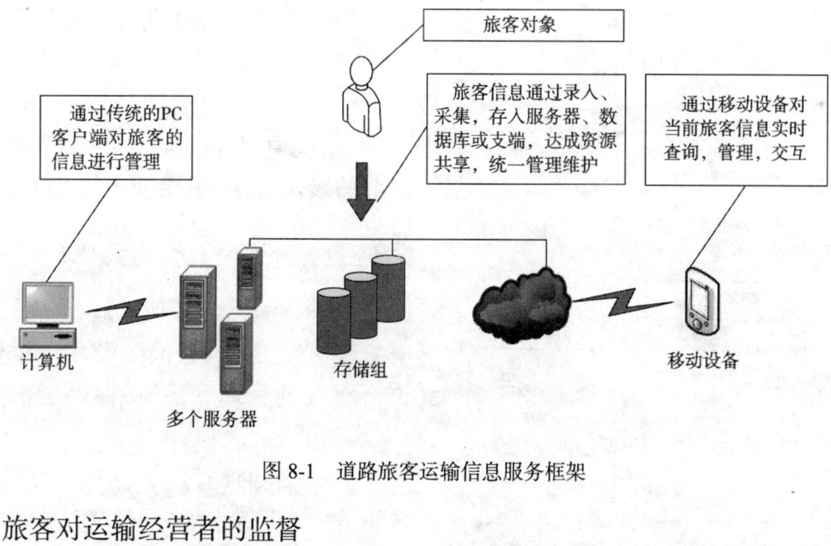

图8-1　道路旅客运输信息服务框架

（2）旅客对运输经营者的监督

旅客对运输经营者的监督是维护运输服务质量和品质的重要方法，从实现方法和手段来看，主要是通过两个渠道进行，即外部渠道和内部渠道。外部渠道主要是通过道路运输行政管理部门进行投诉，由行政管理部门进行监督和处罚。内部渠道主要是通过运输经营企业内部建立的管理监督机制进行投诉，由运输企业进行监督和处罚。外部渠道涉及电子政务的内容。内部渠道是运输企业自身建设的问题，在企业进行信息化建设中必须加以设计和开发。

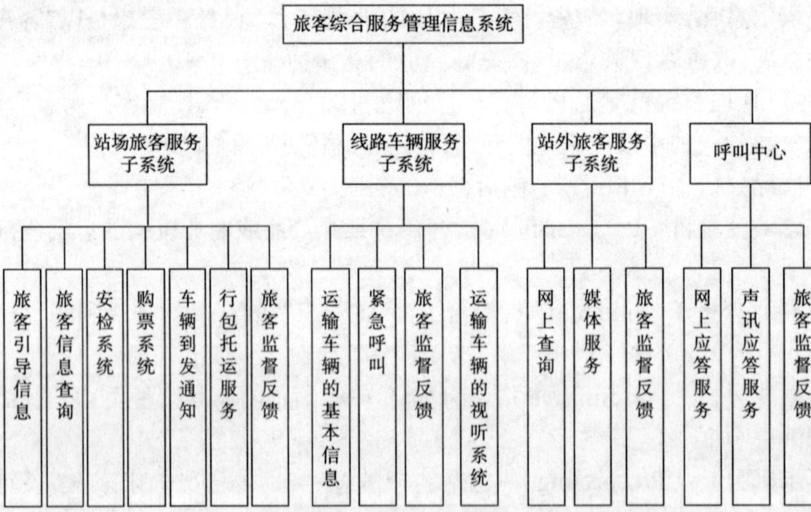

图 8-2　道路旅客综合服务管理信息系统功能

企业内部的服务质量监督系统主要是建立投诉监督处理机制，包括受理、处置和反馈等业务功能，见图 8-3 所示。在信息系统设计开发过程中，这部分功能可以列入客户关系管理（CRM）或呼叫中心中，也可以单独列入服务质量监督系统。

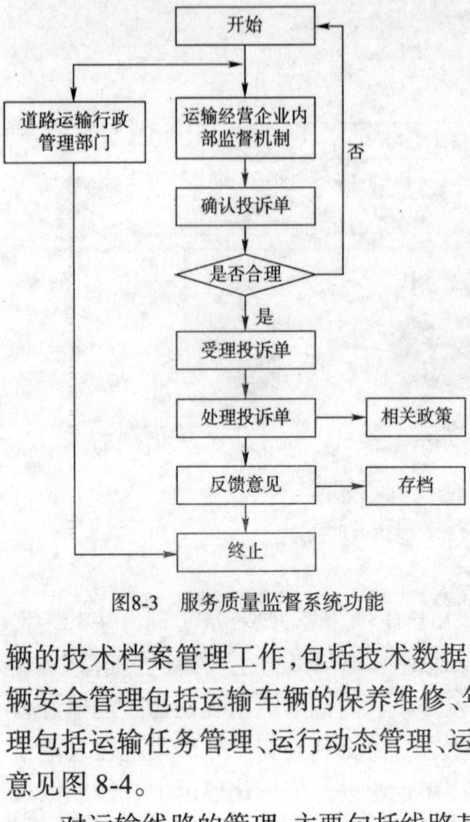

图8-3　服务质量监督系统功能

2. 运输经营者对运输驾驶员的管理功能

运输经营者对运输驾驶员必须进行科学有效的管理，以保证客运车辆安全行驶。对驾驶员的管理主要包括基本信息管理、日常考核管理、安全管理、奖励处罚管理等内容。各项管理功能需要制定详细的操作规范，解决实际应用问题。

3. 运输经营者对客观主体的管理功能

运输车辆、运输线路、运输场站等是旅客运输管理的主要客观主体，运输经营者（企业）需要对其进行有效的管理和控制，保证运输生产的安全、有序和高效运行。

对运输车辆的管理内容比较多，涉及到车辆的基本信息管理、车辆安全管理、车辆运行监控管理等。其中基本信息管理主要是进行运输车辆的技术档案管理工作，包括技术数据的录入、修改、删除、查询、统计和备份等功能。车辆安全管理包括运输车辆的保养维修、年度审验、车辆运行事故等功能。车辆运行监控管理包括运输任务管理、运行动态管理、运行调度管理等功能。运输车辆管理系统的功能示意见图 8-4。

对运输线路的管理，主要包括线路基本信息管理、线路动态信息管理、线路统计分析等功能。其中对运输线路进行旅客运输量的多角度统计分析非常重要，能够为运输车辆的安排和调度提供依据，提高运输组织效率，从而获得经济效益。

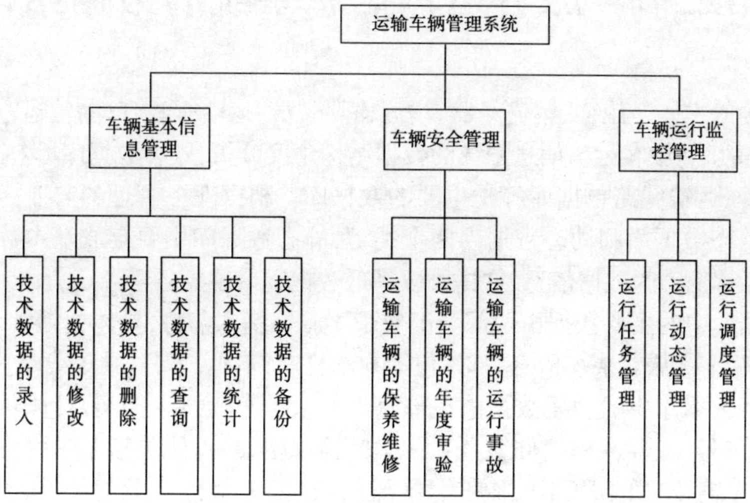

图 8-4　道路运输车辆管理系统功能

对运输场站的管理，与运输企业的管理结构类似，均涉及到设备设施、人员、财务资金等一系列要素，对每个要素的管理都包括多项业务职能，应作为一个完整的信息系统进行功能结构的设计和开发。其主要业务功能结构以汽车站业务功能为基本架构，见图 8-5 所示。

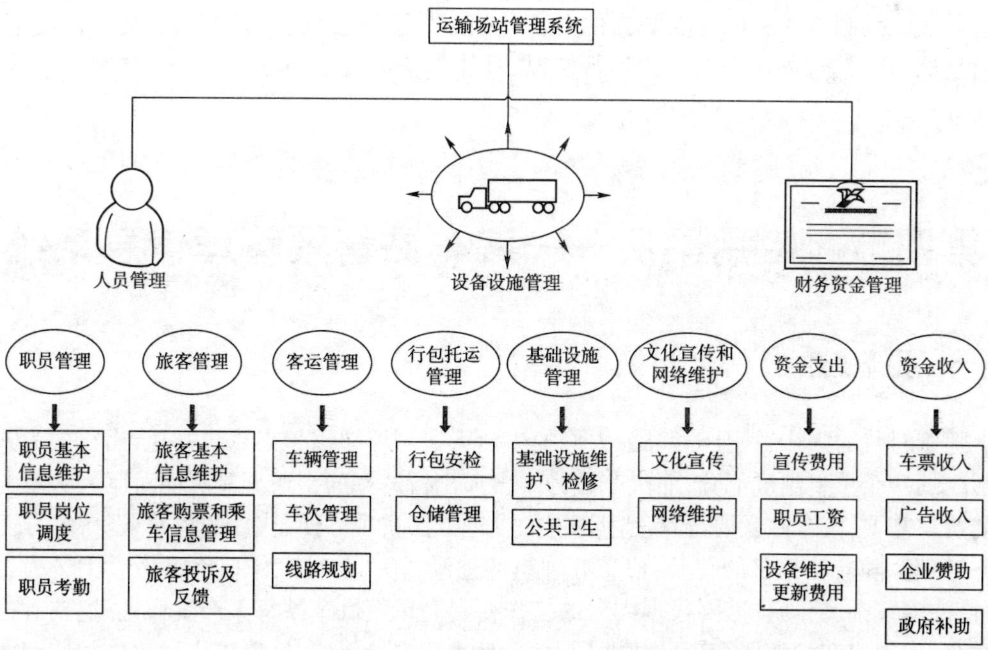

图 8-5　道路旅客运输站场管理系统功能

第三节　旅客运输信息系统的数据结构

旅客运输的主体是旅客、运输经营者、运输驾驶员、运输行政管理者、运输车辆、运输线路、运输场站等。从旅客运输信息系统的数据结构角度分析,旅客数据库、运输车辆数据库、驾驶员数据库、运输线路数据库等是主要的数据库。根据业务管理的需要,可以将各个数据库划分为静态数据库和动态数据库两个类型,静态数据库主要存放基本数据信息,动态数据库存放经常变动的数据信息,这样可以降低数据冗余现象。

旅客数据库中的主要数据由两部分组成:①旅客基本信息,具体包括姓名、性别、身份证号、居住地等;②旅客乘车信息,具体包括乘车日期,车次,车号,乘车线路。

运输车辆数据库中的主要数据由三部分组成:①车辆技术档案,具体包括车辆种类、车辆型号、车牌号、主要汽车配件编号;②车辆检修档案,具体包括车辆检修日期、车辆二级维护检测、车辆技术等级报告、维修合同、维修项目、换件记录、具体维修人员及质量检验人员、竣工后的合格证明;③车辆运行档案,具体包括车辆运营证编号、车次、车辆行驶日期、车辆行驶线路、车辆驾驶员信息、车辆安检信息、车辆车容车貌、旅客人数、车辆运行中的状况等。

驾驶员数据库中的主要数据由三部分组成:①驾驶员基本信息,具体包括驾驶员姓名、驾驶证编号、工号、车牌号;②安全驾驶信息,具体包括服务质量等级、安全行车记录;③诚信考核信息,具体包括诚信考核记录、其他考核内容。

运输线路数据库中的主要数据由两部分组成:①运行线路基本信息,具体包括车次、运行线路、车号、驾驶员信息;②运行情况,具体包括运行日期、载客人数、旅客信息、运行情况等。

第四节　应用案例——汽车站售票管理信息系统

一、系统概述

随着时代的进步、社会的发展,人们的生活形式与习惯也越来越多样化,出行成为人们生活中的一个重要组成部分,而汽车成为许多人出行选择的交通工具。面对巨大数量的乘客的购票需要,汽车站就要选择使用先进的管理方法实现方便、快捷的售票、退票等方面的票务管理。随着计算机的普及,信息处理量的逐渐扩大,各种工作都逐渐由手工转为自动化,使许多复杂、繁琐且需要很多人力的工作变得简单。汽车站每天产生售票、退票等行为数量多,使得汽车站售票管理的数据量大,而且速度要求要快,计算机应用软件的使用能很好地满足汽车站的这一需要,提高售票人员的工作效率,节约相关管理成本。

二、功能需求

汽车站售票管理信息系统的功能需求如下：

1. 售票管理

开班登记、售票、退票、废票、包车（集体票）、儿童免票、改签换乘、留票、选座位、加时售票、换空白车票、直接 ADSL 分布代售点售票等。

2. 检票管理

电子条码检票（支持印刷条码和系统打印条码）、手工检票、整班全检、反检、绿色通道（可实现先上车，后买票）、补售票、补检。

3. 班次管理（调度）

班次自动管理，是售票系统的一大特色，有开班、停班、加班、延时（临时增加售票时间）、换车、并班、修改发车时间、票价调整（平时价、节日价）等功能，同时支持 IC 卡报班。

4. 财务管理

财务管理包括售票员营收缴款（当班密码确认）、售票员营统收计汇总、打印清单（撕票数、废票数、退票数、票款金额、退款金额、保险票金额）等。车票免领，可省去财务管票人员对车票管理的繁琐工作，是售票系统区别于其他软件的一大亮点，也是体现售票系统先进管理思想之所在。此外，还包括按时段对车主结算单进行分类核对、汇总、计费、结算。

5. LED 显示屏及语音广播

可将检票中的班次信息、公告信息实时发布到 LED 显示屏，并实时通过自动语音播报（普通话男音、女音交替播报），也可以录音方式播报（可录两种声音并自动交替播报）。这样可以使检票信息公告信息能及时方便发布给乘客，极大提高车站服务质量，树立良好形象。

6. 安全检查

安检（支持 IC 卡）包括对进站车辆全面检查（例检）、打印例检表格、检查所有参运车辆和驾驶员的证照及有效期，并保存检查记录，查询安检记录明细和操作员记录，对安检不合格的车辆限制打印结算单。

7. 领导查询

可按多种条件对售票、检票、调度、营收等数据进行组合查询，如汇总线路、班线、车辆、班次、驾驶员、乘务员和车辆费用在内的各种基础数据。

8. 统计分析

统计营运数据，生成日报表、月报表和任意时段报表；以图表形式，对比显示出售票金额、检票金额、售票人数、检票人数；售票情况查询；检票情况查询；各售票员、结算员结算情况；能对各种数据按不同时间段进行统计分析。经营者可随时了解每日、每月、每年的营收状况，也可随时了解某条线路、某一班次售票情况。

三、系统实例

根据当前客运站售票方式灵活多变的特点，经过科学的系统分析，采用先进的多层数据存取技术，结合微软 Windows 操作系统，开发出性能稳定、功能完备的汽车站售票管理软件系统。图 8-6 是某公司开发的汽车客运站售票系统的界面。

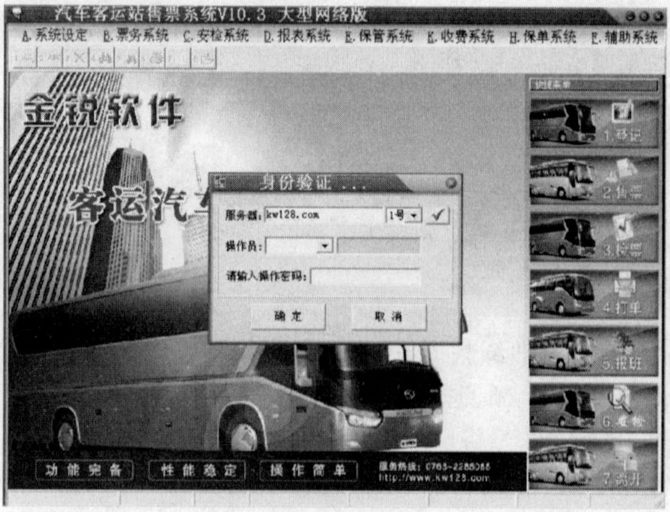

图 8-6　系统功能界面

复习思考题

8.1　什么是旅客运输？旅客运输的内容和特点是什么？

8.2　请阐述旅客运输信息系统的主要功能结构。

8.3　请阐述旅客运输信息系统的主要数据库结构和内容。

8.4　列举几种你在日常生活中所见到的旅客运输中所采用的信息技术，并简述其应用场景。

第九章 货物运输信息技术应用

货物运输是为社会提供公共服务、具有商业性质的货物运输活动。货物运输是交通运输业的重要组成部分。同样，货物运输的信息化也是交通运输信息化的重要组成。本章将阐述货物运输活动及其特点，货物运输管理信息系统的主要功能结构和数据结构，并以GPS货物运输配载信息系统为案例论述信息技术的应用。

学习目标

◎识记货物运输领域中的的基本名词术语。

◎掌握货物运输中的几种信息技术。

◎了解货物运输信息系统的主要功能结构。

◎了解货物运输信息系统的主要数据结构。

关键术语

01. 货物运输　　02. 货运组织与管理　　03. 货运信息系统

04. 货运配载　　05. 联网联控

第一节　货物运输概述

一、货物运输的定义与分类

1. 货物运输的概念

货物运输是为社会提供公共服务、具有商业性质的货物运输活动。由于货物运输中的非贸易物资的运输往往只是贸易物资运输部门的附带业务，所以货物运输通常被称为贸易运输，而从一国来说就是对外贸易运输，简称外贸运输。

2. 货物运输的分类

货物运输可按地域划分为国内货物运输和国际货物运输两大类。国内货物运输，顾名思义是在同一国家内不同地区之间的运输；国际货物运输，就是在国家与国家、国家与地区之间的运输。货物运输还可分为贸易物资运输和非贸易物资（如展览品、个人行李、办公用品、援外物资等）运输两种。按运输方式的不同又可以分为公路货物运输、水路货物运输、铁路货物运输、航空货物运输和管道货物运输。本书主要探讨公路货物运输。

二、道路货物运输的特点

道路货物运输的特点主要有以下几点：

1. 机动灵活，适应性强

由于道路运输网一般比铁路、水路网的密度要大十几倍，分布面也广，因此道路运输车辆可以“无处不到、无时不有”。道路运输在时间方面的机动性也比较大，车辆可随时调度、装运，各环节之间的衔接时间较短。尤其是对货运量具有很强的适应性。汽车的载重吨位有小（0.25 ~ 1t 左右）有大（200 ~ 300t 左右），既可以单个车辆独立运输，也可以由若干车辆组成车队同时运输。这一点对抢险、救灾工作和军事运输具有特别重要的意义。

2. 可实现“门到门”直达运输

汽车体积较小，中途一般也不需要换装，可以把货物从始发地门口直接运送到目的地门口，实现“门到门”直达运输。这是其他运输方式无法与道路运输比拟的特点之一。

3. 在中、短途运输中，运送速度较快

在中、短途运输中，由于道路运输可以实现“门到门”直达运输，因此与其他运输方式相比，其货物在途时间较短，运送速度较快。

4. 原始投资少，资金周转快

道路运输与铁、水、航运输方式相比，所需固定设施简单，车辆购置费用一般也比较低，因此投资兴办容易，投资回收期短。据有关资料表明，在正常经营情况下，道路运输的投资每年可周转 1 ~ 3 次，而铁路运输则需要 3 ~ 4 年才能周转一次。

5. 掌握车辆驾驶技术较易

与火车或飞机驾驶技术相比，汽车驾驶技术相对容易掌握，汽车驾驶员的各方面素质要求相对也比较低。

6. 运量较小，运输成本较高

目前，世界上最大的汽车是美国通用汽车公司生产的矿用自卸车，长 20 多米，自重 610t，载重 350t 左右，但运量仍比火车、轮船小得多；由于汽车载重量小，行驶阻力比铁路大 9 ~ 14

倍,所消耗的燃料又是价格较高的液体汽油或柴油,因此,汽车运输成本较高。

7. 运行持续性较差

据有关统计资料表明,在各种现代运输方式中,公路的平均运距是最短的,运行持续性较差。如我国民航2000~2009年平均运距客运在1400~1500km之间,货运在2555~2833km之间;铁路2000~2008年平均运距客运在431~532km之间,货运平均运距基本保持在760km左右。公路平均运距最低为47km(2008年),最高为56km(2007年),2000~2009年公路旅客平均运距始终保持在50km左右,排在英国、美国、印度等国家之后。公路货运平均运距发展较快,近年来呈大幅增长趋势,2000年平均运距为59km,2009年发展到175km,增长了近2倍。

8. 安全性较低,环境污染严重

据历史记载,汽车自诞生以来已经吞噬掉3 000多万人的生命。特别是20世纪90年代开始,死于汽车交通事故的人数急剧增加,平均每年达50多万。这个数字超过了艾滋病、战争和结核病人每年的死亡人数。汽车所排出的尾气和引起的噪声也严重地威胁着人类的健康,是大城市环境污染的最大污染源之一。

第二节 货物运输信息系统的功能结构

一、货物运输组织与管理

1. 货物运输组织与管理的主要任务

货物运输组织与管理的主要任务分为三个不同的阶段:货物的发送作业、运输途中作业和到达作业。

(1)货物发送作业任务

①货物托运:填写“运单”,运单是由承运人签发的,证明货物运输合同和货物由承运人接管或装船,以及承运人保证将货物交给指定的收货人的一种不可流通的单证,具有合同证明和货物收据的作用。

②货物承运:承运以签章返还托运人提交运单的“托运回执”联为凭,运单的托运回执联具有协议书或运输合同的性质,受法律保护与约束。承运并已装车完毕,承运人应填制汽车运输货票。货票是向托运人核收运费的收据、凭证,也是收货人收到货物的证明。

③运输变更:提出变更的方式是填写运输变更申请书或提出信函、电报等形式的书面申请。

④货物装卸:无论是托运人自理还是承运人承办,都需要有良好的装卸质量保证。

(2)运输途中作业任务

货物在运送途中发生的各项货运作业统称为途中作业。途中作业主要包括途中货物交接、货物整理或换装等。

（3）货物达到作业任务

货物在到达站发生的各项货运作业统称为到达作业，主要包括货运票据的交接、货物卸车、保管和交付等。

2. 货物运输组织与管理的特点

①环节多。运输整个过程涉及的环节比较多，每个环节都需要完成相应的业务操作。

②主体多。货物运输中涉及到多个主体对象，有托运人、承运人和收货人，不同主体之间存在着信息数据的交换。

③技术要求高。对货物运输而言，存在着装卸、运输等操作环节，每个环节要求技术较高，如装箱技术能力、运输车辆调度、运输线路选择等都需要比较科学的技术。

④责任大。货物运输的质量依赖于货物运输组织和管理，货物的数量、完好性、运送速度、运输安全、运输效益等性能指标的高低取决于运输组织和管理水平。

3. 货物运输信息系统的主要主体

道路货物运输涉及的实体对象主要是托运人、运输经营者、运输驾驶员、运输行政管理者、运输货物、运输车辆、运输线路、运输场站等。从运输企业的角度建立道路货物运输管理信息系统，运输行政管理者这个主体可以简化，主要涉及托运人、运输经营者和运输驾驶员的问题分析。客观主体基本上不发生变化。

对于运输货物这个客观主体，目前道路运输市场上存在着多个分类品种，包括普通货物、危险品货物、冷藏货物、鲜活货物、快件货物等。每类货物运输的技术要求有所不同，因此在货物运输信息系统开发时有必要进行区分，其功能结构和数据库结构都应该进行有针对性的设计和开发。

二、货物运输信息系统的功能结构

1. 运输经营者与托运人之间的管理功能

（1）运输经营者对托运人的管理

托运人是运输经营者的顾客和服务对象，是企业利润的源泉，因此对托运人进行科学化管理是非常重要的工作。实施客户资源管理（CRM）是科学有效的管理方法。其相关内容在旅客运输信息系统分析中已经进行了论述。

具体到道路货物运输企业，就是以托运人为对象，建立信息的采集、传输、存储、加工和使用等一整套管理机制和方法。托运人是货物运输的主体对象，但实际运输业务对象主要是运输货物，因此将托运人与托运货物进行关联管理是非常重要的。在信息系统功能结构上应当体现关联操作，即可以分析和统计哪个托运人托运了什么货物，包括托运货物的各项数据信息。货物托运信息系统的功能结构见图 9-1 所示。

（2）托运人对运输经营者的监督

与旅客对运输经营者的监督方法和手段一样，托运人主要也是通过两个渠道进行监督，即外部渠道和内部渠道。外部渠道主要是通过道路运输行政管理部门进行投诉，由行政管理部门进行监督和处罚。内部渠道主要是通过运输经营企业内部建立的管理监督机制进行投诉，由运输企业进行监督和处罚。

企业内部的服务质量监督系统主要是建立投诉监督处理机制，包括受理、处置和反馈等业务功能，结构图与旅客运输信息系统的内容相同。在信息系统设计开发过程中，这部分功能可以列入客户关系管理（CRM）或呼叫中心中，也可以单独列入服务质量监督系统。

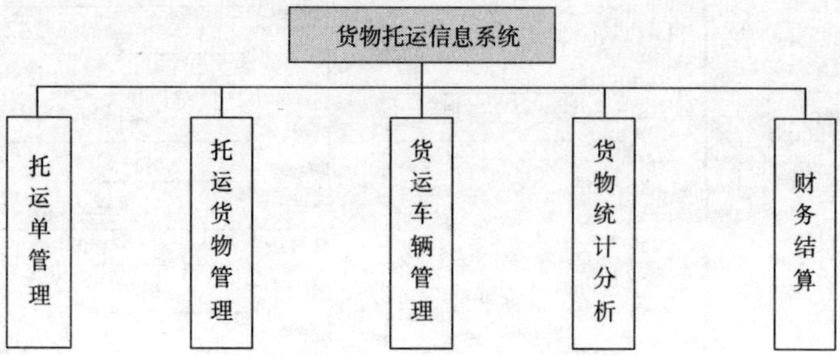

图 9-1　货物托运信息系统功能图

2. 运输经营者对运输驾驶员的管理功能

运输经营者对运输驾驶员必须进行科学有效的管理，以保证货物运输车辆安全行驶。对驾驶员的管理主要包括基本信息管理、日常考核管理、安全管理、奖励处罚管理等内容，各项管理功能需要制定详细的操作规范，解决实际应用问题。其功能结构与旅客运输信息系统相关内容基本一致。

但对于危险品货物运输，业务管理的内容有独特之处，体现在技术准备、安全操作、运行监督、应急处置等各个环节，因此对运输驾驶员需要进行相关的考核和认证，其管理的业务职能和流程与普通货物运输驾驶员的要求有所不同。

3. 运输经营者对客观主体的管理功能

运输车辆、运输线路、运输场站等是货物运输管理的主要客观主体。运输经营者（企业）需要对它们进行有效的管理和控制，保证运输生产的安全、有序和高效运行。

对运输车辆的管理内容比较多，与旅客运输车辆管理类似，涉及到车辆的基本信息管理、车辆安全管理、车辆运行监控管理等。其中基本信息管理主要是进行运输车辆的技术档案管理工作，包括技术数据的录入、修改、删除、查询、统计和备份等。车辆安全管理包括运输车辆的保养维修、年度审验、车辆运行事故等。车辆运行监控管理包括运输任务管理、运行动态管理、运行调度管理等。运输车辆管理系统功能示意见图 9-2。

由于货物运输车辆的种类和车型比较多，包括普通车辆、集装箱车、厢式货车、冷藏车辆、甩挂车辆、危险品车辆、特种车辆等，一些车辆需要进行特殊性的专项管理，其业务功能及流程与普通货物运输车辆的业务职能有所不同，需要进行专门的设计。

对运输线路的管理和监督，目前我国除危险品运输外，其他货物运输基本上没有，因此管理系统中相应的功能结构也比较简单。

对运输场站的管理，与运输企业的管理结构类似，均涉及到设备设施、人员、财务资金等一系列要素,对每个要素的管理都包括多项业务职能,应作为一个完整的信息系统进行功能结构的设计和开发,其中仓储系统应当是货物运输场站的核心业务。货运站场管理系统的功能结构见图 9–3 所示。

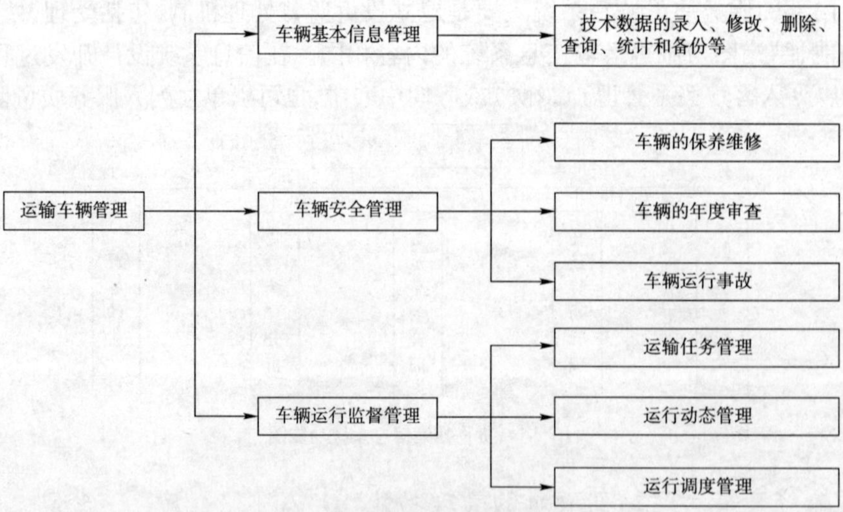

图 9-2　运输车辆管理系统功能图

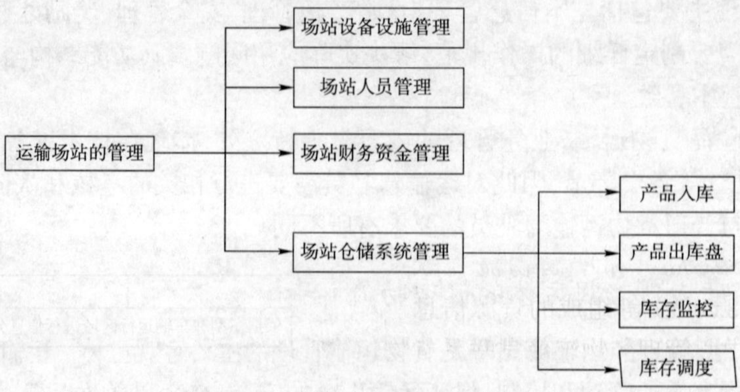

图 9-3　货运站场管理系统功能图

第三节　货物运输信息系统的数据结构

货物运输的主要主体是托运人、运输经营者、运输驾驶员、运输行政管理者、运输货物、运输车辆、运输线路、运输场站等。从货物运输信息系统的数据结构角度分析,托运人数据库、运输货物数据库、运输车辆数据库、驾驶员数据库等是主要的数据库。

托运人数据库中的主要数据包括:公司名称、托运人姓名、所托运的货物名称、运单号等。

运输货物数据库中的主要数据包括：货物名称、货物种类、货物数量、货物价值、货物质量、供货时间、供货方式、托运人、运单号等。

运输车辆数据库中的主要数据包括：车辆驾驶员编号、车辆型号、车辆牌照号、所运输的货物名称、运输起讫点、车辆是否完好等。

驾驶员数据库中的主要数据包括：驾驶员编号、驾驶员姓名、驾驶员驾龄、所驾驶的车辆、驾驶员考勤、事故次数等。

以上主要数据库都需要进行关联，如托运人数据库必须和运输货物数据库进行关联，这样可以查询到托运人托运的货物；运输车辆数据库与驾驶员数据库需要关联，可以反映出运输车辆是由哪个驾驶员驾驶的；运输货物数据库需要与运输车辆数据库进行关联，可以知道托运的货物是哪辆车运输的。

根据业务管理的需要，应当将各个数据库划分为静态数据库和动态数据库两个类型。静态数据库主要存放基本数据信息，动态数据库存放经常变动的数据信息，这样关联的数据库数据冗余现象会比较小。

解决数据库之间关联的主要方法是设置唯一性标示数据项，通过在需要关联的数据库中存储同样的唯一性标示数据项，解决不同数据库之间的关联操作。

第四节 应用案例

一、系统概况

某运业集团股份有限公司依靠 GPS 全球定位系统监控平台，构建了由公司汽车队与驻外分公司的信息联系点、山西迎泽物流网（www.sxyz56.com）和中国物流互联网（www.05668.com）等组成的货源信息网络。由主控中心管理各物流信息联系点和网络物流信息的收集、分类、发布，并实施车辆身份识别、配载信息反馈、货物和车辆监控，如图 9-4 所示。

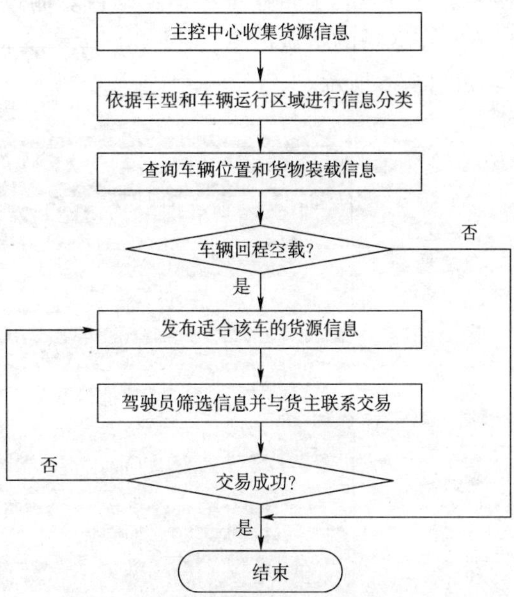

图9-4 主控中心配载货物流程图

货车在未到达目的地前就可了解甚至已承接了将要进行的运输任务，大大减少了配载等待时间，同时有利于提高吨位利用率，减少无效的空车行驶。此外，GPS 全球定位系统具有的车辆身份资质认证功能，使货主通过各级监控中心提供的查询服务等能及时有效地确认承运人的资质和信誉，提高了配载的成功率。

二、系统应用

1. 查询车辆位置信息

采用GPS系统可以查询到车辆的具体位置信息,达到车辆跟踪的目的,如图9-5所示。

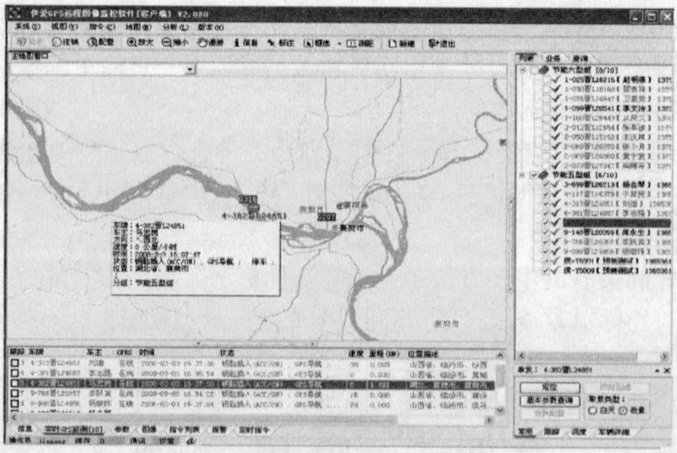

图9-5 车辆位置查询

2. 收集并合理选择货源信息

在确定车辆所在区域后,将以该区域为中心进行货源信息的收集。集团公司是全国物流信息网会员,享有全国范围内货运信息的发布权和使用权。同时以各分公司、各车队为信息采集点也建立了企业货运信息平台。通过全国物流信息网和公司货运信息平台,可搜索车辆所在区域的货源信息,且主要以返程方向为主,增加车辆配载机会,以减少车辆空驶里程,如图9-6所示。

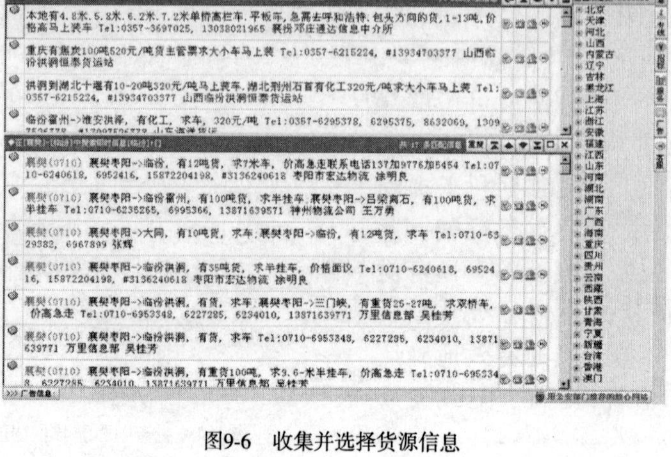

图9-6 收集并选择货源信息

3. 货源信息发布

根据货物承运要求和车辆实际情况对货源信息进行复核、分类等，择优匹配并进行系统登记，如图 9–7 所示。

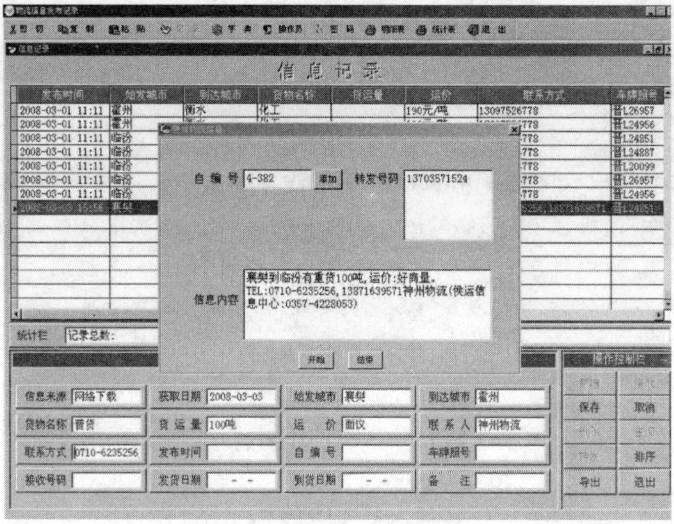

图9-7　发布货源信息

复习思考题

9.1　什么是货物运输？货物运输有哪些类型？

9.2　货物运输信息系统的主要功能结构是什么？

9.3　货物运输信息系统的主要数据库有哪些？如何关联？

9.4　货运配载信息系统的工作目标是什么？如何实现？

第十章 物流信息技术

物流信息技术是现代信息技术在物流各个作业环节中的综合应用，是现代物流区别于传统物流的根本标志，也是物流技术中发展最快的领域。物流信息技术在物流各环节和各领域中的广泛应用，极大地加快了现代物流业的发展进程。本章重点对物流信息技术的相关概念、物流信息技术的作用与发展、物流主要环节分析、物流信息技术应用分析等方面的内容进行阐述。

学习目标

◎理解物流信息和物流信息技术等基本概念。

◎了解物流信息技术的作用与发展。

◎了解物流主要环节并能对物流主要环节进行分析。

◎掌握物流信息相关技术并能够进行其技术应用分析。

关键术语

01. 物流　02. 物流信息　03. 物流信息技术

04. 物流环节分析　05. 物流信息技术应用分析　06. 物流信息化

第一节　物流信息技术概述

一、物流信息

物流是伴随着社会分工和市场经济的发展而逐渐形成的一个概念。物流（Logistics）一词最早出现于美国，其他国家对物流理论的研究与实践活动也异常活跃，表 10-1 给出了不同视角下物流概念的演变。其中对物流概念具有代表性的表述如下：

①美国供应链管理专业协会 CSCMP（前身为美国物流管理协会 CLM，The Council of Logistics Management；2005 年初更名为美国供应链管理专业协会，The Council of Supply Chain Management Professionals）对物流的定义是：物流是供应链过程的一部分，是对货物、

服务及相关信息从供应地到消费地的有效率、有效益的正向和反向流动和储存进行计划、执行和控制，以满足客户需要的过程（2005）。

②欧洲物流协会（ELA，European Logistics Association）将物流定义为：物流是在一个系统内对人员和商品的运输、安排及与此相关的支持活动的计划、执行和控制，以达到特定的目的（2004）。

③日本日通综合研究所编著的《物流手册》对物流的表述是："物质资料从供给者向需要者的物理性移动，是创造时间性、场所性价值的经济活动。"

④在充分吸收国内外物流研究成果的基础上，我国《物流术语》国家标准（GB/T 18354—2006）将物流定义为："物品从供应地向接收地的实体流动过程。根据实际需要，将运输、仓储、装卸、搬运、包装、流通加工、配送、信息处理等基本功能实施有机结合。"

不同视角下物流概念的演变　　表 10-1

视　角	特　点
物流手段	开发硬件→开发软件运输 保管→整个物流部门→整个生产与销售→整个有关公司
物流目的	重视功能→重视效率（成本）→重视效果（服务）
管理	作业层次→管理层次→经营层次
满足需求	满足企业需要→满足市场需要→满足社会需要
功能	保证运力→降低成本→销售竞争手段→经营战略
最佳效益	个别最佳效益→部门最佳效益→整体最佳效益

信息是物流系统的核心构成要素，是物流活动的重要资源，它广泛存在于物流活动的各个环节和各个领域。在物流系统内部各要素之间，以及物流系统与外部环境之间，大量存在着信息和信息交换。

对物流信息的概念可以从狭义和广义两个角度理解：

从狭义角度上，物流信息是指与物流活动（运输、仓储、装卸、搬运、包装、流通加工、配送、信息处理等）直接相关的信息，如库存信息（库存品种、数量、时间、货位等）、物流设施信息（运输工具、搬运设备、包装材料等）、物流活动方式（运输及配送路线、服务层次等）、物流人员信息、物流品质信息、物流标准信息等。

从广义角度上，物流信息不仅指与物流活动直接相关的信息，还包括与物流活动间接相关的信息，如商品交易信息、市场信息等。其中商品交易信息是指与买卖双方的交易过程有关的信息，如销售和购买信息、订货和接受订货信息、货款信息、交易规则等；市场信息是指与市场经济活动有关的信息，如商品价格信息、竞争者信息、客户需求信息、市场环境信息等。由于在物流活动中，物流、商流、信息流、资金流之间存在着密切的关系，因此在物流活动中必然伴随着物流、商流、信息流和资金流等信息。

基于划分的角度不同，物流信息有不同的分类。物流信息常见的分类有以下几种：

①按信息在物流活动中所起作用的不同，物流信息包括计划信息、控制及作业信息、统计信息、支持信息。

②按信息加工程度的不同，物流信息包括一次信息（原始信息）、二次信息和三次信息。在某些情况下，通过口头方式传递的零次信息对物流活动具有特殊的意义，因而也可将之

纳入物流信息的范畴。

③按物流活动领域的不同,物流信息包括运输信息、配送信息、库存和保管信息、包装信息、搬运信息、流通加工信息等。

二、物流信息技术

物流信息技术是指包括计算机技术、网络通信技术等现代信息技术在物流各环节及各领域中的应用,旨在降低物流运作成本、提高物流活动效率、提升物流企业的竞争力,是物流现代化的重要标志。物流信息技术包括物流自动识别和采集技术(如 BarCode、RFID)、物流信息存储和处理技术(如 DB、DW、DM、OLAP)、物流信息交换技术(如 EDI)、物流动态跟踪技术(如 GPS、GIS)、Web 服务技术、物流信息安全技术、物流系统仿真技术等。

物流信息技术是物流领域中发展最迅猛的技术,从数据采集技术到物流信息系统都发生了巨大的变化。计算机、网络技术的飞速发展,进一步推动了物流产业的信息化进程,从而提高了现代物流技术和管理水平。这些技术的创新与应用,有力地促进了物流信息内容的有序性和安全性、物流信息采集和传递的高效性、物流信息检索利用的便利性、物流规划和决策的科学性,以及物流系统的可靠性和稳定性。

三、物流信息化

物流信息化是指广泛采用现代信息技术,管理和集成物流信息,通过分析、控制物流信息和信息流,管理和控制物流、商流和资金流,提高物流运作的自动化程度和物流决策的水平,达到合理配置物流资源、降低物流成本、提高物流的服务水平的目的。

物流信息化包括物流设备的信息化和物流管理的信息化。物流设备信息化是指条码技术、RFID 技术、GPS 技术、GIS 技术、LGV(激光自动导向车)等信息技术和自动化设备在物流作业中的应用。物流管理信息化是指物流管理信息系统、物流决策支持系统等信息系统在物流中的应用。一般来讲,物流设备信息化是物流信息化的初步应用,物流管理信息化则是物流信息化的主体和标志。

物流信息化表现为物流信息的标准化、信息收集的自动化、信息加工的电子化和计算机化、信息传递的网络化和实时化、信息存储的数字化,以及由此带来的物流业务管理的自动化、物流决策的智能化。信息时代的来临引发了物流的运作与管理的改变,通过相关物流信息技术监测、控制物流运作中的一切物流活动,从客户资料的获取和订单处理、物流信息处理到物流信息传递,信息和信息流渗透到物流活动的整个环节。物流信息化的发展见表 10-2 所示。

物流信息化的发展　　表 10-2

发展阶段	物流相关信息技术
后勤阶段	物流信息的采集、传输主要依靠手工记录、普通信函、电话
量化阶段	物流信息交换通过邮政邮件;产品跟踪采用贴标签方式;信息处理的软硬件平台是纸带穿孔式计算机及相应软件

续上表

发展阶段	物流相关信息技术
部门内信息共享	信息技术在物流管理中的应用为实时处理、数据局部共享、系统采用主从式体系结构，信息共享局限于部门内部
企业内部信息共享	物流需求信息通过传真方式，产品跟踪采用条码扫描；软硬件平台是微型计算机和购买商品化的软件包；信息系统以局域网和C/S结构为主
企业间信息交换	Internet、卫星通信提高了物流的实时跟踪能力，GPS、GIS开始在物流中应用。企业间物流信息交换采用EDI；产品跟踪采用RFID技术；信息共享超越企业内部不同职能部门边界及企业边界
供应链信息共享	企业内部构建Intranet，在企业间构建Extranet；物流需求信息直接从消费点获取，物流信息交换采用数字编码分类技术和无线因特网，产品跟踪向LGV及RDID技术发展；DW/DM/IOT等现代信息技术开始在物流领域得到应用

第二节　物流信息技术的作用与发展

一、物流信息技术的作用

物流信息技术作为物流系统和物流信息系统的技术基础，贯穿于采购物流、企业内部物流、销售物流、退货物流、回收和废弃物流的运输、储存、装卸搬运、包装、流通加工等诸多环节。物流信息技术正在成为决定现代物流发展的基本因素，并在各个方面显示出其巨大的作用[21]。

1. 提高物流管理水平

物流信息技术的运用将使物流管理系统发生根本性的变革。具体表现在：第一，物流信息技术使物流作用过程自动化程度得到提高；第二，物流信息技术的应用使得物流管理组织结构发生了变化，从而引起物流管理的设计、组织、计划和控制相应地发生了变化；第三，物流信息技术在物流管理领域中的应用使得物流管理的方式越来越趋向于智能化发展。这三方面的变革，优化了物流管理组织，提高了物流管理的效率和水平。

2. 提升物流决策水平

物流信息技术的应用，使得企业物流活动的信息资源得到了合理的配置，物流信息的实时性和准确性大为提高，为企业高层管理者进行物流决策管理提供了可靠的依据。基于物流信息技术的物流信息分析与预测使得高层决策人员对物流活动的控制能力大大增强，管理人员通过利用物流信息技术可更加方便、快捷地进行企业的战略决策和经营决策。

3. 改善物流企业管理手段

随着计算机技术和网络通信技术的发展，物流信息技术正在成为物流企业管理的重要战略手段，使得物流企业的管理更趋向智能化和现代化。其功能不仅仅体现在提高管理的效率,而且还通过管理的科学化和民主化,全面增强了其管理功能。通过物流信息技术,企业管理人员及员工可以在任何地点、任何时间使用专用的信息处理设备对任何信息进行处理加工,从而达到对物流信息资源及时、准确、充分地利用。

4. 完善物流企业管理组织结构

随着物流信息技术广泛应用于物流企业,物流企业的管理组织结构趋于扁平化。以前作为“上情下达、下情上呈”的中层组织的作用被削弱或存在消失的可能性,高层管理者可应用物流信息技术直接与基层执行者发生联系;基层执行者可根据实际物流运作情况及时进行决策。以往传统的管理组织方式已不能适应企业发展的需求,对相互联系的管理组织进行整合,已成为企业管理组织结构改变的趋势。

5. 改变传统物流企业业务运作方式

物流信息技术的发展,以及与其他现代信息技术的融合,对企业物流业务运作方式产生了巨大的影响,不断改变和更新物流企业传统的业务运作方式。如物流信息采集技术、跟踪技术、处理技术、存储技术、发布技术等的应用,使物流业务活动更加透明化、实时化、准确化和智能化,物流运作的方式也更趋向简单化、省时化、省力化及现代化。

6. 推进和完善物流信息系统开发

目前,物流活动及物流活动各环节均基于不同层次的物流信息系统而运作的,物流信息系统的功能完善在很大程度上依赖于物流信息技术的发展。物流信息系统从系统规划、需求分析、系统设计、系统实施等开发过程的不同环节需要不同物流信息技术的支持和利用,尤其是近年来出现的新的开发技术和信息技术对物流信息系统的开发产生了重要的影响,在一定程度上推进和完善了物流信息系统的开发。

二、物流信息技术的发展

物流信息是反映物流中传输、仓储、包装、装卸、流通加工等活动的相关知识、资料、图像和文件的总称。物流信息是随着物流活动的发生而产生的,从而对物流活动进行有效的控制。现代信息技术的发展使人们能够更及时准确地掌握物流信息。随着信息技术在物流领域的广泛应用,物流信息技术逐渐形成。

物流信息技术是现代信息技术在物流各个作业环节中的综合应用,是物流现代化、信息化、集成化的重要标志。从物流数据自动识别与采集的传感器技术、条码技术、RFID技术,到物流运输设备自动跟踪控制的GPS、GIS技术;从企业资源计划的ERP技术到各企业间的电子数据交换(EDI)技术;从办公自动化系统中的微型计算机、互联网、各种终端设备等到各种物料信息系统软件都在日新月异的发展。可以说,物流信息技术是现代物流区别传统物流的根本标志,也是物流技术中发展最快的领域之一。

物流信息技术的快速发展对现代物流的发展构成了强有力的支撑,同时也为物流行业的发展带来了新的发展动力。在物流信息技术的支持下,物流行业内部业务出现更为细致的分化，出现了第四方和第五方物流的概念。不可否认的是，未来的物流行业发展仍是以信息技术为主要推动力量，将向更集成化、网络化、高效化方向发展。物流信息技术的发展将呈现如下趋势：

（1）RFID 技术将成为现代物流发展的关键技术

由于 RFID 技术应用于物流行业可以大幅度提高物流管理与运作效率，降低物流成本。同时，从全球发展趋势来看，随着 RFID 相关技术的不断完善和成熟，RFID 产业将成为一个新兴的高技术产业群，成为国民经济新的增长点。因此，RFID 技术很有希望成为推动现代物流加速发展的关键技术。

（2）物流动态信息采集技术将进一步得到发展

在全球供应链管理趋势下，及时掌握货物的动态信息和品质信息已成为企业盈利的关键要素。但是由于受到自然、天气、通信、技术、法规等方面的影响，物流动态信息采集技术的发展一直受到很大的制约，远不能满足现代物流发展的需要。因此，借助新的科技手段，进一步完善物流动态信息采集技术，将成为物流领域下一个技术突破点。

（3）物流信息安全技术趋于完善

借助网络技术发展起来的物流信息技术，在享受着网络飞速发展带来巨大好处的同时，也经常可能遭受安全威胁，如黑客、病毒、泄密等安全问题频频发生于物流安全领域。因此，应用新的安全防范技术，保障物流企业相关物流活动、物流信息系统以及物流信息平台的安全、稳定运行，将是物流企业长期面临的一项艰巨任务。

（4）物流信息平台集成化水平将进一步提高

物流信息平台以其跨行业、跨地域、技术密集、多方参与、扩展性强、开放性好等诸多特点，为物流行业提供了基础性、支撑性和服务性的信息整合，使物流相关信息的传递、沟通、存储、分析能够准确、快速、及时和通畅，并能够促进不同物料信息平台之间信息的共享和整合。由此解决了物流信息化孤岛问题，以及各个物流系统彼此独立运行不能协同的问题。随着物流信息技术的进一步发展，物流信息平台集成化水平将得到进一步的提高。

第三节　物流主要环节分析

物流贯穿于整个供应链，连接着供应链的各个节点企业，是企业间相互合作的纽带。供应链环境下的物流主要环节如图 10-1 所示。

为便于理解物流信息技术在物流中的应用状况，尤其是在物流各主要环节中的应用，本节主要对物流各主要环节进行分析。物流主要包括运输、储存、包装、装卸搬运、流通加工、配送、信息处理等有机环节。以下从这几个方面对物流的主要环节进行分析。

1. 运输环节

运输是指利用运输工具对货物进行较长距离的空间位移，是物流的主要功能。物流依靠运输环节，解决了物资的供给地和需求地之间的空间距离问题，创造了商品的空间价值。

同时,运输生产还是社会再生产过程中的重要环节。现代化大生产,尤其是全球化经济的发展,社会分工越来越细,产品种类越来越多,无论是原材料的需求,还是产品的运输量都大为提升,不同地域之间的物资交换也越来越频繁,进一步促进了运输业的发展和运输能力的提高。

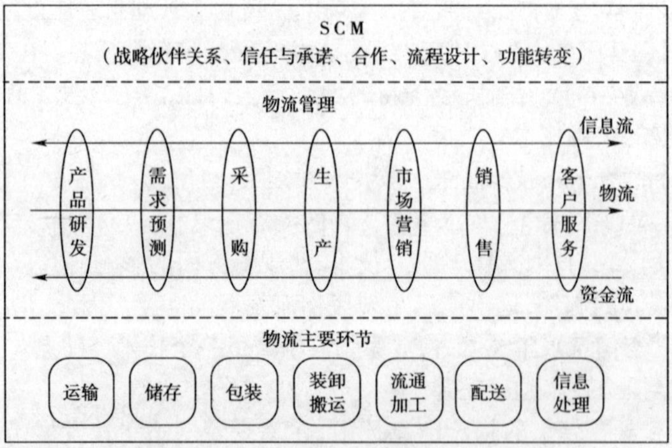

图 10-1　供应链环境下物流主要环节示意图

运输环节在物流中的作用主要是物品转移和物品存放。无论物品处于什么形式(原材料、零部件、制成品),不论是在制造过程中位移的变化,还是向最终客户移动过程中的位移改变,都离不开运输环节。同时,运输环节还是对物品进行临时存放的一种特殊方式,尤其是当短时间内又将重新转移或仓库容量有限时,利用运输车辆存放物品不失为一种可行的选择。

运输环节主要的运输方式有铁路运输、公路运输、水路运输、航空运输、管道运输和电子运输等方式。各种运输方式具有其自身的经济技术特性。在物流过程中对于运输方式的选择应根据各运输方式的经济技术特性灵活选用。但不论如何选用运输方式,必须遵从如下运输原则。

①及时。尽量缩短物品待运和在途时间,加速商品流通,确保商品的市场供给,做到门对门运输服务。

②准确。在运输过程中做到无错、不乱,手续交接清楚,责任明确,准确无误地完成物品运输。

③安全。物品在运输过程中,不发生霉烂、残损、丢失、污染、渗漏、爆炸、燃烧等事故,保证人身、物品和设备的安全。

④经济。以整体物流系统或供应链的总成本最低、综合效益最好等作为选择运输方式、运输路线和运输工具的基本依据,节约人力、财力和物力,降低物流费用,提高总体效益。

以上运输原则及其相应目标的实现,需借助于物流信息技术才能得以很好地完成。

2. 储存环节

一般而言,储存是指对物资进行保管及对其数量、质量进行管理控制的活动。储存是物流过程中的一个环节和一种作业方式,其内容包括对物资进行检验、整理、保管、加工、集散等多种作业。储存解决了供需之间和不同运输方式之间的矛盾，为物资提供场所价值和时间效益，在物流系统中起着缓冲、调节和平衡作用，是物流活动的一个主要环节要素。

随着科技和生产力的进步和发展，储存的概念已不再是单纯的储存、保管物资，还包含了挑选、配货、检验、分类等业务在内的配送功能及附加标签、重新包装等流通加工功能。

商品储存的过程主要包括四个步骤：接收商品、存放商品、拣取商品和配送商品。在商品储存规划与设计中主要需关注储存场所的分配、储存场所的布置、堆垛设计和建立储存秩序等内容。为做到合理化的储存，需注意如下储存原则：

①对物品实行 ABC 管理。一般来说，仓库中储存的物资品种种类繁多，在管理过程中必须根据具体情况实行重点管理。ABC 管理是将库存物品分为三类，即将数量约占 10% 左右的高价值（占资金的比例约为 70%）物品分为 A 类，数量占 70% 左右的低价值（占资金的比例约为 10%）物品分为 C 类，其余为 B 类。A 类物品在不发生缺货的条件下尽可能减少库存，实行小批量订货；C 类物品制定安全库存，进行一般管理，大批量订货，年终盘点；B 类物品介于二者之间，半年盘点一次。当然物品的储存还与物品的结构关系有关，在实际的储存管理活动中，应以 ABC 分类为基础，合理确定各类物品的储存数量，最好做到零库存。

②适度集中储存。适度集中储存是利用储存规模优势，以适度集中储存代替分散的小规模储存追求经济规模。但是如过分地追求集中储存，会造成储存点与用户之间的距离增加，这样虽然储存总量有所降低，但会带来运费的相应增加。因此，适度集中储存需要根据实际情况具体处理。

③加快库存周转速度。由于物品储存会增加资金占用和提高仓储成本，因此需转变静态储存为动态储存，加快库存周转速度，从而实现加快资金周转、减少货损、增加仓库吞吐能力和降低仓储成本的目标。

④提高仓容利用率。为提高储存密度，在储存管理中可根据实际情况，采用高层货架仓库、使用集装箱、高垛方式、窄巷式通道、密集型货架等方法提高仓容利用率，增加储存有效面积。

⑤采用有效的储存定位系统。采用合理的物流信息技术和有效的储存定位系统，以便迅速查找到仓库中物品的储存位置，提高上货和取货的速度。

⑥按物品的特性进行储存。应根据物品的特性和出库频率合理选择储存位置。一般来讲，出入库高的物品应靠近出入口，流动性差的物品应放在距离出入口稍远的位置；同类物品应放置在一起，相类似的物品放在相近的位置；重的物品放在货架的下部，轻的物品放在上部；标准形状的物品直接放在托盘或货架上，特殊形状的物品采用相应的器具保管。

3. 包装环节

包装是在物流过程中保护产品、方便储运、促进销售，按一定技术方法采用容器、材料及辅助物等将物品包封，并予以适当的装潢和标志的工作总称。包装环节在物流活动中主要的目的是保护物品、方便流通、促进销售和方便消费等。

为达到包装的目的，一般包装材料通常采用以下几种类型：纸质包装材料、木质包装材料、金属包装材料、塑料包装材料和复合包装材料等。

在具体的包装环节过程中，应遵循以下原则：

①尺寸标准化。包装标准化对于实现物流全过程的整体合理化具有重要的意义。包装尺寸的确定大多以保护物品、便于人工装卸搬运作业、节约包装材料为考虑因素，当然还应考虑物流综合系统和物流总体的合理化等因素。

②作业机械化。包装机械化是提高包装作业效率、减轻包装作业强度、实现省力的基础。在具体的包装作业过程中，应根据包装物品的具体属性选择适合的包装机械设备。

③成本低廉化。包装材料费在包装成本中占有较大的比例，因此应在保证包装功能的前提下尽量选用低廉的包装材料，防止过度包装和过剩包装，达到节约包装材料费用的目的。同时，包装成本低廉化还涉及包装劳务费方面。

4. 装卸搬运环节

在物流的各个环节之间和同一环节的不同活动之间，装卸搬运环节必不可少。

装卸搬运是指在同一地域范围内进行的，以改变物料的存放状态和空间位置为主要内容和目的的活动，是物流活动的主要环节之一。它主要包括对货物进行装上、卸下、运送、堆垛、取货、理货、分类出库、入库等作业。

在企业的整个物流供应链中，是装卸搬运环节将物流活动的各个阶段有机连接起来的，使之成为连续的流动过程。因此，装卸搬运是发生频率最高的一项作业，其效率的高低直接影响物流的整体效率。

在物流活动中，装卸搬运发生的次数频繁，其作业内容复杂，对劳动者的需求量较多，因此装卸搬运费用占物流成本相对比较大的比例。为此，在装卸搬运环节中应遵循以下原则：

①尽量避免无效装卸搬运。无效装卸搬运包括过多的装卸次数、过大的装卸包装、无效的物资装卸（物品中掺杂有没有使用价值或对用户没有使用价值的货物），从而导致装卸成本增加，物流速度减缓，有时还会造成物品质量受损可能性的增加。

②提高装卸搬运的连续性。装卸搬运作业应按流水线作业的原则运作，各工序间应密切衔接，即使是必须进行的换装作业也尽可能采用直接换装的方式。

③提高搬运活性。搬运活性是指待运物品应处于移动的状态，一般用搬运活性指数表示。搬运活性指数从低到高依次为 0 ~ 4 级。其中，0 表示物品散放在地面上，1 表示物品成批或装入箱中，2 表示物品置于托盘内，3 表示物品置于搬运机械上，4 表示物品处于搬运状态。

④机械化。尽可能地使装卸搬运机械化，机械化的使用可以将作业人员从繁重的体力劳动中解放出来，并以此提高劳动生产率和作业安全性。

5. 流通加工环节

流通加工是物品在从生产地到使用地的过程中，根据需要施加包装、分割、计量、分拣、刷标志、贴标签、组装等作业的总称。

可见，流通加工是在流通过程中进行的辅助加工活动，是在原材料或产成品从供应领域向生产领域，或从生产领域向消费领域流动过程中，为了有效地利用资源、方便用户、提高物流效率和促进销售，对产品进行初级或简单再加工。因此，流通加工主要是为弥补生产领域加工不足、为满足需求多样化、为保护产品、为提高物流效率、为促进销售和衔接不同运输方式等而进行一系列深加工或服务性加工过程。

为此，流通加工应遵照如下原则：

①与配送相结合。一般流通加工是设置在配送点中的，这样一方面可按配送的需要进行加工，另一方面将加工作为配送业务流程的一个环节，加工后的物品直接进入配货环节。

②与配套相结合。对于配套要求较高的流通，由于配套的主体来自各个生产单位，而完全配套有时无法全部依靠现有的生产单位完成，这时进行适当的流通加工，可以有效促成配套，将有联系的物品成套组合在一起提供给用户。

③与合理运输相结合。流通加工能有效衔接干线运输与支线运输，促进两者的合理化。利用流通加工，在支线运输转为干线运输或干线运输转为支线运输本应停顿的环节，不进行一般的支转干或干转支，而是按干线或支线运输合理的要求进行适当加工，大大提高了物流或运输转载的水平。

④与商流相结合。流通加工环节通过简单改变包装、组装等可有效地促进销售。

⑤与节约相结合。目前，节约能源、节约耗费是节能减排的一个重要方面。这就要求在流通加工过程中，应针对物品的特性和具体需求，采取适当的流通加工工艺、技术装备。

6. 配送环节

配送是从物流据点至用户的一种特殊送货方式。具体而言，配送是在经济合理的区域范围内，根据用户的要求，对物品进行拣选、加工、包装、分割、组配等作业，并按时送达指定地点的物流活动。

配送是物流活动的一个重要环节，是现代物流的一个重要特征。通过配送环节，完善了输送及整个物流系统，提高了末端物流的经济效益，方便了用户和提高了供应保证。同时，为满足不同产品、不同企业和不同流通环境的要求，配送的形式多种多样，如商店配送、配送中心配送、生产企业配送、定时定量配送、集疏配送、销售配送、一体化配送等。

可见，配送环节通过将销售和供应有机结合在一起，体现了物流效率和客户的满意程度。它实现了定时、定量、准时性、计划性、即时性、低费用甚至可以实现客户零库存。配送作为一种专业化、社会化的服务形式，适应了经济一体化的需要，顺应了社会化大生产的发展，体现了现代社会经济发展的需要。

7. 信息处理环节

物流信息是伴随着物流活动的发生而产生的，包括物流数量、物流区域、物流费用等方面的信息，因而它是反映物流各种活动内容的知识、资料、数据和文件的统称。可见，物流信息贯穿于物流活动的整个过程，并通过物流信息处理实现对整体物流活动的控制。对物流活动有效的控制必须及时掌握准确的物流信息并进行合理的处理，因而物流信息被称为物流的“神经中枢”毫不为过。

物流信息处理是现代物流区别于传统物流的关键，是现代物流在物资实体流通与信息流通的有机结合。在现代物流运作过程中，通过采用相关信息技术，极大地加快了物流信息处理和传递的速度,使物流活动的效率和快速反应能力得到了很大的提高。

从供应链的角度,现代物流通过信息处理功能,实现了对供应商、批发商、零售商、用户等各类企业信息的链接,从而使供应链上的各相关企业提高了效率,满足了企业对控制计划生产、协调客户服务等的要求,提高了对客户的服务水平,降低了物流总成本。

第四节 物流信息技术的应用分析

一、条码技术应用分析

条码技术从诞生之日起就与物流结下了不解之缘。条码技术就像一条纽带,将产品生命周期中各阶段发生的信息链接在一起,贯穿于物流的产品生产到销售的全过程。

1. 生产线自动控制

随着产品性能的提高,产品结构日益复杂,所需零部件数量和种类众多,使得现代生产制造日益计算机化和信息化,自动化水平不断提高。为了提高所需零部件和原材料的信息采集速度和准确性,条码技术广泛应用于生产制造流程中。例如一辆汽车的生产要由成千上万个零部件装配而成,不同型号、款式的汽车所需要的零部件的品种和数量也不同,且往往要在同一条生产线上装配。使用条码技术对每一个零部件进行在线控制,就能避免差错、提高效率、确保生产顺利进行。使用条码技术成本低廉,只需先对进入生产线的物品赋码,在生产过程中通过安装于生产线的条码识读设备,获取物流信息,从而随时跟踪生产线上每一个物流的情况,形成自动化程度较高的电子车间即可。

2. 仓储管理

仓储管理无论对工业和商业来说,都是重要的环节。现代仓储管理所要面对的产品数量、种类和进出仓频率大大增加,继续原有的人工管理不仅成本昂贵,而且难以满足客户需求。尤其是对一些有保质期控制的产品的库存管理,库存期不能超过保质期,必须在保质期内予以销售或进行加工生产,否则就有可能因其变质而遭受损失。人工管理往往难以真正做到按进仓批次在保质期内先进先出。利用条码技术,只需在原材料、半成品、成品入仓前先进行赋码,进出仓时读取物品上的条码信息,从而建立仓储管理数据库,并提供保质期预警查询,使管理者可以随时掌握各类产品进出仓和库存情况,及时准确地为决策部门提供有力的仓储管理决策依据。

3. 物品自动分拣

现代社会物品种类繁多,物流量庞大,分拣任务日益繁重。例如邮电业、批发业和物流配送业,人工操作越来越不能适应分拣任务的增加,利用条码技术实行自动化管理就成为必然的要求。运用条码技术对邮件、包裹、批发和配送的物品等进行编码,通过条码自动识别技术建立自动分拣系统,就可大大提高工作效率,降低成本。

邮政运输是我国最早配备自动分拣系统的行业之一,其系统的流程是：在投递窗口将各类包裹的信息输入计算机,条码打印机按照计算机的指令自动打印条码标签,贴在包裹上,然后通过输送线汇集到自动分拣机上。自动分拣机通过全方位的条码扫描器,识读、鉴别包裹,并将它们分拣到相应的出口溜槽,这样可以大大提高工作效率,降低成本,减少差错。在货物配送和出货时,采用分货、拣选方式,需要快速处理大量的货物。利用条码技术可自动进行分货拣选,并实现有关的管理。具体过程是：中心接到若干个配送订货要求,将若干订货汇总,每一品种汇总成批后,按批发出所在条码的拣货标签。拣货人员到库中将标签贴于每件商品上,自动分拣。分货机始端的扫描器对处于运动状态分货机上货物扫描,一方面确认所拣出货物是否正确,另一方面识读条码上用户标记,指令商品在确定的分支分流,到达各用户的配送货位,完成分货拣选作业。

4. 售后服务管理

一般来说,大件商品或一些耐用消费品,其售后服务往往决定着其市场销售情况和市场占有率。因此对此类商品的生产者来说,搞好客户管理和售后服务十分重要。利用条码进行客户管理和售后服务管理不仅简便易行,而且成本低廉。厂商只需在产品出厂前进行赋码,各代理商、分销商在销售时读取产品上的条码,向厂商及时反馈产品流通信息和客户信息,建立客户管理和售后服务管理系统,随时掌握产品的销售状况和市场信息,为厂商及时进行技术革新和花色品种更新,生产适销对路的商品提供可靠的市场依据。可见,以条码这种标准标识“语言”为基础的自动识别技术,大大提高了数据采集和识别的准确性和速度,并可实现过程中的计算,实现了物流的高效率运作。

5. 物品信息跟踪管理

采用条码技术可实现对整个供应链的物品信息进行跟踪管理。如通过跟踪物品系列、批号和库存,掌握准确的物品可供应量信息；通过跟踪物品的出库、入库情况,掌握分发单位、生产单位的相关信息；若发现针对某物品的投诉,则可根据条码信息获取该物品在生产、质检、保管等方面涉及的人员和相关信息,便于追究责任,避免类似事件的再次发生,从而提高物品的合格率,也可作为考核员工的标准和激励措施。

二、RFID 技术应用分析

RFID 技术以其数据存储量大、读写速度快、数据安全性高、使用方便、读写距离远等显著特点,在物流领域得到了广泛的应用,极大地提升了物流管理各个环节的智能化水平和服务水平,具有广阔的发展和应用前景。

1. 物品跟踪管理

RFID 技术在物流中的典型应用是对物品的跟踪管理。在技术实现上,可将 RFID 标签贴于托盘、包装箱或元器件上。RFID 标签将相关信息传递给一定距离范围内的读写器,使仓库和车间不需再使用手持条码读写器对物品逐件扫描,大幅度提高物流环节工作效率。RFID 技术的这种优势,有望在未来取代条码技术,成为物流领域实现对物品信息采集和跟踪的主导技术。

2. 仓库管理

RFID 技术能够有效解决仓库中与货物流动有关的信息管理,从而大为提高仓库的货物处理能力和库存货物的信息量。在技术实现上, RFID 读写器和天线设置于货物所通过的仓库大门上,每件货物单元都贴有 RFID 标签,所有标签的信息都被存储在仓库的中心计算机中。当货物作业时,管理中心可实时掌握入库和出库产品的数量及物品信息,实现对仓库的有效管理。

3. 运输管理

在运输管理领域,通过为运输的货物和车辆粘贴 RFID 标签,实现了对运输设备的跟踪控制管理。在技术实现上, RFID 读写器设置于运输线的一些检查点以及仓库、车站、码头、机场等关键地点。接收装置收到 RFID 标签信息后,连同所在地的位置信息上传通信卫星,再由卫星传送给运输调度中心,输入数据库中,实现对运输环节的管理。

三、EDI 技术应用分析

EDI 是一种信息管理或处理的有效手段,是对物流信息流进行运作的有效方法。EDI 技术的优势在于使供应链各方基于标准化的信息格式和处理方法共同分享信息、提高流通效率、降低物流成本。其主要表现为以下几个方面：

1. 节省时间和资金,提高工作效率和竞争力

EDI 意味着更为准确的标准化格式的数据传递,实现了数据标准化及计算机自动识别和处理,消除了人工干预和错误,减少了人工和纸质费用。在物流运作过程中,采用 EDI 技术在全球范围内发送一份电子单证最快仅需几秒钟,物流相关票证可在短时间内进行投递,物流数据能立即进行处理,物流活动中的订购、制造和货运之间的信息传递周期被大大缩短,减少了相应的库存开销。

2. 提升客户服务水平

EDI 技术也可以作为一种改善和提升客户服务的重要手段。采用 EDI 技术在物流运作中的信息传递,巩固了 EDI 贸易伙伴之间的市场和分销关系,提高了办事效率,加快了对客户需求的反应速度,从而有利于提升客户服务的水平和质量。

3. 减少了纸面作业和重复劳动

据纸张协会统计,年国民生产总值每增加 100 亿元,用纸量就会增加 8 万吨。随着社会经济的进一步发展,无疑将会带来各种贸易单证和文件数量的剧增。此外,在各类单证

中有相当大的一部分是重复出现的，需要反复录入单证信息，浪费大量的人力和时间，降低了工作和运作效率。因此，纸面贸易文件成为阻碍贸易发展的一个较突出的因素，对物流业和物流活动产生较大的影响。而EDI技术的采用能够有效解决上述问题。

4. 拓展了客户群

EDI技术的采用，为物流信息活动提供了快速、简便、廉价的通信方式，为企业实施物流EDI提供了坚实的基础。因此，在现实中许多大的企业都要求其供应商采用EDI技术，当他们评估选择一种新的产品或一个新的供应商时，应用EDI技术能力即是一个重要的影响因素。由于EDI的应用领域很广，一个具有EDI实施能力的物流企业无疑会扩大其客户群，为其带来更多的生意和更强的竞争力。

四、GIS技术应用分析

物流活动与地理空间的关系极为密切，利用电子手段为物流活动提供地图服务支持是物流电子化发展的重要表现形式。近年来，伴随着Internet以及GIS等新技术的快速发展，电子地图（electronic MAP，e–MAP）技术也正在逐步走向成熟，为社会经济活动提供重要的支持。

一般认为，数字地图是以地图数据库为基础，利用集地理信息系统技术、数字制图技术、多媒体技术和虚拟现实技术等多项现代技术为一体的综合技术，向公众提供多种空间和动态的地理信息与属性数据，以及专业、全面的地理信息服务支持。而基于互联网的电子地图则是数字地图的进一步发展，它是通过网络技术，在网络上提供与GIS相结合的数字地图。使用者可以通过浏览器的界面，联机到服务器的GIS数据库，使用电子地图网站所开放的GIS相关功能，对空间数据进行查询、应用、分析及展示等，以获得相应的地理信息服务支持。与传统的模拟地图相比，电子地图具有成本低、工艺先进、数字化存储、信息量大、便于携带、保存时间长、不易损坏和变形、制图精度高、不易产生介质变形、数字化信息便于修改与更新以及使用方便等众多优点，将成为信息时代地理空间信息展示的主要方法。随着数字化技术发展的不断成熟，电子地图将以更为丰富多彩的形式进行展示，比如用文本、图片、图表、声音、动画视频等多媒体形式作为表现手法展示道路、交通车辆所在位置、客户分布、最优路线设计等相关信息，更有针对性地为使用者提供服务支持。

在物流电子化领域，电子地图技术有很大的用武之地，主要表现在物流服务提供商对物流业务的组织与管理，以及面向客户提供的服务支持等两个方面。在物流业务的组织与管理方面，电子地图技术有以下几种应用：

①利用电子地图技术进行全方位的物流布局，做出最优化的物流决策。

②利用电子地图技术对物流资产进行管理，包括对仓储设施、物流运输设备等进行电子化的管理与调配。

③为承担运输作业的驾驶员提供地图服务支持。在外作业的驾驶员可通过WAP终端、掌上电脑、个人数字助理（PDA）等设备下载电子地图，并获取行路指南、交通状况等各种相关信息。

④利用电子地图技术提高物流活动的可视性，以加强对物流过程的监控。在服务客户方面，电子地图技术可以让客户更好地参与和监控物流过程的运作，参与最佳路线的选择等物流作业的决策，还可以动态把握物流服务提供商的物流资源分布状况，以便获得最佳的物流服务支持等。

在物流信息管理中，GIS 可用于如下领域：

1. 数字物流的建立

由于 GIS 的特点在于能够将文字和数据信息转化为地理空间图形或图像，大到全球、国家、省市，小到村镇、街道乃至地面上的一个点位，GIS 都能以直观、方便、互动的可视化方式实现地理数据信息的快速查询、计算、分析和辅助决策。因此，GIS 是构建数字地球、数字中国、数字城市的核心应用技术，并与无线通信、宽带网络和无线网络日趋融合在一起，为人类社会发展和人们的生活提供了一种立体的、多层面的、可视化的信息服务体系。“十五”期间，我国有近 1/3 的城市建成数字城市地理空间基础框架，到 2010 年前后要在全国所有城市建立起较为完善的城市地理空间基础框架，较好地满足城市规划、建设、管理、服务以及未来发展的需求。在数字城市的基础上，可以建立起系统化的物流空间数据基准，实现物流数据形式的形象化、标准化和可视化，进行物流供应链的数字化控制和管理，建立起精确化的数字物流体系，促进以客户为中心的物流目标的完美实现。

2. 物流分析模拟

GIS 可以将数字高程模型、数字正射影像与常规的矢量数据和各种属性信息集成在一起，建立起一体化的三维数据输入、操作与可视化机制，为物流空间数据处理、查询与分析和各种三维模型操作提供更加有力的支持。GIS 可对单副或多副图件及其属性数据进行分析和指标量算，以原始图为输入，而查询和分析结果则是以原始图经过空间操作后生成的新图件表示，在空间定位上仍与原始图一致，如叠置分析、缓冲区分析、拓扑空间查询、空集合分析（逻辑交运算、逻辑并运算、逻辑差运算）等。运用摄影测量、地面测量的数据或既有地图数字化、扫描数字化后形成的数据，GIS 可以建立起具有高逼真度和灵活方便的物流空间动态模型，并应用可视化、渲染以及动画等手段模拟出存在于真实世界中任意复杂虚拟真三维实体，进行仿真运行，为实际物流运作提供依据。

3. 路况管理

将传统的办公自动化系统（OA）和地理信息系统（GIS）有机结合起来，可以把分散的文档、图纸以及与道路有关的各种数据进行分类、组织，建立一系列的地理数据和属性数据统一管理的数据库，通过路况管理信息系统就可以为管理人员提供快速准确、图文并茂的数据查询功能，并能将查询和分析结果直观地显示和输出，为道路设施的维护、改扩建，以及路况管理提供原始数据和辅助决策依据。

4. 交通指挥控制管理

为了解决复杂的交通指挥控制中出现的管理以及技术等问题，建立和应用基于 AM / FM / GIS 技术的城市交通指挥控制系统，可提供高效率的工作方式和全新的解决方案。如实现对交通设施的管理，对立交桥、岗亭、电子警察、交通信号控制器等交通设施进行三维真实景观模拟显示和管理；实现对交通的监控管理，获取实时交通流量及控制信息（如信号灯相位、相位差、周期绿比、道路饱和率、延误率等参数以及闭路电视信息）在动态电子地图上直观显示，提供与用户车辆、驾驶员数据库相互通信的接口，并通过该接口查询、检索相关信息等；对交通警力调度进行指挥，实时给出报警地址或事故现场的交通流量、建筑、警力分布等情况，显示现场道路、建筑的航空照片和三维立体图像等，利用提供的 GPS 接口，实时连接到指挥中心大屏幕以及各个终端，辅助指挥员快速制定交通疏导方案；对道路管制进行仿真分析，直观地显示道路等级、道路管制、路口管制空间分布图，并可用动态 GIS 网络分析工具与交通仿真分析系统相结合，根据历史与实时的交通流量资料进行基于时间、空间的统计分析，科学地调整分析交通流量、流向，制订合理的交通管制方案；对交通保卫与事故预防进行管理，确定交通保卫路线始终点后，系统自动给出沿线道路路面、路口、车流、警力情况，并根据数据库、实时监控系统的资料以及保卫实施时间提出车辆分流、警力配备方案，辅助制定应急方案等。

五、GPS 技术应用分析

鉴于 GPS 的功能，把 GPS 技术应用于物流业，能更容易地处理物流配送中货物运输、仓储、装卸、送递等各个环节，并对其中涉及的问题（如运输路线的选择、仓库位置的选择、仓库的容量设置、合理装卸策略、运输车辆的调度和投递路线的选择等）进行有效管理和决策分析。在物流路径引导方面的功能体现在监测车辆、发布配送报告、车辆导航、路径选择。

1. 监测运输车辆

利用 GPS 技术，物流公司可以通过物流监控中心在数字化地图上监测自己的运货车辆的位置和工作状态，将最新的市场信息反馈给运输车队，实现异地配载，并允许对特殊装载指令做出相应的反应，从而更好地服务客户、管理库存，加快物资和资金的运转，降低各个环节的成本。另一方面可以实时对各种车辆进行安全监控，为安全运输提供保障。

2. 调度管理

物流公司利用 GPS 技术对车辆和货物装载情况进行实时调查，掌握第一手资料，根据实际情况对发车时间和数量进行调整，从而有利于运输车辆的调度与管理。为了使物流过程更合理，采用无线局域网技术和其他技术允许物流中心向车辆发出配送指令，允许车辆向物流管理中心发送装载报告。这种技术与车辆位置监测技术相互结合，可实现向距离装载地点最近的车辆发出装载指令、允许弹性实施运送计划等，这样有利于改善车辆条件，以提高运营效率。

3. 导航管理

通过应用 GPS 技术，货车驾驶员可方便地知道自己所在的地理位置，即使在陌生的城市或其他区域也不会迷路，迅速到达目的地，减少运输时间。使用了 3S 技术可实时监控车辆的运行状态，使运输公司和运输管理部门足不出户，就可对目前道路上运行的货运车辆情况了如指掌，并可根据车辆的速度、方向和距目标的距离，判断货运车辆的到达时间，提前做好接车准备，节约时间成本，大大提高工作效率。

4. 路径管理

物流配送过程中，路径选择的意义相当重大，不仅涉及物流配送的成本效益，而且关系到物资能否及时送达，对于重大工程建设、重大救援任务的顺利实施十分重要。GIS 与 GPS 结合的最佳路径选择不是一个一次性的过程，其实质是一个路径诱导过程，即按运输车辆物流监控中心实时路况信息，以最短的距离或者最少的时间或最少成本到达目的地为原则，实时进行路径走向的决策。也就是说，实时路径诱导以行驶车辆的位置作为时间的函数不断地与路径规划产生的最佳路径相比较，实时更新路径诱导信息。而该信息是由监控中心或运输车辆导航仪提供的。这两种诱导方式对交通信息的发射、接收及信息终端容量的要求有所不同。如果运输车辆导航仪终端容量能够满足要求，通常采取车内动态路径诱导，即运输车辆驾驶员通过车内装置的电子地图动态显示车辆位置，并决定行驶路径，实现动态路径诱导。如果所有运输车辆行驶路线都按照实时交通流信息动态调整，监控中心可以对所管辖的运输车辆的位置实时跟踪监控，随时搜索最优路径，从而可根据交通运输任务安排合适的运输车辆，减少空运时间，提高运输车辆的利用率。

第五节　案例分析

某集团公司物流信息化项目实施

一、项目简介

某集团公司是一个跨行业、跨地区经营的大型多元化企业集团，涉足物流、口岸贸易、制造、印刷等多个产业。公司按照“突出主业、转型发展”的发展战略，在口岸物流领域围绕实现由经营车辆向经营货源、由经营运输向经营物流两个方向进行转型发展，通过构建物流信息化平台不断加快基础设施和物流园区建设，形成以建设多式联运信息系统为起点，以物流园区为中心，以各级货运站、配载点为支撑，以各类物流运输车辆为载体，集货运交易、货运配载、仓储中转于一体的功能齐全的现代化口岸物流企业。

二、业务模式

公司物流信息系统业务模式如图 10-2 所示。CA 中心提供信息平台的安全认证信息。企业、政府部门可在信息平台上发布相关信息。客户与商家可通过信息平台传递订货、发货、合同等业务信息，也可进行资金清算。物流信息平台能与物流过程中各个节点连接，将各节点信息进行汇总，然后传送到目标节点，保证物流中的信息流顺畅[12]。

图 10-2 物流信息系统业务模式

三、物流信息平台框架结构

企业物流信息平台框架结构如图 10-3 所示。物流信息平台内部局域网与外部由防火墙隔开。Web 服务器上存放静态和动态页面。单证处理（如采用 AMTrix 服务器，对 AMTrix 采用双机热备份）主要负责 EDI 单证的翻译、转换、通信以及与 Web 的数据接口。这部分业务是信息平台的关键业务。

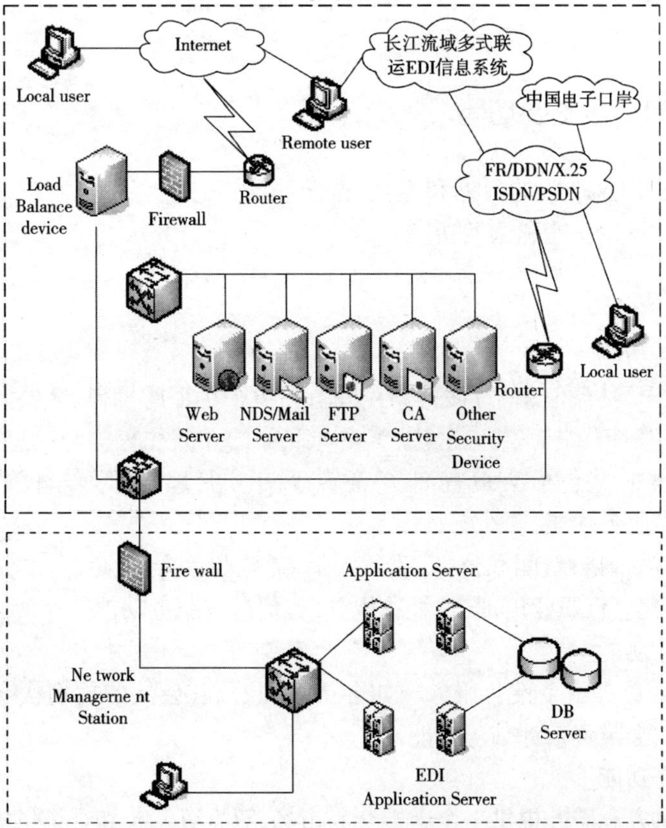

图 10-3 物流信息平台框架结构

四、物流信息平台体系结构

为提高系统性能,业务处理过程被封装在一系列组件中,组件存放在应用程序服务器上。当用户接口程序请求某个业务时,系统运行相应组件存取数据库,将结果返回给接口程序,接口程序再以一定的格式将结果呈现给用户。这种方式将业务分成多个层次进行处理,可避免一台计算机完成全部业务功能造成的系统瓶颈。这种多层运行模式使信息平台更具可伸缩性。物流信息平台的体系结构如图 10-4 所示。

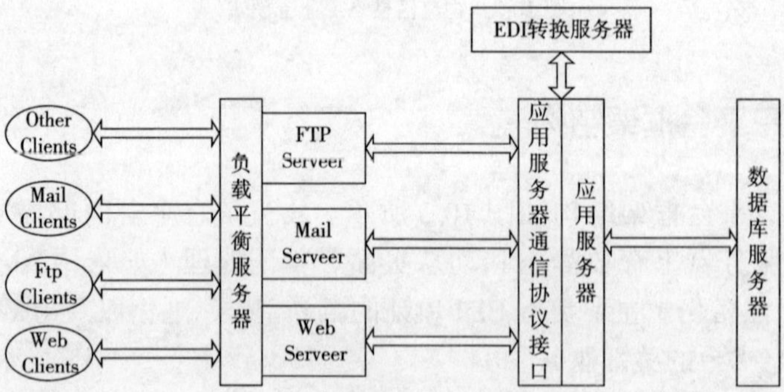

图 10-4　物流信息平台体系结构

五、物流信息平台主要功能

根据企业物流信息平台的目标和定位,按照物流信息平台分步实施原则,平台具备的功能分为两部分：近期功能和远期功能。

1. 近期实现功能

(1) 数据交换功能

数据交换功能是物流信息平台的核心功能,指电子单证的翻译、转换和通信,包括网上报关、报检、许可证申请、结算、缴\退税、客户与商家的业务往来等与信息平台连接的用户间的信息交换。此外,还包括 Web 查询、单证转存、用户管理、计费、统计管理等功能。

(2) 信息发布服务功能

包括水、陆运输价格、新闻和公告、政务指南、货源和运力、航班船期、货物配载、铁路车次、适箱货源、联盟会员、职业培训、政策法规、广告信息等服务功能。

(3) 会员服务功能

主要为注册会员提供个性化服务。如会员单证管理、会员的货物状态和位置跟踪、交易跟踪、交易统计、会员资信评估等功能。

(4) 在线交易功能

交易系统为供方和需方提供一个虚拟交易市场,双方可发布和查询供需信息,对自己感兴趣的信息可与发布者进一步洽谈。如进出口货运业务代理、物流仓储、配送服务等。

2. 远期实现功能

（1）智能配送功能

利用物流中心的运输资源、商家的供货信息和消费者的购物信息进行最优化配送，使配送成本最低，在用户要求的时间内将货物送达。

（2）金融服务功能

在相关法律法规建立和网络技术进一步完善后，可通过物流信息平台网络实现金融服务，如保险、银行、税务、外汇等。

（3）库存管理功能

利用物流信息平台对整个供应链进行整合，使库存量能在满足客户服务的条件下达到最低库存。

（4）决策分析功能

建立物流业务的数学模型，通过对已有数据的分析，协助管理人员鉴别、评估和比较物流战略和策略上的可选方案。

（5）货物跟踪功能

采用GPS/GIS系统跟踪货物的状态和位置（可进行动态跟踪），状态和位置数据存放在数据库中，用户可通过Call Center或Web站点获得跟踪信息。

六、物流信息平台数据结构

数据库在物流信息化平台和物流信息系统中占有重要的地位，数据库结构的优劣直接影响企业物流信息平台运行的效率，关系到企业物流信息化水平以及实现的效果。下面给出物流信息平台的运输管理信息子系统和仓储管理信息子系统的部分数据结构示例。

1. 运输管理信息子系统

（1）驾驶员基本信息表（表10-3）

驾驶员基本信息表　　表10-3

字段名	数据类型	长度	是否为空	备注
Driver license number	Varchar	50	NOT NULL	执照号码
Name	Varchar	50	NOT NULL	姓名
Gender	Varchar	2	NULL	性别
Birthday	Datetime	8	NULL	出生日期
Address	Varchar	50	NULL	住址
Primary collar card time	Datetime	8	NULL	初次领证时间
Drives	Varchar	2	NOT NULL	准驾车型
Term of validity outset time	Datetime	8	NULL	有效期起始时间
Term of validity closure time	Datetime	8	NULL	有效期结束时间

（2）车辆基本信息表（表10-4）

车辆基本信息表　表10-4

字 段 名	数据类型	长　度	可否为空	备　注
Vehicle number	Varchar	8	NOT NULL	车号
Vehicle type	Varchar	4	NOT NULL	车型
Vehicles unit	Varchar	20	NOT NULL	车辆单位
Launch serial number	Varchar	20	NOT NULL	发动机号
Frame number	Varchar	20	NULL	车架号
Trade mark model	Varchar	20	NULL	厂牌型号
Lumpy mass	Numeric	4	NULL	总质量
The checking carries passengers	Numeric	4	NULL	核定载客
Registration time	Date time	10	NULL	登记时间
Sends the card time	Date time	10	NULL	发证时间
Main pilot	Varchar	30	NULL	主要驾驶员

（3）运营信息表（表10-5）

运 营 信 息 表　表10-5

字 段 名	数据类型	长　度	可否为空	备　注
Vehicle number	Varchar	8	NOT NULL	车号
Pilot	Varchar	30	NOT NULL	驾驶员
Starts the time	Datetime	10	NOT NULL	开始时间
Closure time	Datetime	10	NOT NULL	结束时间
Movement course	Numeric	4	NULL	运行里程
Oil consumption	Numeric	4	NULL	油耗

（4）车辆维修信息表（表10-6）

车辆维修信息表　表10-6

字 段 名	数据类型	长　度	可否为空	备　注
Vehicle number	Varchar	8	NOT NULL	车号
Time	Datetime	10	NOT NULL	时间
Service unit	Numeric	30	NULL	维修单位
Service content	Varchar	30	NULL	维修内容
Price	Numeric	4	NULL	价格
Fitting	Varchar	30	NULL	配件
Note	Text	30	NULL	备注

（5）事故信息表（表 10-7）

事故信息表 表 10-7

字段名	数据类型	长度	可否为空	备注
Vehicle number	Varchar	8	NOT NULL	车号
Time	Datetime	10	NOT NULL	时间
Place	Varchar	30	NOT NULL	地点
Reason	Varchar	30	NULL	原因
Pilot	Varchar	30	NULL	驾驶员
Opposite party unit	Varchar	30	NULL	对方单位
Opposite party vehicle number	Varchar	8	NULL	对方车号
Processing mode	Varchar	30	NULL	处理方式
Punishment amount	Numeric	6	NULL	处罚金额

（6）数据信息表关系图

数据库关系图表示的是数据库中表与表之间的约束关系。图 10-5 是以上各表之间关系的示例。

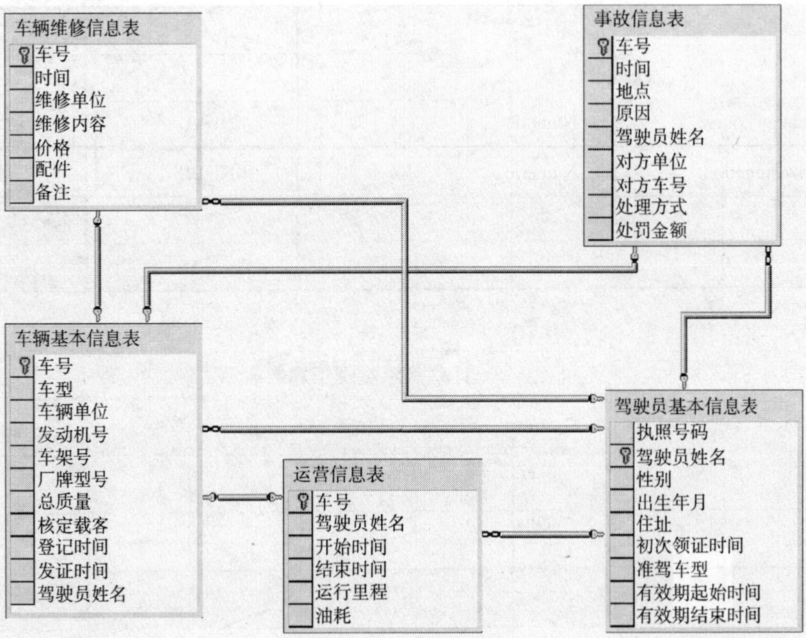

图 10-5 数据库关系图

2. 仓储管理信息子系统

（1）客户信息表（表10-8）

客户信息　　表10-8

字段名称	数据类型	长　度	能否为空	说　明
Customercode	integer	8	N	客户编号
Customername	vchar	60	N	客户名称
Contact	vchar	20	N	联系人
Tel	vchar	60	N	联系电话
Address	vchar	60	N	地址
Accounts	vchar	30	Y	开户账户
Deputy	vchar	10	Y	法人代表
Postcode	char	6	Y	邮编
Mail	vchar	20	Y	电子邮件
Fax	vchar	20	Y	传真

（2）订单信息表（表10-9）

订单信息　　表10-9

字段名称	数据类型	长　度	能否为空	说　明
Ordercode	integer	8	N	订单编号
Ordername	integer	8	N	客户编号
Ordertime	datetime	8	N	提交订单时间
Arrivetime	datetime	8	Y	要求服务时间
Arrivead	vchar	60	N	送货地点
Consignee	vchar	30	N	收货人
Tel	char	20	N	联系电话
Remark	vchar	100	Y	备注

（3）需求物资信息表（表10-10）

订单需求物资信息　　表10-10

字段名称	数据类型	长　度	能否为空	说　明
Ordercode	integer	8	N	订单编号
Goodscode	integer	8	N	货物编号
Amount	char	6	N	所需货物数量
Specification	vchar	20	N	所需货物规格

（4）货物信息表（表 10-11）

货 物 信 息 表 10-11

字段名称	数据类型	长度	能否为空	说明
Goodscode	integer	8	N	货物编号
Goodsname	vchar	30	N	货物名称
Suppliercode	integer	6	N	供应商编号
Type	vchar	20	N	库存货物规格

（5）配送单信息表（表 10-12）

配 送 单 信 息 表 10-12

字段名称	数据类型	长度	能否为空	说明
Distributecode	integer	8	N	配送编号
Ordercode	integer	8	N	订单编号
Destination	vchar	60	N	送货地点
Arrivetime	datetime	8	N	送货时间
Consignee	vchar	30	N	收货人
Tel	char	20	N	联系电话

（6）派车单信息表（表 10-13）

派 车 单 信 息 表 10-13

字段名称	数据类型	长度	能否为空	说明
sendcode	integer	8	N	派车编号
Distributecode	integer	8	N	配送编号
Drivercode	integer	4	N	驾驶员编号
Carcode	integer	4	N	车辆编号

（7）配送货物信息表（表 10-14）

配 送 货 物 信 息 表 10-14

字段名称	数据类型	长度	能否为空	说明
Distributecode	integer	8	N	配送编号
Ordercode	integer	8	N	订单编号
Goodscode	integer	8	N	货物编号
Amount	char	6	N	配送货物数量
Specification	vchar	20	N	配送货物规格

（8）数据表关系图

数据库关系图表示的是数据库中表与表之间的约束关系。图 10-6 是以上各表之间关系的示例。

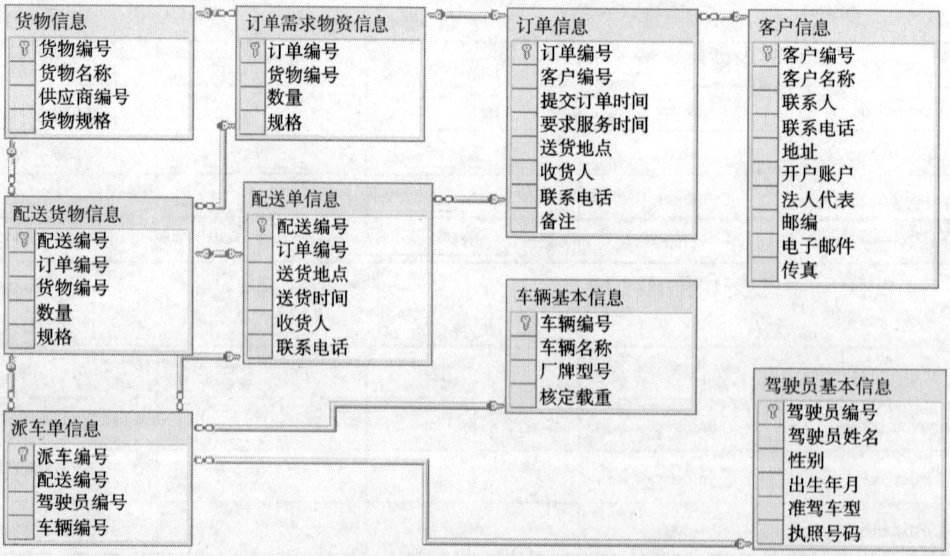

图 10-6　数据库关系图

复习思考题

10.1　什么是物流信息？

10.2　什么是物流信息技术？

10.3　简述物流信息技术的作用和发展。

10.4　简述物流信息技术在物流中的应用。

第十一章
云技术

云技术是在分布式计算技术、网格计算技术基础上发展起来的一种计算技术。云技术基于资源虚拟化的方式，为用户提供方便快捷的服务，可以实现计算与存储的分布式与并行处理。云技术为其他信息技术（如物联网）提供了基础计算模式。本章重点介绍云技术的概念、标准化、体系框架及相关业务，并介绍云技术在道路运输中的具体应用。

学习目标

◎了解云技术的基本概念。

◎了解云技术的体系架构。

◎掌握云存储业务和云计算分析业务。

◎了解云技术在道路运输中的具体应用。

关键术语

01. 云技术　02. 云计算　03. IaaS　04. PaaS

05. SaaS　06. 云存储业务　07. 云计算业务

第一节　云技术概述

一、云技术概念

云技术至今为止没有统一的定义，不同的组织从不同的角度给出了不同的定义，据统计目前关于云技术的定义至少有 25 种以上。例如，Gartner 认为，云技术是一种使用网络技术并由 IT 使能而具有可扩展性和弹性能力作为服务提供给多个外部用户的计算技术；美国国家标准与技术实验室对云技术的定义是：“云技术是一个提供便捷的通过互联网访问一个可定制的 IT 资源共享池能力的按使用量付费模式（IT 资源包括网络、服务器、存储、应用、服务），这些资源能够快速部署，并只需要很少的管理工作或很少的与服务供应商的交互技术”，等等。随着应用场景的变化和使能技术的发展，关于云技术的定义还在不断产生新的观点。

云技术将网络上分布的计算、存储、服务构件、网络软件等资源集中起来，基于资源虚拟化的方式，为用户提供方便快捷的服务，实现计算与存储的分布式与并行处理。如果把"云"视为一个虚拟化的存储与计算资源池，那么云技术则是这个资源池基于网络平台为用户提供的数据存储和网络计算服务。互联网是最大的一片"云"，其上的各种计算机资源共同组成了若干个庞大的数据中心及计算中心。但是，云技术并不是一个简单的技术名词，并不仅仅意味着一项技术或一系列技术的组合，它所指向的是IT基础设施的交付和使用模式，即通过网络以按需、易扩展的方式获得所需的资源（硬件、平台、软件）。提供资源的网络被称为"云"。从更广泛的意义上来看，云技术是指服务的交付和使用模式，即通过网络以按需、易扩展的方式获得所需的服务。这种服务可以是IT基础设施（硬件、平台、软件），也可以是任意其他的服务。无论是狭义还是广义，云技术所秉承的核心理念是"按需服务"，就像人们使用水、电、天然气等资源的方式一样。这也是云计算对于ICT领域乃至于人类社会发展最重要的意义所在。

二、云技术标准化

云技术标准化是云技术推广和应用的基本前提和真正云技术的终极目标。目前国际、国内不少组织已经开始研究和探讨云技术标准化，都试图在未来的云技术的核心技术发展中获得一定的话语权。但是我们知道，云技术标准化所包含内容非常广泛，从软件开发的标准化、网格计算的标准化到资源管理接口的标准化等。同时云技术的架构分为不同层次，从上到下，包括业务逻辑层、应用层、分布式文件和操作系统层、虚拟化层、硬件层和数据中心基础设施等。要实现云技术标准化，理论上就要实现这五个层次上的标准化，这样的结果非常复杂。为了简化云技术标准化的进化过程，我们把云技术标准化基本目标锁定为实现云的可移植性（Portability）、可互操作性（Interoperability）和安全性（Security）。

具体来讲，云技术标准化的主要内容有：

①云技术互相操作和集成标准，涵盖不同云之间（如私有云和公有云之间、公有云和公有云之间、私有云和私有云之间）的互操作性和集成接口标准。

②云技术的服务接口标准和应用程序开发标准，主要针对的是云计算与业务层面的交换标准，从业务层面如何调用、使用云服务。

③云技术不同层面之间的接口标准，包括架构层、平台层和应用软件层之间的接口标准。

④云技术服务目录管理、不同云之间无缝迁移的可移植性标准。

⑤云技术商业指标标准，云计算用户提高资产利用率标准，资源优化和性能优化、评估性能价格比标准等。

⑥云技术架构治理标准，包括设计、规划、架构、建模、部署、管理、监控、运营支持、质量管理和服务水平协议的标准。

⑦云技术安全和隐私标准，数据的完整性、可用性、保密性、物理上和逻辑上的标准。

目前，至少有十家以上组织推动云标准化的发展。这可以说是好事，说明有足够的力量促成云技术标准化早日实现；另一方面又说明云技术标准建立还处于早期阶段，不同的利益团体都在努力创新，希望在未来的云技术标准中有自己的一席之地。在这些前沿的云技术标准化研究和制定组织里，我们国家的公司和组织比例是非常小的，仅仅在 OASIS、Open Group、SNIA 里有极少数的公司或组织参与。要推动云技术标准化的发展，我们的工作中心是努力把中国的云技术需求加入到国际的标准化阵营，而不是建立中国自己的云技术标准。云技术本身是无国界的，标准也应该是无国界，当然标准里面的研究、推广和应用水平是有国界的。推动云技术标准化行动的第一层次是我们国家的大学、科研机构应积极参与国际上同样性质组织建立的云计算组织，合作研究云技术基础技术，这是长期的标准创新的核心力量；第二层次是国家的行业协会同样参与国际上行业组织的标准化讨论和研究，代表广大中小云技术组织的愿望；第三个层次是大型的技术性公司应设立专门的标准化小组，加入国际大公司都参与的组织。

三、云技术发展与展望

1. 云计算的发展趋势

尽管还存在不同的声音，但是越来越多的运营商认同了未来发展的云模式，北美和西欧的运营商处于领先地位，亚洲运营商也正在积极参与其中。不同的研究机构对云计算市场的预测也支持了这种判断：

①美林：未来 5 年，全球云计算市场规模将达到 950 亿美元。

②IDC：未来 5 年云计算服务市场将增长 3 倍，2012 年时这一市场将增长至 420 亿美元；到 2013 年云计算服务开支将占整个 IT 开支增长幅度的近 1/3。

③ Gartner：云服务的市场规模 2009 年达到 464 亿美元，2013 年达到 1 500 亿美元。

④麦肯锡：全球每年投资于数据中心技术设施与服务的金额超过 3 500 亿美元（估计值），超过 70% 的 IT 投资用于维护现有 IT 设施，只有 30% 或更少用于新技术；云计算解决方案将大大降低维护成本，到 2015 年大约将有 850 亿美元用于数据中心虚拟化和私有云技术。

尽管具体的统计口径和评估结果并不一致，但各家咨询机构均认为云计算的市场潜力巨大，云技术将逐渐获得企业用户的认同，在未来几年保持较快的增长速度。可以预期在现有的 SaaS、PaaS 和 IaaS 基础上还将不断产生新的云技术商业模式。技术创新将使得云计算更安全、更可靠、更高效。电信运营商必须抓住机遇，加强研究，逐步推出基于云技术的应用和服务，向云技术运营商过渡。

2. 云技术的前景

云技术以统一化的 IT 基础资源为用户提供个性化的服务，可以说是标准化与差异化的完美结合。云技术的出现，表明当前互联网遇到了新的发展契机。尽管还存在着这样或那样的不完善，但是在互联网、IT 和电信巨头的共同推动下，云技术仍然显现出较为乐观的前景。从研究机构的市场预测也可以看出未来几年，云技术将保持较高的增长速度，市场规模不断扩大。

云技术的发展有赖于政府的支持,特别是从总体规划的科学性和财力支持力度来看,政府主导将成为云技术未来发展的重要趋势和主要动力之一。

在节能减排、两化融合成为中国社会经济发展的关键词以来,中国各级政府高度重视云技术,为其发展注入了强大的动力。以无锡云计算中心为开端,包括南京、杭州、佛山等地在内的地方政府都在兴建政府云计算中心。广东省在“云计算”市场的表现最为积极。在最近广东省政府与IBM“智慧城市”合作项目的签约中,云计算被排在双方合作的首位。佛山、东莞等地已经建立起国家级的云计算中心,成为地方政府为企业解困减负的主要手段。国内的云计算基础设施建设也在加快。同时,大型云计算中心的建设也有利于减少能源消耗,符合资源节约型社会与环境友好型社会的发展要求。

随着国家对云技术重要作用的认识不断提高,云技术的研究和应用的投入力度将进一步加大。而且,政府部门正在积极采取行动进行标准制定工作,并协调云技术产业链上、下游各个企业的关系,促进云技术产生后互联网产业的良性健康发展。

第二节　云技术体系框架

从业务交付模式角度划分,云计算技术包括基础架构即服务、平台即服务、软件即服务。基础架构即服务(IaaS,Infrastructure as a Service)指云计算平台把硬件资源(如存储)和计算资源(CPU和内存)以服务的形式提供给用户;平台即服务(PaaS,Platform as a Service)指为用户提供一个完整的开发环境,使用户能基于云计算平台构建并运行适合企业的应用;软件即服务(SaaS,Software as a Service)指将应用软件统一部署在数据中心的服务器上,通过浏览器向客户提供软件,用户根据需求通过互联网订购应用软件服务,服务提供商根据用户的订购情况收取相应费用。

一、IaaS(基础架构即服务)

IaaS是最下的一层,是通过网络为用户提供IT基础设施服务。包括计算存储和网络资源出租及灾备、负载均衡、网络加速、综合信息等基础的云服务,著名的云计算产品有Amazon的S3(Simple Storage Service),提供给用户云存储服务。

基础设施即服务(IaaS):以资源为中心,目的是为用户提供一个虚拟化的基础设施环境,能提供虚拟CPU、内存、存储、网络及虚拟机给用户使用,用户可以将自己的操作系统、中间件及各种应用程序放在虚拟机在云中运行。IaaS主要适用的对象是拥有数据中心的客户,使用的主要目的是提高资源使用率,降低成本。目前主要的IaaS供应商包括Amazon、Microsoft、VMWare、Rackspace等;

IaaS的含义是基础设施即服务,是一种对资源的抽象。具体的说,IaaS是将基础设施经过虚拟化后的计算资源、存储资源和网络带宽等以服务的方式通过互联网提供给用户使用,也是一种托管型的硬件使用方式。不同云计算提供商的基础设施层所提供的服务有所不同,实现方式也有区别,但都有一个共同点,就是面对大规模的硬件资源,为实现高层次的资源管理,对底层资源进行虚拟化。通过虚拟化这一过程,屏蔽了硬件资源产品上的差异,也为实现各种硬件资源的统一管理提供了逻辑接口。基础设施层的资源虚拟化往往具有多个层次。目前业界提出了虚拟机、集群、虚拟数据中心和云等若干层次分明的资源抽象。资源虚拟化为资源管理逻辑定义了操作的对象和粒度,是构建基础设施层的基础。通过对不同品牌和型号的物理资源进行抽象,以一个全局统一的资源池进行管理并呈现给客户,是基础设施层的关键。在大规模的集群资源池中,负载问题一直都是研究的热点与难点。如果资源池中的节点负载均衡,可以提高资源池的整体效率。反之,会造成资源上的浪费。如果在设施层能提供自动化的负载均衡机制,提高资源负载度后整合资源并关闭闲置资源,可达到节能的目的。同时,如果在这一层有负载均衡控制机制就不会出现某些节点由于负载过高而致使性能受到影响的情况。目前,典型的应用如 Amazon 的 EC2、S3、SQS, Google 提供的服务器托管、租赁等服务, IBM 提供的 Blue Cloud 服务。

基础设施即服务,将虚拟硬件资源封装成服务供用户使用,如虚拟主机 / 存储 / 网络 / 安全等资源。用户无需购买服务器、网络设备、存储设备,只需租用硬件进行应用系统的搭建即可。在 IaaS 环境中,用户相当于在使用裸机和磁盘,虽然可以在其上运行 Windows 或 Linux 做许多事情,但用户必须自己考虑如何让多台机器协同工作。IaaS 的最大优势在于允许用户动态申请或释放节点,按使用量计费。运行 IaaS 的服务器规模通常多达几十万台,用户几乎可以认为能够申请的资源是无限的。由于 IaaS 是供公众共享的,因而资源使用率会较高。

二、PaaS(平台即服务)

PaaS 是第二层,通过网络向用户提供可定制、可开发的平台服务,这种服务类似于操作系统层次的服务与管理。例如应用开发环境、数据库服务、电信能力开放等。还比如 Google GAE,你可以把自己写的 Java 应用(或者是 Python)丢在里面运行。GAE 就像一个"云"操作系统,对用户而言不用关心程序在哪台机器上运行。

平台即服务(PaaS)以应用为中心,目的是为用户提供共享的中间件服务,用户可以通过 PaaS 平台将自己的应用程序部署运行在云中,可以通过 API 使用 PaaS 平台提供的各种共享服务,如数据持久化、应用消息服务等。使用 PaaS 可以让应用程序具有更好的伸缩性,让用户更加专注于自己的应用,而不需关注底层的中间件。PaaS 主要适合于以自己的应用为中心的客户,他们使用的目的是使应用具有更好的伸缩性,同时节省采购和维护中间件的费用。在企业内部部署 PaaS 平台的用户,还可以提高中间件管理的自动化程度。目前主要的 PaaS 提供者有 Google App Engine、Microsoft Azure、Cloud Foundry 等。

PaaS 的含义是平台即服务,是指将软件研发的平台作为一种服务提供给使用者。在这个过程中也使用到了 SaaS 所提供的服务,因此 PaaS 也是 SaaS 模式的一种应用,是把服务器平台作为一种服务提供的商业模式。在传统的软件开发时代,若想要开发一个系统,开发者必须先准备开发硬件、软件平台。而在 PaaS 模型下,开发者不需要自己准备,可以直接使用云计算提供商提供的服务器平台和开发环境,大大缩短了开发周期。PaaS 为开发者提供了便利,主要是因为它能提供企业研发所需要的中间件平台(涵盖了数据库和 Web 应用发布服务器),同时这个中间件平台是可定制的。应用软件开发者根据自己的需要,定制适合自己的开发平台,从而丰富了基于该平台的应用,也丰富了 SaaS 服务。目前 PaaS 在商业界也得到了广泛的应用。面向个人服务的 Amazon 公司,最初只是为了公司的运营,构建为一个系统平台,面向个人和企业出租。用户可以自由选择操作系统和中间软件。以这样的方式提供硬件以及软件平台服务,最初只是为了挽回一些损失,推向市场后却成为公司经营增长点。Google 公司也在这种服务方式下提供了平台——GoogleAppEngine,这是一个开发语言(Phthon 或 Java)的使用环境,用户无需搭建自己的 Web 发布平台和数据库服务器等,可直接使用 Google 提供的开发包,将开发好的软件发布到 Google 提供的平台上。

平台即服务,即 PaaS 对资源的抽象层次更进了一步,它将开发环境作为服务提供给用户。用户可以在供应商的基础架构上构建自己的应用软件并运行,然后通过网络直接从供应商的服务器上传递给其他用户。当然, PaaS 服务会受到厂商的设计规定与容量限制,用户也因此没有足够的自由。

三、SaaS(软件即服务)

最后一层是 SaaS,它通过网络向最终用户提供软件应用服务,就是我们所熟悉的软件即服务。事实上 SaaS 概念的出现要早于云计算,只不过云计算的出现让原来的 SaaS 找到了自己更加合理的位置。本质上, SaaS 的理念是:有别于传统的许可证付费方式(比如购买 Windows Office), SaaS 强调按需使用付费。SaaS 著名的产品很多,比如 IBM 的 LotusLive, Salesforce.com 等。SaaS 能降低企业信息化成本,提高企业信息化水平,为用户提供一站式服务。

软件即服务(SaaS)通过互联网为用户提供具体的应用功能,用户也可以根据自身需要通过互联网订购并使用应用软件服务,服务提供商则根据用户所订购的软件数量、使用时间等收取相应的费用。SaaS 主要适合于那些需要直接使用某些特定应用的用户,他们使用的目的是节省软件开发所需要的人力、物力和时间,不需开发任何应用程序,只需根据自己对应用的使用情况付费既可。目前主要的商务 SaaS 应用包括 Salesforce 的 CRM、Citrix 的 GoToMeeting、Cisco 的 WebEx 等。

SaaS 的含义是软件即服务,是一种基于互联网提出的软件服务应用模式。提供 SaaS 服务就是把所提供的服务软件统一地部署在自己建立的数据中心,企业只需提出需求,就可使用数据中心提供的服务。在这种服务模式下,企业用户或个人用户不用像使用传统系统软件那样建立服务器和购买硬件、软件等,只需要有能接入互联网的终端,使用浏览器访问所需服务。用户也不用考虑版本和日常维护等,这些都由服务提供商进行处理。对于广大中小型企业来说,这种 SaaS 模型不仅为他们带来了方便,更为他们带来了商机,规避了投资风险。因为这种模型便于用户通过互联网托管、部署和接入,用户只要按需缴纳费用而不用一次性投入大量的人力和物力。目前, SaaS 已经被用到企业管理软件领域、产业技术和市场。国内主要 SaaS 厂商有八百客、沃利森,主要研发 CRM、ERP 等在线应用。国外主要有 SalesForce 提供的在线 CRM 服务, Google 在线 Office 和 GoogleApps 企业应用。

软件即服务（SaaS）将具有某些特定功能的应用软件封装成服务，然后通过浏览器将软件传递给成千上万的用户。从用户的角度来说，这意味着他们无须购买软件，只需租用软件；从供应商的角度来说，与常规的软件服务模式相比，只需要维护一个软件就行了，这样可以降低成本。

目前亚马逊、谷歌和 Salesforce. com 是上述三类云服务供应商的典型代表。

第三节　云技术业务

一、云存储

云存储是在云计算（Cloud Computing）概念上延伸和发展出来的一个新的概念。与云计算类似，它是指通过集群应用、网格技术或分布式文件系统等功能，将网络中大量各种不同类型的存储设备通过应用软件集合起来协同工作，共同对外提供数据存储和业务访问功能的一个系统。对于普通使用者来讲，云存储并不是一个具体的设备，而是使用整个云存储技术系统获得的数据访问服务。

云存储技术的概念始于 Amazon 提供的一项服务（S3），同时还伴随着其云计算产品（EC2）。在 Amazon 的 S3 的服务背后，还管理着多个商品硬件设备，并捆绑着相应的软件，用于创建一个存储池。新兴的网络公司已经接受了这种产品，并提出了云存储这个术语及其相应的概念。

云存储是一种架构，而不是一种服务。从根本上来看，通过添加标准硬件和共享标准网络（公共互联网或私有的企业内部网）的访问，云存储技术很容易扩展云容量和性能。事实证明，管理数百台服务器，使得其感觉上去就像是一个单一的、大型的存储池设备是一项相当具有挑战性的工作。早期的供应商（如 Amazon）承担了这一重任，并通过在线出租的形式赢利。其他供应商（如 Google）雇佣了大量的工程师在其防火墙内部实施这种管理，并且定制存储节点以在其上运行应用程序。由于摩尔定律（Moore’s Law）压低了磁盘和 CPU 的商品价格，云存储渐渐成为了数据中心中一项具有高度突破性的技术。

二、云计算

云计算是云技术的一种具体应用。很多专家认为，云计算会改变互联网的技术基础，甚至会影响整个产业的格局。正因为如此，很多大型企业都在研究云计算技术和基于云计算的服务，亚马逊、谷歌、微软、戴尔、IBM、SUN 等 IT 巨头都在其中。几年之内，云计算已从新兴技术发展成为当今的热点技术。

通过使计算分布在大量的分布式计算机上，而非本地计算机或远程服务器中，企业数据中心的运行将与互联网更相似。这使得企业能够将资源切换到需要的应用上，根据需求访问计算机和存储系统。

云计算具有以下几个主要特征：

①资源配置动态化。根据消费者的需求动态划分或释放不同的物理和虚拟资源。当增加一个需求时,可通过增加可用的资源进行匹配,实现资源的快速弹性提供。如果用户不再使用这部分资源时,可释放这些资源。云计算为客户提供的这种能力是无限的,实现了 IT 资源利用的可扩展性。

②需求服务自助化。云计算为客户提供自助化的资源服务,用户无需同提供商交互就可自动得到自助的计算资源能力。同时云系统为客户提供一定的应用服务目录,客户可采用自助方式选择满足自身需求的服务项目和内容。

③网络访问便捷化,客户可借助不同的终端设备,通过标准的应用实现对网络访问的可用能力,使对网络的访问无处不在。

④服务可计量化。在提供云服务过程中,针对客户不同的服务类型,通过计量的方法来自动控制和优化资源配置。即资源的使用可被监测和控制,是一种即付即用的服务模式。

⑤资源的虚拟化。借助于虚拟化技术．将分布在不同地区的计算资源进行整合,实现基础设施资源的共享。

第四节　云技术在道路运输中的应用

一、概述

智能交通系统（ITS）是交通行业发展的新趋势,而实时交通信息处理是智能交通系统研究的核心内容之一。而道路运输是智能交通系统的重要组成部分,如何对海量的道路运输信息进行采集、处理、分析、挖掘和利用,将是未来智能道路运输信息服务的关键问题。如何充分发挥现代高速信息网络和强大的计算机信息处理能力,实施高效的交通系统控制和物流运输,实现道路运输车辆的最优路线诱导,提高道路运输组织效率,是道路运输工程领域和计算机信息处理领域所共同面临的重大课题。

云技术是近年来发展起来的一种新的信息技术,体现了一种全新概念的信息服务模式,以其自动化 IT 资源调度和高速信息部署以及优异的扩展性,成为解决上述问题的关键技术手段。云计算是云技术的核心,云计算作为一种新兴的计算和商业模式,正在加速信息产业和道路运输信息的服务化进程。加快发展云计算技术在智能道路运输领域的应用,对于提升道路运输信息化处理、推动产业优化结构升级、促进经济发展方式转变具有积极性意义,市场应用前景广阔。

二、云计算在道路运输信息处理中的应用

1. 道路运输信息云

道路运输系统有多个子系统,通过对这些子系统的应用服务和计算设备进行分层,可

以得到共通的计算设备层，可用于智能道路运输系统中心的构建。对于这个共通的计算设备层，可以应用目前云计算服务提供商提供的服务，从而使智能道路运输系统提供的服务成为云计算服务的一种应用。这种基于云计算服务的智能道路运输系统称为“道路运输信息云”。

道路运输信息云是由云计算和道路运输信息云服务构成的信息全过程，是一种道路运输信息采集、处理和应用的工作模式。海量的道路运输信息如道路网路连通信息、车牌自动识别信息、车辆 GPRS 定位信息、信号灯倒计时信息，通过无线通信存储到网络上构成交通信息云。由于其特定的性质，它的存储和计算能力不会受到限制。也可以进行交通信息的交换，为用户提供计算基础设施、计算平台和交通基础数据。

2. 基于 GPS 的浮动车道路运输信息云

浮动车通常是指具有无线通信装置和定位系统的车辆。浮动车系统一般由三个部分组成：车载设备、无线通信网络和数据处理中心。浮动车将采集到的时间和行车位置等具体信息通过无线通信网络上传给数据处理中心进行存储以及预处理，然后根据相关的算法模型将数据匹配到地图上，计算或预测出车辆的里程数、行驶时间以及行车速度等道路参数。

传统的交通数据信息采集技术，如固定型交通检测设备检测技术，主要包括红外线检测、磁感应线圈、超声波测量、微波检测等。它不仅在信息采集方面存在检测范围小、实时性差、检测准确率低等缺点，而且检测设备昂贵且不易维修。

基于 GPS 的浮动车交通信息采集技术是一种新的低成本的交通信息采集方式。通过记录车辆在路网上运行的时间、速度、坐标等状态信息，得到路段的区间运行速度和行程时间信息，改善了传统交通检测设备的实时性差、投入高、数据精确率低等缺点。它既可以有效的显示车辆的现行速度，保证了数据采集的准确率和精度，更可以降低成本，对传统交通信息采集技术进行了有益补充。

高速信息网络将计算机、服务器、虚拟机和车载 GPS 装置连接起来，构建成云计算的基础设施。它特有的信息交易体制可以吸引更多的车辆成为交通信息采集的提供者，使获取的 GPS 信息能够更加全面地反映道路交通状况。而车载 GPS 的定位精度和计算能力可以为数据处理中心提供更高质量的定位信息，减轻数据中心的计算压力和复杂程度。云计算机制和强大的计算能力能够使其深度的感知交通状况，通过对采集的数据信息的处理和反馈，为海量个体提供个性动态导航服务。图 11-1 显示了云计算技术在交通 GPS 浮动车信息处理和服务中的应用。

3. 最优路径诱导服务

交通诱导服务是云计算技术在智能交通中的另一个重要应用。该服务以交通数据为基础，云计算数据中心在对人、车、路等综合交通影响因素的处理分析和融合，快速判断出路况后，通过广播、电子地图、实时手机短信、车载终端等媒介将信息发布给广大的道路使用者，为其提供最优路径引导信息和各类实时交通信息帮助服务，便于驾驶员提前改变行车路线，避开交通拥堵、事故路段，提高通行效率，保证行车安全。

由于交通行为的诱导高度依赖于交通信息数据，因此对发布的交通信息提出高效性、准确性和及时性的要求。交通信息云计算将信息采集与信息服务结合在一起，以其高效的数据处理能力和准确的交通预测，为交通行为的诱导提供了信息计算的基础。

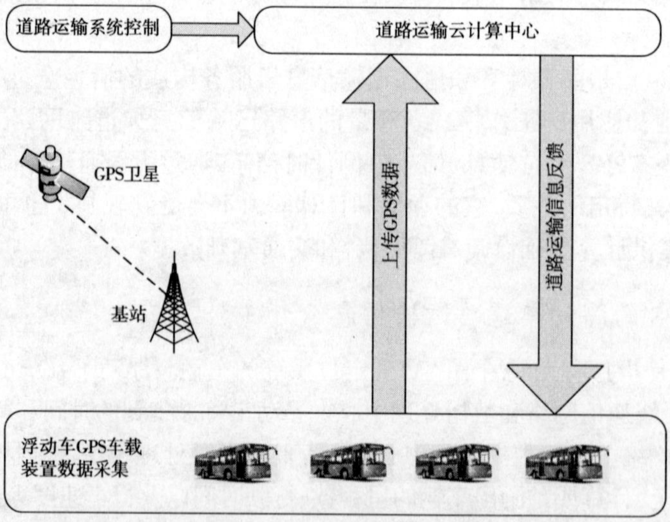

图 11-1 交通 GPS 信息云计算

4. 基于云计算的道路物流监控与跟踪系统

随着互联网贸易的日渐普及，跨地区的物品配送量急剧上升，导致物流运输成为这一贸易趋势的主要运输方式之一。对于每一个快件或包裹，都有一个唯一的条码与之对应，在整个运输过程中主要通过条码识别和管理快件。基于交通云计算的物流监控与跟踪系统可以对原有的系统层次进行改进，改进后的系统由标签数据采集、通信系统和管理中心系统组成，通过射频标签技术对快件或包裹的条码信息进行标签读写器识别、读取解码得到数据后，经由通信系统传输至管理中心系统，管理中心系统对采集到的信息进行存储和控制，从而使用户可以可视化的方式监控和管理物流过程。

采用了云计算的集中模式后，途经各个地区的公路、铁路、海运及空运数据通过相应数据采集中心被集中整合到统一的云计算数据中心下，可以让多个系统共享，实现信息的共享、传递和融和，从而做到统一的物流规划、组织、管理和调配。

三、应用存在问题

我们对道路运输系统的需求以及核心技术进行了分析，探讨了云计算技术在道路运输信息系统中的计算与应用模式，通过一系列的对比分析，体现了基于云计算技术的应用系统具有数据处理效率高、资源利用率高、计算能力强等诸多优势。因此，推广云计算技术在道路运输系统中的应用，可以为道路交通决策提供全面准确的信息支持，使交通基础设施发挥最大的效能，大大提高道路运输的组织运营效率。

当然，云计算技术还有许多需要改进和重点考虑的问题，如虚拟化应用的复杂程度、服务生命的周期管理以及云计算的安全策略等。而且由于道路交通和计算机技术的迅猛发展,必将产生大量的音频和视频数据,如何对这些复杂信息进行高效的处理和准确的分析仍然是云计算技术需要解决的技术重点和难点。

复习思考题

11.1 请阐述云技术的概念。

11.2 请简述云计算的体系结构。

11.3 请简述云存储业务。

11.4 请简述云技术在道路运输中的具体应用。

第十二章 物联网技术

随着信息技术的发展和信息化进程的加快，虚拟世界与现实世界的界限趋于模糊，而虚拟世界和现实世界的逐步融合成为人们不断追求的目标。“物联网”的出现正体现出虚拟网络和现实世界融合的趋势，寄托了人们利用信息技术进一步改造现实世界的期望。本章主要对物联网概念、标准化及其发展进行概述，介绍了物联网体系框架、物联网业务及其安全等方面的内容。

学习目标

◎了解物联网的概念。

◎了解物联网标准化及其发展。

◎理解物联网的体系框架。

◎了解物联网的主要业务。

◎了解物联网安全状况。

关键术语

01. 物联网　　02. 体系框架　　03. M2M 业务

04. 云计算　　05. 物联网安全

第一节　物联网概述

一、物联网的概念

物联网最早来自射频识别（RFID）领域。1999 年，专门研究 RFID 技术的 EPC global 的前身——美国麻省理工学院 Auto-ID 中心提出物联网的概念，当时的物联网指的是每一个产品上都贴一个电子标签，然后通过后台信息系统构成一个借助于 Internet 让所有物品都能互相联系起来的网络，以此实现物品的智能识别和管理。

自从 1999 年提出物联网（The Internet of Things）这个词汇以来，物联网的概念一直在不断地发展和完善。最早的物联网概念来自于RFID（射频识别）领域，被认为是将每个物品打上电子标签，然后通过射频识别技术和通信技术形成信息网络，实现物品的智能识别、定位和监控。但是物联网的发展很快就突破了这个定义，席卷了包括传感网、互联网在内的传统IT领域，各类研究团体、大型企业、国际组织、政府都给予了高度的关注。物联网所蕴含的内容在不断丰富，人们对物联网的认识也不断加深，甚至有人预测物联网将成为人类社会的第三次信息化浪潮。但究竟什么是物联网，到现在还没有一个相对统一的定义，而且还不断涌现出新的解释。下面对目前较为典型的几个物联网的概念给予介绍。

① 1999年，美国麻省理工学院Auto-ID中心首次把"物联网"定义为：把所有的物品通过射频识别（RFID）和条码等信息传感设备与互联网连接起来，实现智能化识别和管理功能的网络。实质上等于RFID技术和互联网的结合应用。

② 2005年，国际电信联盟（ITU）正式提出了物联网的内涵：通过RFID、传感器、全球定位系统和激光扫描器等信息传感设备，使得"物"具备自动标识、智能感知能力，实现物理世界与虚拟的数字世界的相连；通过"物"的智能接口实现了信息网络的无缝结合，进行信息交换与通信，从而达到智能化识别、定位、跟踪、监控和管理的目的；最终实现任何时刻、任何地点、任何物体之间的互联，成为无所不在的网络并进行无所不在的计算。

③ 2009年9月，在北京举办的"物联网与企业环境中欧研讨会"上，欧盟委员会信息和社会媒体司RFID部门负责人Lorent Ferderix博士给出了欧盟对物联网的定义：物联网是一个动态的全球网络基础设施，它具有基于标准和互操作通信协议的自组织能力，其中物理的和虚拟的"物"具有身份标识、物理属性、虚拟的特性和智能的接口，并与信息网络无缝整合。物联网将与媒体互联网、服务互联网和企业互联网一起构成未来互联网。

④ 2010年，我国政府工作报告所附的注释中，对物联网的说明如下：物联网是指通过信息传感设备，按照约定的协议，把任何物品与互联网连接起来，进行信息交换和通信，以实现智能化识别、定位、跟踪、监控和管理的一种网络。其中有两层含义：第一，物联网的核心和基础仍然是互联网，是在互联网基础上的延伸和扩展的网络；第二，其用户端延伸和扩展到了任何物品与物品之间，进行信息交换和通信。

可见，从目前物联网发展的现实来看，对物联网下一个各方都认可的概念较为困难，各个国家和相关机构根据自身对物联网的理解而对物联网具有不同的解释。但可以预见的是，随着物联网的逐渐成熟，对其进行统一的定义只是一个时间的问题。

从物联网的上述概念来看，物联网与传感网和互联网的比较如表12-1所示。

传感网、互联网和物联网的比较 表12-1

特征项	传感网	互联网	物联网
物品的标识	可标识	不可标识	必须标识
物品的感知	可感知	不可感知	必须感知
结点的有源性	有源结点	有源结点	无源+有源
联网覆盖范围	局域	广域	广域
联网结点数量	受限	无限	无限

续上表

特 征 项	传 感 网	互 联 网	物 联 网
联网方式	自组织	主干网+灵活接入	主干网+自主接入
联网时间约束	无约束	无约束	时序同步
联网数据处理	端结点、汇聚结点	端结点	所有结点
信息相关性	信息相关	信息无关	信息相关
应用相关性	应用无关	应用无关	应用相关
物品语义识别	端结点	不识别	端结点、汇聚结点
物品语义处理	端结点可选	不处理	端结点、汇聚结点
自反馈控制	端结点可选	无	多级自反馈

二、物联网标准化

从目前物联网的覆盖领域来看，其应用较为广泛，而物联网大规模的应用离不开标准体系的建立。物联网标准化体系的建立，能更好地整合行业应用、规范新业务的实现和测试，以保证物联网产品的互操作性和全网的互联互通。物联网标准体系的建设，是扩大物联网市场规模的基础，是物联网产业发展的关键。但目前物联网还缺乏统一标准，下面对目前物联网标准化的概况进行介绍。

1. 国际物联网标准制定状况

目前进行物联网相关整体架构研究的国际组织有欧洲电信标准化协会（ETSI）、国际电信联盟（ITU）、国际标准化组织 / 国际电工协会（ISO/IEC）等。总的来看，国际上各标准组织的物联网标准制定仍主要处于架构设计和需求分析阶段。

（1）ETSI

欧洲电信标准化协会是由欧盟建立的一个非营利性的电信标准化组织，其 M2M 技术委员会（M2M TC）主要目标是研究以 M2M 主要业务形式的物联网。该委员会目前的物联网工作计划是：2010 年 1 月前完成需求分析；2010 年 7 月前完成体系架构的设计；2010 年 12 月完成协议的详细设计。

目前进展中的工作有：M2M 业务需求草案 DTS/M2M-00001，计划输出技术规范 TS 102689；M2M 功能架构草案 DTS/M2M-00002，计划输出技术规范 TS 102 690；智能电表应用草案 DTR/M2M-00003，计划输出技术报告 TR 102 691；M2M 概念定义草案 DTR/M2M-00004，计划输出技术报告 TR 102 725；电子医疗应用草案 DTR/M2M-00006，计划输出计划报告 TR 102 857。

（2）ITU-T

ITU-T 在该领域的研究主要以物联网下属的泛在传感网（USN）为目标。SG13、SG16、SG17 都参与了相关标准的研究工作。

目前进展中的工作有：SG13（功能需求与构架）；Y.2221（Y.USN-reqts）下一代网络环境中的泛在传感网应用需求（2009 年 12 月达成一致）；SG16（多媒体服务描述与需

求方向);F.744(F.USN-mw)泛在传感网中间件服务描述和需求(2009年12月达成一致);F.USN-cc适应气候变化的泛在传感网应用部署指南(预计2011年完成);SG17(安全和目标标识方向);X.usnsec-1泛在传感网安全框架(预计2011年第1季度完成);X.usnsec-2泛在传感网中间件安全(预计2010年12月完成);X.usnsec-3无线传感网安全路由机制(预计2010年12月完成)。

(3)ISO/IEC

早在1995年,国际标准化组织ISO/IEC联合技术委员会JTCI专门设立了子委员会SC31,负责RFID标准化研究工作。除主要针对RFID领域内的标准外,ISO/IEC数据通信分技术委员会JTC1 SC6于2007年底成立传感网研究组(SGSN),对物联网整体架构的标准进行研究。我国全国信息技术标准化技术委员会也非常重视这一领域的国际标准化工作,先后四次组织国内的专家参加SGSN工作会议。2008年6月,项目组成员中国电子技术标准化研究所和中科院上海微系统所在上海承办了ISO/IEC JTC1 SGSN成立大会暨第一次工作会议。同时,积极参与了SGSN中《传感器网络技术报告》的编写工作,我国提出的传感器网络标准体系和大量技术文献被该技术报告所采纳。在2009年10月的JTC1全会上,JTC1宣布成立传感器网络工作组(JTC1 WG7),正式开展传感器网络的标准化工作。

2. 我国物联网标准制定状况

目前,我国电子标签、传感器网络等多种与物联网相关的信息技术标准化工作组已经开始工作,以下是这些工作组研究的主要的情况:

①电子标签标准工作组是2005年10月份由原信息产业部科技司正式发文批准成立的,下设7个专题组:总体组、标签与读写器组、频率与通信组、数据格式组、信息安全组、应用组和知识产权组。

②传感器网络标准工作组(WGSN)成立于2009年9月。该工作组聚集了中国科学院、中国移动等国内传感网主要的技术研究和应用单位。目前开展的六项标准制定工作,分别由标准体系与系统架构项目组、协同信息处理项目组、通信与信息交互项目组、标识项目组、安全项目组和接口项目组负责。2010年第一次全体会议之后,又新成立了传感器网络网关标准项目组、无线频谱研究与测试研究项目组、传感器网络设备技术要求和测试规范研究项目组、机场围界传感器网络防入侵系统技术要求行业标准项目组、面向大型建筑节能监控的传感器网络系统技术要求行业标准项目组。

③资源共享协同服务标准工作组(闪联)成立于2003年,主要负责制定信息设备智能互联与资源共享协议(建成IGRS),其1.0版本已于2005年6月被正式颁布为国家行业推荐性标准。此外,基于闪联标准的各项开发工具和测试认证工具也已经基本完成,并在逐渐完善和更新中。

④中国通信标准化协会(CCSA)也已先后启动了《无线泛在网络体系结构》、《无线传感器网络与电信网络相结合的网关设备技术要求》等标准的研究与制定。2010年2月2日,CCSA成立泛在网技术工作委员会TC10,目前设了四个专题组:总体组、感知延伸组、网络组、应用组。

⑤运营商。中国电信开发了M2M平台,该平台基于开放式架构设计,可以在一定程度上解决标准化问题。中国移动制定了WMMP标准（企业标准）,并在网上公开进行M2M的终端认证测试工作。

2010年6月8日,为加快物联网标准制定工作,在工信部和国标委的指导下,中国物联网标准联合工作组在北京成立。工作组由工信部电子标签标准工作组、全国信标委传感器网络标准工作组等19家相关标准化组织自愿联合组成。在联合标准组成立倡议书中号召,要倾全国之力,联合推进中国的物联网标准体系。我国物联网发展尚处初创阶段,无论是国标的自主制定,还是核心技术产品的研发和产业化,以及规模化应用示范都还处于起步阶段。标准的缺失与核心技术产品的产业配套能力仍是制约我国物联网大规模应用的一个问题。该联合工作组的成立,将充分整合物联网相关标准化资源,协调标准化的整体工作。

三、物联网发展与展望

在物联网发展过程中,包括日本、欧盟、美国等发达国家和地区都制定了物联网产业的发展战略。我国也在积极培育物联网产业,争夺物联网领域的战略制高点。以下是各个国家物联网产业发展的概况。

1. 日本的“U-Japan”计划

日本的“U-Japan”计划通过发展“无所不在的网络”（U网络）技术催生新一代信息科技革命。日本“U-Japan”战略的理念是实现所有人与人、物与物、人与物之间的连接,即所谓的4U（Ubiquitous：无所不在；Universal：普及；User-oriented：用户导向；Unique：独特）。

该战略以“基础设施建设”和“信息技术应用”为核心,重点在以下两个方面展开：一是意识泛在网络社会的基础建设,希望实现从有线到无线、从网络到终端,包括认证、数据交换在内的无缝连接泛在网络环境，100%的国民可以利用高速或超高速网络；二是ICT的广泛应用。希望通过ICT的有效应用,促进社会系统的改革,解决老年化社会的医疗福利、环境能源、防灾治安等一系列社会问题。

2009年8月,日本又将“U-Japan”升级为“I-Japan”战略,提出“智慧泛在”构想,将传感网列为其国家重点战略之一,致力于构建一个个性化的物联网智能服务体系,充分调动日本电子信息企业积极性,确保日本在信息时代的国家竞争力始终位于全球第一阵营。

2. 韩国的“U-Korea”战略

韩国是全球首个提出U战略的国家之一,实现了类似于日本的发展。韩国成立了以总统为首的国家信息化指挥、决策和监督机构——“信息化战略会议”及由总理负责的“信息化促进委员会”,为“U-Korea”信息化建设保驾护航。韩国信息和通信部则具体落实并负责推动“U-Korea”项目的建设,重点支持“无所不在的网络”相关的技术研发及科技应用,希望通过“U-Korea”计划的实施带动国家信息产业的整体发展。

2009年10月,韩国颁布了《物联网基础设施构建基本规划》,将物联网市场确定为新增长动力，确定了构建物联网基础设施、发展物联网服务、研发物联网技术、营造物联网扩散环境等四大领域12项详细课题，并提出到2012年实现“通过构建世界最先进的物联网基础设施，打造未来广播通信融合领域超一流ICT（信息通信技术）强国”的目标。

配合“U-Korea”推出的“U-Home”是韩国信息通信发展计划的八大创新服务之一。这种智能家庭的最终目标是让韩国民众能透过有线或无线的方式控制家电设备，并能在家享受高品质的双向、互动的多媒体服务，如远程教育、视频点播、家庭银行、居家购物、健康医疗等。近年来韩国新建的民宅基本都具有“U-Home”功能。

3. 美国的“智慧的地球”

2008年11月，美国IBM公司总裁彭明盛在纽约对外关系理事会上发表了题为《智慧的地球：下一代领导人议程》的讲话，正式提出“智慧的地球”（Smart Planet）设想。2009年1月28日，奥巴马就任美国总统后，与美国工商业领袖举行了一次“圆桌会议”，彭明盛推广了“智慧的地球”这一概念，建议新政府投资新一代的智慧型基础设施，并阐明了其短期的和长期的效益。奥巴马政府对此给予了积极的回应，认为“智慧的地球”有助于美国的“巧实力”战略，是继互联网之后国家发展的核心领域。

“智慧的地球”是把新一代IT技术充分运用于各行各业之中，如把感应器嵌入和装备到电网、铁路、桥梁等各种物体中，并连接形成物联网。在此基础上，将各种现有网络进行对接，实现人类社会与物理系统的整合，从而使人类以更加精细和动态的方式管理生产和生活，达到“智慧”状态。可以预见，这种“智慧”状态将伴随大量“聚合服务”应用的产生，而“人－物”、“物－物”应用还会不断被开发、被集成，同时也预示着聚合服务市场的潜力将十分巨大。

4. 欧盟的物联网行动计划

2009年6月，欧盟制定了截至目前堪称物联网产业最详细的发展规划，主要体现在欧盟制定的《物联网——欧洲行动计划》。该计划涉及了行政管理、安全保护、隐私控制、基础设施建设、标准制订、技术研发、产业合作、项目落实、通报制度、国际合作等重要内容，已被视为重振欧洲的战略组成部分。自2007年到2010年，欧洲已经投入27亿欧元实施该计划。目前欧盟已将物联网及其核心技术纳入到预算高达500亿欧元并开始实施的欧盟“第七个科技框架计划（2007～2013年）”中。这也是自1994年以电信业为代表的“欧洲之路”战略、1999年e-Europe战略的延伸。物联网在欧洲的主要应用领域体现在企业管理、交通运输、医疗卫生等方面。

5. 中国的“感知中国”

2009年8月，我国国家领导人在考察无锡高新微纳传感网工程技术研发中心时指出，要积极创造条件，在无锡建立中国的传感网中心（“感知中国”中心），加快发展物联网。2009年11月，我国国家领导人在人民大会堂向科技界发表了题为《让科技引领中国可持续发展》的讲话，其中提到要着力突破传感网、物联网的关键技术，及早部署后IP时代相关技术研发，并指出这是信息网络产业成为推动产业升级、迈向信息社会的“发动机”。2010年3月，“加快物联网的研发应用”第一次写入了中国政府工作报告。同时,各部门、各地区也积极响应,纷纷出台了各项措施,推动了物联网在我国的快速发展步伐。如无锡市大力建设国家传感网创新示范区(国家传感信息中心),在物联网人才引进、资金、税收、土地等方面对相关企业给予了大力扶持,吸引了中科院、清华大学、北京邮电大学、中国移动、中国联通、中国电信等企事业单位在无锡设立机构;广东省成立了 RFID 标准化技术委员会,加紧 RFID 标准攻关,打造“数字广东、智慧城市、知识经济、无处不在的网络社会”;上海为加快实现物联网对产业升级的带动作用,决定从 2010 年起由政府启动物联网体系建设,并在全市范围内组织实施物联网应用示范工程。

目前,物联网在我国的发展形态主要以 RFID、M2M、传感网网络三种为主。在 RFID 方面,2009 年中国 RFID 产业市场规模达 110 亿元,比 2008 年增长 36.8%,已用于物流、城市交通、工业生产、食品追溯、移动支付等方面。在 M2M 方面,电信运营商积极开展 M2M 应用,如中国移动从 2004 年开始发展 M2M 业务,2008 年 M2M 终端数量发展到 229 万部,目前已超过 300 万部,预计未来年增长率将超过 60%,其在智能楼宇、路灯监控等方面得到广泛的应用。我国在传感器网络方面则处于发展初级阶段,基本上还是依托于科研项目、科研成果的示范。但随着我国物联网的研发在部分领域的国际标准制定方面已经具有了发言权,很有可能形成具有自主知识产权的核心技术和标准,提高我国在物联网领域内的竞争力。

目前我国工业和信息化部已制定了《物联网“十二五”发展规划》(2011.11.28),但与国外先进国家相比我国物联网发展尚处于初创阶段,物联网发展还存在着一系列的制约因素,主要体现在:一是物联网产业体系初步形成,但产业化能力不高,尚未形成规模化产业优势;二是物联网的核心关键技术上与发达国家存在较大的差距;三是物联网标准较分散、体系不完善,在国际上面临着标识等关键资源和核心标准的竞争;四是物联网应用的规模和领域较小,尚未形成成熟的商业模式,应用成本较高;五是物联网承载大量的国家经济社会活动和战略性资源,因而面临着巨大的安全和隐私保护的挑战。因此,我国应结合自己的国情,发展适合自身经济水平的绿色、开放、高可靠的物联网,走一条具有中国特色、能带动核心技术和产业升级的信息化道路,使物联网能真正惠及国家发展和人民生活水平的提高。

第二节　物联网体系框架

物联网的价值在于让物体也拥有了“智慧”,从而实现人与物、物与物之间的沟通,物联网的特征在于感知、互联和智能的叠加。因此,物联网由三个部分组成:感知部分,即以二维码、RFID、传感器为主,实现对“物”的识别;传输网络,即通过现有的互联网、广电网络、通信网络等实现数据的传输;智能传输,即利用云计算、数据挖掘、中间件等技术实现对物品的自动控制与智能管理等。

目前业界大致公认物联网体系结构有三个层次,底层是用来感知数据的感知层,其上是数据传输的网络层，最上面则是应用层，如图 12-1 所示。

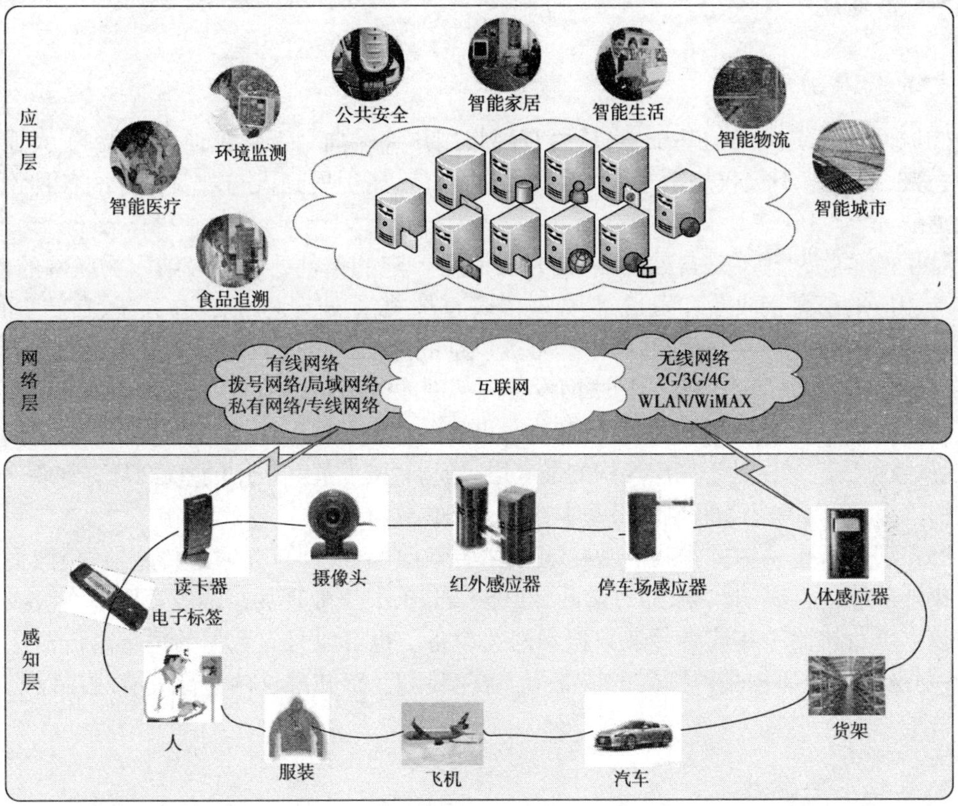

图 12-1　物联网体系框架

在物联网体系框架中，三层的关系可以这样理解：感知层相当于人体的皮肤和五官；网络层相当于人体的神经中枢和大脑；应用层相当于人的社会分工，具体描述如下：

感知层是物联网的“皮肤”和“五官”——识别物体，采集信息。感知层包括二维码标签和识读器、RFID 标签和读写器、摄像头、GPS 等，主要作用是识别物体，采集信息，与人体结构中皮肤和五官的作用相似。

网络层是物联网的“神经中枢”和“大脑”——信息传递和处理。网络层包括通信与互联网的融合网络、网络管理中心和信息处理中心等。网络层将感知层获取的信息进行传递和处理，类似于人体结构中的神经中枢和大脑。

应用层是物联网的“社会分工”——与行业需求结合，实现广泛智能化。应用层是物联网与行业专业技术的深度融合，与行业需求结合，实现行业智能化，这类似于人的社会分工，最终构成人类社会。

在各层之间，信息不是单向传递的，也有交互、控制等，所传递的信息多种多样。这其中关键是物品的信息，包括在特定应用系统范围内能唯一标识物品的识别码和物品的静态与动态信息。

下面对物联网三层体系框架的功能和关键技术分别给予简介。

一、感知层

1. 感知层功能

物联网在传统网络的基础上,从原有网络用户终端向“下”延伸和扩展,扩大通信的对象范围,即通信不仅仅局限于人与人之间的通信,还扩展到人与现实世界的各种物体之间的通信。

这里的“物”并不是自然物品,而是要满足一定的条件才能够被纳入物联网的范围,例如有相应的信息接收器和发送器、数据传输通路、数据处理芯片、操作系统、存储空间等,遵循物联网的通信协议,在物联网中有可被识别的标识。可以看到现实世界的物品未必能满足这些要求,这就需要特定的物联网设备的帮助才能满足以上条件,并加入物联网。

物联网感知层解决的是人类世界和物理世界的数据获取问题,包括各类物理量、标识、音频、视频数据。感知层处于三层架构的最底层,是物联网发展和应用的基础,具有物联网全面感知的核心能力。作为物联网的最基本一层,感知层具有十分重要的作用。

感知层一般包括数据采集和数据短距离传输两部分,即首先通过传感器、摄像头等设备采集外部物理世界的数据,通过蓝牙、红外、ZigBee、工业现场总线等短距离有线或无线传输技术进行协同工作或者传递数据到网关设备。也可以只有数据的短距离传输这一部分,特别是在仅传递物品识别码的情况下。在实际上,感知层这两个部分有时难以明确区分开。

2. 感知层关键技术

(1) 传感器技术

传感器是一种检测装置,能感受到被测的信息,并能将检测感受到的信息按一定规律变换成为电信号或其他所需形式的信息输出,以满足信息的传输、处理、存储、显示、记录和控制等要求。它是实现自动检测和自动控制的首要环节。在物联网系统中,对各种参量进行信息采集和简单加工处理的设备,被称为物联网传感器。传感器可以独立存在,也可以与其他设备以一体方式呈现。但无论哪种方式,它都是物联网中的感知和输入部分。在未来的物联网中,传感器及其组成的传感器网络将在数据采集前端发挥重要的作用。

(2) RFID 技术

RFID 系统主要有由三部分组成:电子标签(Tag)、读写器(Reader)和天线(Antenna)。其中,电子标签芯片具有数据存储区,用于存储待识别物品的标识信息;读写器是将约定格式的待识别物品的标识信息写入电子标签的存储区中(写入功能),或在读写器的阅读范围内以无接触的方式将电子标签内保存的信息读取出来(读出功能);天线用于发射和接受射频信号,往往内置在电子标签和读写器中。

(3) 二维码技术

二维码(2-dimensional bar code)技术是物联网感知层实现过程中最基本和关键的技术之一。二维码也叫二维条码或二维条形码,是用某种特定的几何形体按一定规律在平面上分布(黑白相间)的图形记录信息的应用技术。从技术原理来看,二维码在代码编制上巧妙地利用构成计算机内部逻辑基础的“0”和“1”比特流的概念,使用若干与二进制相对应的几何形体表示数据信息,并通过图像输入设备或光电扫描设备自动识读以实现信息的自动处理。

(4) ZigBee

ZigBee 是一种短距离、低功耗的无线传输技术,是一种介于无线标记技术和蓝牙之间的技术,它是 IEEE802.15.4 协议的代名词。ZigBee 的名字来源于蜂群使用的赖以生存和发展的通信方式,即蜜蜂靠飞翔和“嗡嗡”(Zig)地抖动翅膀与同伴传递新发现的食物源的位置、距离和方向等信息,也就是说蜜蜂依靠这样的方式构成了群体中的通信网络。ZigBee 采用分组交换和跳频技术,并且可使用 3 个频段,分别是 2.4GHz 的公共通用频段、欧洲的 868MHz 频段和美国的 915MHz 频段。ZigBee 主要应用在短距离范围并且数据传输速率不高的各种电子设备之间。与蓝牙相比, ZigBee 更简单、速率更慢、功率及费用也更低。同时,由于 ZigBee 技术的低速率和通信范围较小的特点,也决定了 ZigBee 技术只适合于承载数据流量较小的业务。

(5) 蓝牙

蓝牙(Bluetooth)是一种无线数据与语音通信的开放性全球规范,和 ZigBee 一样,也是一种短距离的无线传输技术。其实质内容是为固定设备或移动设备之间的通信环境建立通用的短距离无线接口,将通信技术与计算机技术进一步结合起来。它是各种设备在无电线或电缆相互连接的情况下,在短距离范围内实现相互通信或操作的一种技术。

二、网络层

1. 网络层功能

物联网网络层是在现有网络的基础上建立起来的,与目前主流的移动通信网、国际互联网、企业内部网、各类专网等网络一样,主要承担着数据传输的功能。在物联网中,要求网络层能够把感知层感知到的数据无障碍、高可靠性、高安全性地进行传送,解决的是感知层所获得的数据在一定范围内,尤其是远距离地传输问题。同时,物联网网络层将承担比现有网络更大的数据量和面临更高的服务质量要求,所以现有网络尚不能满足物联网的需求,这就意味着物联网需要对现有网络进行融合和扩展,利用新技术以实现更加广泛和高效的互联功能。

2. 网络层关键技术

(1) Internet

Internet,中文译为因特网,广义的因特网叫互联网,是以相互交流信息资源为目的,基于一些共同的协议,并通过许多路由器和公共互联网连接而成,是一个信息资源和资源共享的集合。Internet 采用了目前最流行的浏览器 / 服务及工作模式。凡是使用 TCP/IP 协议,并能与 Internet 中任意主机进行通信的计算机,无论是何种类型、采用何种操作系统,均可看成是 Internet 的一部分,可见 Internet 覆盖范围之广。物联网被认为是 Internet 的进一步延伸。

（2）移动通信网

移动通信网由无线接入网、核心网和骨干网三部分组成。无线接入网主要为移动终端提供接入网络服务，核心网和骨干网主要为各种业务提供交换和传输服务。从通信技术层面看，移动通信网的基本技术可分为传输技术和交换技术两大类。

（3）无线传感器网络

无线传感器网络（WSN）的基本功能是将一系列空间分散的传感网单元通过自组织的无线网络进行连接，从而将各自采集的数据通过无线网络进行传输汇总，以实现对空间分散范围内的物理或环境状况的协作监控，并根据这些信息进行相应的分析和处理。

三、应用层

1. 应用层功能

应用层是将网络层传输来的数据通过各类信息系统进行处理，并通过各种设备与人进行交互。这一层也可按形态直观地划分为两个子层：一个是应用程序层；另一个是终端设备层。应用程序层进行数据处理，完成跨行业、跨应用、跨系统之间的信息协同、共享、互通的功能，包括电力、医疗、银行、交通、环保、物流、工业、农业、城市管理、家居生活等，可用于政府、企业、社会组织、家庭、个人等，这正是物联网作为深度信息化网络的重要体现。而终端设备层主要是提供人机界面。物联网虽然是"物物相连的网"，但最终是要以人为本的，最终还是需要人的操作与控制，不过这里的人机界面已远远超出现在人与计算机交互的概念，而是泛指与应用程序相连的各种设备与人的交互反馈。

2. 应用层关键技术

（1）M2M

M2M 是 Machine-to-Machine（机器对机器）的缩写，是现阶段物联网普遍的应用形式，也是实现物联网的第一步。M2M 业务现阶段通过结合通信技术、自动控制技术和软件智能处理技术，实现对机器设备信息的自动获取和自动控制。

（2）云计算

云计算（Cloud Computing）是分布式计算（Distributed Computing）、并行计算（Parallel Computing）和网格计算（Grid Computing）的发展，或者说是这些计算机科学概念的商业实现。云计算通过共享基础资源（硬件、平台、软件）的方法，将巨大的系统池连接在一起以提供各种 IT 服务。这样企业与个人用户无需再投入昂贵的硬件购置成本，只需要通过互联网租赁计算力等资源。用户可以在多种场合，利用各类终端，通过互联网接入云计算平台共享资源。

（3）人工智能

目前对人工智能的定义大多可划分为四类，即机器"像人一样思考"、"像人一样行动"、"理性地思考"和"理性地行动"。该领域的研究包括机器人、语言识别、图像识别、自动语言处理和专家系统等。在物联网中，人工智能技术主要负责分析物品所承载的信息内容，从而实现计算机自动处理。

第三节 物联网业务

一、M2M业务

M2M提供了设备实时数据在系统之间、远程设备之间、机器与人之间建立无线连接的简单手段，旨在通过通信技术实现人、机器、系统三者之间的智能化、交互式无缝连接，从而实现人与机器、机器与机器之间畅通无阻、随时随地的通信。M2M综合了数据采集、远程监控、通信、信息处理等技术，能够使业务流程自动化，集成公司IT系统和非IT设备的实时状态，并创造增值服务。

1. M2M系统架构和通信协议

（1）M2M系统架构

M2M业务流程涉及众多环节，其数据通信过程内部也涉及多个业务系统，主要包括M2M终端、M2M管理平台、应用系统三个部分。系统结构如图12-2所示。

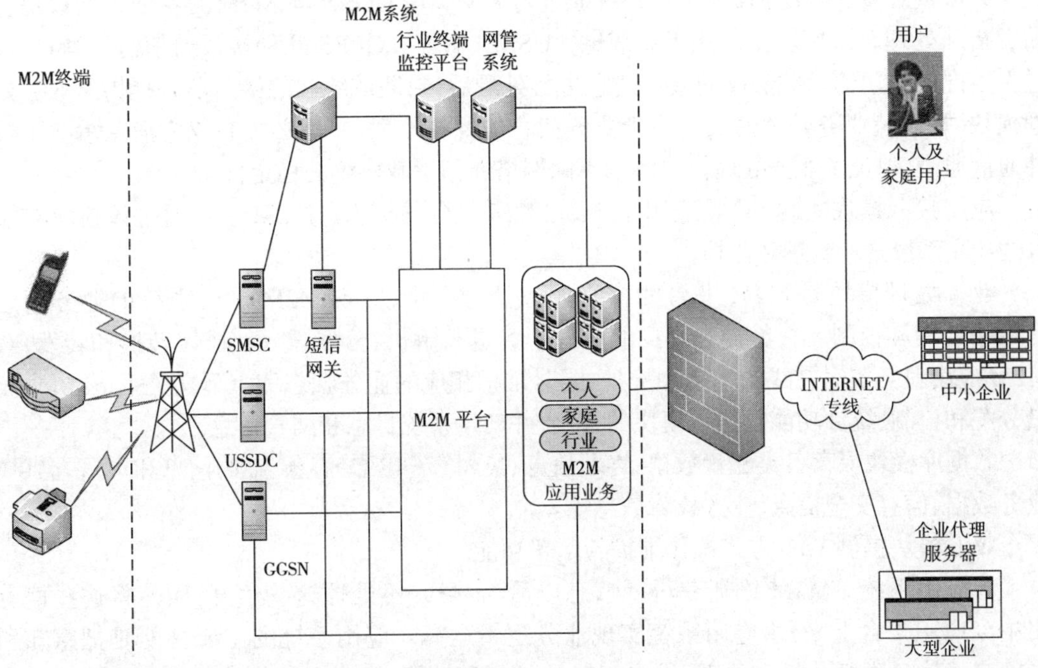

图12-2 M2M系统结构

① M2M终端。M2M终端的功能主要包括接收远程M2M平台激活指令、本地故障报警、数据通信、远程升级、使用短消息 / 彩信 /GPRS等几种接口通信协议与M2M平台进行通信。M2M终端类型主要包括行业专用终端、无线调制解调器、手持设备三种类型。

行业专用终端，通常由终端设备（TE）、无线模块（MT，移动终端）两部分构成。TE主要完成行业数字模拟量的采集和转化，MT主要完成数据传输、终端状态检测、链路检测及系统通信功能。终端管理模块为软件模块，可以安装在TE或MT设备中，主要负责维护和管理通信及应用功能，为应用层提供安全可靠和可管理的通信服务，包括参数配置、出厂预设、监测通信状态、故障恢复、报警、安全、功能切换、通信链路维持等。

无线调制解调器，又称为无线模块，具有终端管理模块功能和无线接入能力，用于在行业监控终端与系统间无线收发数据。

手持设备，通常具有查询M2M终端设备状态、远程监控行业作业现场和处理办公文件等功能。

② M2M管理平台。M2M管理平台为客户提供统一的移动行业终端管理、终端设备鉴权；支持多种网络接入方式，提供标准化的接口，使得数据传输简单直接；提供数据路由、监控、用户鉴权、内容计费等管理功能。

M2M平台按照功能划分为通信接入模块、终端接入模块、应用接入模块、业务处理模块、数据库模块、Web模块等。

通信接入模块包括行业网关接入模块、GPRS接入模块。行业网关接入模块负责完成行业网关的接入，通过行业网关完成与短信网关、彩信网关的接入，最终完成与M2M终端的通信。GPRS接入模块使用GPRS方式与M2M终端传送数据。

终端接入模块负责M2M平台系统通过行业网关或GGSN与M2M终端收发协议消息的解析和处理。该模块支持基于短消息、USSD、彩信、GPRS几种接口通信协议消息，通过将不同网络通信承载协议的接口消息进行处理后，封装成统一的接口消息提供给业务处理模块，从而使业务处理模块专注于业务消息的逻辑处理，而不必关心业务消息承载于哪种通信通道，保证了业务处理模块对于不同网络通信承载协议的稳定性。

应用接入模块实现M2M应用系统到M2M平台的接入。M2M平台通过该模块对接入的应用系统进行管理和监控。

业务处理模块是M2M平台的核心业务处理引擎，实现M2M平台系统的业务消息的集中处理和控制。它负责对收到的业务消息进行解析、分派、路由、协议转换和转发，对M2M应用业务实时在线的连接和维护，同时维护相应的业务状态和上下文关系，还负责流量分配和控制、统计功能及接入模块的控制，并产生系统日志和网管信息。

数据库模块保存各类配置数据、终端信息、集团客户(EC)信息、签约信息和黑/白名单、业务数据、信息安全信息、业务故障信息等。

Web模块提供Web方式操作维护与配置功能。

③应用系统。M2M终端获得了信息以后，本身并不处理这些信息，而是将这些信息集中到应用平台上来，由应用系统实现业务逻辑运算。应用系统的主要功能是把感知和传输来的信息进行分析和处理，做出正确的控制和决策，实现智能化的管理、应用和服务。应用系统的业务逻辑集中化，可以降低终端的处理能力要求，从而减少体积、降低功耗、节约成本。

（2）M2M通信协议

M2M终端可通过GSM、WCDMA、TD-SCDMA等不同的移动通信网络接入，通信方式包括短信、彩信等。为了屏蔽不同的通信网络、不同的通信方式的差异性，便于 M2M 终端设备快速接入 M2M 系统，需要对 M2M 终端设备与 M2M 管理平台之间的通信协议进行规范。

目前，我国典型的 M2M 通信协议是由中国移动提出的无线及其管理协议（Wireless Machine Management Protocol，WMMP）。WMMP 协议是为实现行业终端与 M2M 平台数据通信过程而设计，属于与具体通信网络及通信接入方式无关的应用层协议，建立在 UDP 协议之上，协议栈结构如图 12-3 所示。

WMMP 协议通信方式主要有两种：长连接和短连接。所谓长连接，指在一个过程中可以连续发送多个数据包，如果没有数据包发送，需要行业终端发送数据包以维持此连接。短连接是指通信双方有数据交互时，就建立一个 WMMP 过程，数据发送完成后，则断开此 WMMP 过程。

2. M2M 支撑技术

M2M 系统结构中涉及五个重要的关键支撑技术，包括机器、M2M 硬件、通信网络、中间件和应用，如图 12-4 所示。

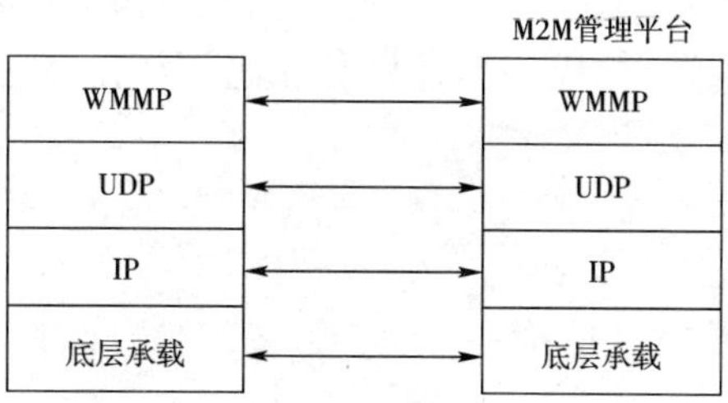

图12-3　WMMP协议栈结构

图12-4　M2M系统关键支撑技术

（1）机器

实现 M2M 的第一步就是从机器 / 设备中获得数据，然后通过网络把它们发送出去。不同于传统通信网络中的终端，M2M 系统中的机器应该是高度智能化的机器，即机器具有“开口说话”的能力，具备信息感知、信息加工（计算能力）、无线通信能力。

（2）M2M 硬件

M2M 硬件是使机器获得远程通信和联网能力的部件。在 M2M 系统中，M2M 硬件的功能主要是进行信息的提取，从各种机器 / 设备那里获取数据，并传送到通信网络。

（3）通信网络

通信网络在整个 M2M 技术框架中处于核心地位，包括广域网（无线移动通信网络、卫星通信网络、Internet、公众电话网）、局域网（以太网、WLAN、Bluetooth）、个域网（ZigBee、传感器网络）。

（4）中间件

中间件包括两部分，即 M2M 网关、数据收集 / 集成部件。网关是 M2M 系统中的“翻译员”，它获取来自通信网络的数据，将数据传送给信息处理系统，主要的功能是完成不同通信协议之间的转换。数据收集 / 集成部件的目的是将数据变为有价值的信息，对数据进行不同的加工处理并将处理结果呈现给需要信息的应用者。这些中间件包括数据分析和商业智能部件、异常情况报告和工作流部件、数据仓库和存储部件等。

（5）应用

在M2M系统中，应用的主要功能是通过数据融合、数据挖掘等技术把感知和传输来的信息进行分析和处理，为决策和控制提供依据，实现智能化的M2M业务应用和服务。

二、云计算

云计算中的“云”主要是指能够提供无穷资源（如计算、存储、带宽等）的一种全新计算模式，通过云可以将计算能力、网络基础设施、商业处理平台、存储空间、带宽资源等按照约定的服务水平协议（Service Level Agreement，SLA）有偿地提供给云客户。这种模式将计算和处理能力转移到网络中，从而减少以往个人或公司维护计算机软件、硬件、带宽、能源等资源的开销。

狭义云计算指IT基础设施的交付和使用模式，指通过网络以按需、易扩展的方式获得所需资源；广义云计算指服务的交付和使用模式，指通过网络以按需、易扩展的方式获得所需服务。这种服务可以是IT和软件、互联网相关，也可是其他服务。云计算的核心思想，是统一管理和调度大量用网络连接的计算资源，构成一个计算资源池，面向用户提供按需服务。

1. 云计算组成

一般来讲，云计算由应用程序、云客户端、基础结构、云平台、业务、存储、计算能力等部分组成。

（1）应用程序

云计算会为用户提供各种应用程序或是应用程序的运行环境。云用户只需通过简单终端以Web的形式实时地使用云计算上的应用程序。这种方式有很多的优点，例如云客户不需要安装新的应用程序，也不需要过多的技术支持人员维护应用程序。因为应用程序是运行在云计算平台上的，云提供商会全面负责维护、优化应用程序的运行环境。云计算对云客户终端的要求可降到最低，即使用户终端的性能相差很大，但是体验到的云计算应用程序不会有太大的差别。

（2）云客户端

云客户端也叫瘦终端，主要是指云计算对客户端的要求很低，只要能够运行Web浏览器（如Firefox、IE等）的终端即可。需要注意的是，除了电脑外还有其他一些云客户端，尤其是手机终端，例如苹果的iPhone或是Google的Android平台设备。在移动互联网时代，或许任何的终端都可以成为云客户端。另外除了这些传统客户端外，一些网站也可以成为云客户端。例如目前非常流行的社交网站，汇聚了非常大的用户数量，要支持巨大的用户访问量，或许云计算是一个非常好的解决方案。

（3）基础结构

云计算的基础结构主要包括与计算机和网络相关的硬件以及安装这些硬件的房间等。

一般来说,云计算中的计算机主要是一些便宜的且能够批量生产的服务器,而不是那些昂贵的专业服务器。一般通过虚拟化技术将众多的这类服务器虚拟成一个能够统一调度的资源池,而不必关心其中每个具体的服务器。

（4）云平台

云计算平台主要是指能够将各种云应用部署在云计算上的方式,也叫 PaaS。例如使用开源 Web 应用架构的 Rails（Ruby 语言），Salesforce.com 公司的私有 PaaS Force.com，Google AppEngine（使用 Python 和 Mosso）。

（5）存储

虽然单个物理存储设备越来越便宜,但是对个人用户和公司来说,扩充存储能力仍是一笔大的开销,尤其是管理众多物理存储设备。但是使用云存储就不会带来很大的开销,而且能够带来很高的容错能力。

（6）计算能力

云计算能够提供的处理能力是极大的。实际上对使用云计算的用户来说,云计算可以提供近乎无穷的资源,而不仅仅限于计算和存储能力。

2. 物联网与云计算

物联网时代是继互联网等之后的又一个信息大爆炸时代。这一时代的信息将以"海量"计算,而且可以将一切的物质进行信息化,比如说物质的位置、大小、状态等都可以通过物联网转化为信息进行储存。物联网的信息收集、传输、储存量是非常巨大的,将远远超出了我们现在理解的数据库的容量。云计算的众多优点,使得物联网的各种应用都可以建立在云计算平台上。物联网的终端（传感器、手机、PDA、笔记本、上网本等）计算能力和存储空间有限,但却有很强的联网能力。而云计算有强大的计算能力、接近无限的存储空间,并支撑各种各样的软件和信息服务,能够与物联网很好地结合。物联网将连接数量惊人的传感器,采集到的数据量非常巨大。使用云计算对这些数据进行处理、分析、挖掘、存储,可以更加迅速、准确、智能地对物理世界进行管理和控制,从而达到"智慧"的状态,大幅提高资源利用率和社会生产力水平,减少能源消耗。

第四节　物联网安全

伴随着人们对物联网认识的不断加深以及应用范围的逐渐加大,物联网背后隐藏的安全危机也日渐显现。由于物联网自身的特点,它除了需要面对传统网络安全问题之外,还存在着一些新的安全特点,面临着新的安全挑战。

1. 信息安全概述

信息安全是一门涉及计算机科学、网络技术、通信技术、密码技术、信息安全技术、应用数学、数论、信息论等多种学科的综合性学科。从广义来说,凡是涉及信息的可靠性、保密性、完整性、可用性和不可抵赖性的相关技术和理论都属于信息安全的研究领域。

国际标准化组织（ISO）对信息安全的定义是：在技术上和管理上为数据处理系统建立的安全保护，保护计算机硬件、软件和数据不因偶然和恶意的原因而遭到破坏、更改和泄露。

人们在不断实践和探索过程中，总结出信息安全的五个基本属性：可用性、可靠性、完整性、保密性和不可抵赖性。这五个属性刻画了信息安全的基本特征和需求，适用于国家信息基础设施的教育、娱乐、医疗、运输、国家安全、电力供给及分配、通信等广泛领域。

当前对信息安全的分类还没有统一的标准，但从人们对信息安全技术认知程度的角度出发，可以将现有的主要信息安全技术归纳为以下几个领域：物理安全、系统安全、网络安全、应用安全。物理安全又称为实体安全，是保护计算机设备、设施（网络及通信线路）等免遭地震、水灾，或有害气体和其他环境事故的破坏的措施和过程。网络安全指网络上信息的安全，也就是网络中传输和保存的数据不受偶然或恶意的破坏、更改和泄露，网络系统能够正常运行，网络服务不中断。系统安全主要指的是计算机系统的安全，而计算机系统的安全主要来自于软件系统（包括操作系统和数据库）的安全。应用安全是指应用程序在使用过程中和结果的安全，是定位于应用层的安全。

2. 无线传感器网络安全

无线传感器网络的安全目标是要解决网络的可用性、机密性、完整性等问题，以抵抗各种恶意的攻击。传感器网络本身的特点使得它与传统网络的安全问题有诸多不同。以下是无线传感器网络通常出现的安全问题：

（1）有限的存储、运行空间和计算能力，有限的能量

传感器节点用来存储、运行代码的空间十分有限，节点的 CPU 运算能力不能与一般的计算机相比。另外，能量是无线传感器性能的最大约束。一旦传感器节点部署到传感器网络中，由于成本原因致使其无法随意更换和充电，因此，如果在传感器节点上增加保密功能，则必须考虑安全功能对能源的消耗。

（2）通信的不可靠性

无线传输信道的不稳定性以及节点的并发通信冲突可能导致数据包的丢失或损坏。更为重要的是，如果没有合适的错误处理机制，可能导致通信过程中丢失像密钥等十分关键的安全数据包。此外，多跳路由和网络拥塞可能造成很大的延迟。

（3）节点的物理安全无法保证

传感器节点所处的环境易受到天气等物理因素的影响，导致其受攻击的概率比传统 Internet 节点高得多。

3. 物联网安全的新挑战

（1）物联网安全特点

①安全事件导致的危害具有新的特点。物联网将使信息空间和物理社会密切联系，因此在物联网中，信息空间的病毒、攻击等安全威胁将导致安全危害产生新的特点，它们将真正影响到人们生活的物理社会，干扰人们日常生活。

②复杂性带来新的安全挑战。自然界的进化伴随着复杂性的增加，Internet 演进也伴随着节点数增加、节点功能多样化、协议的复杂性，物联网的复杂性更加大于传统因特网，由此带来更多不安全因素。

③平台、固件、应用软件的多样性带来新的安全挑战。物联网的产生将使连接到网络上的节点多样性增加，节点的异质性将带来新的安全挑战。

④成本和效率的挑战，量变到质变的挑战。由于物联网中存在着大量低成本的、无处不在的传感器或远端控制节点，这些节点的计算能力、存储能力有限，性能远不及以往的 Internet 节点，在某些应用环境中其能耗也将受到严格的控制，这对安全机制的效率和成本要求都带来了新的挑战。

（2）物联网安全机制

①安全的物联网架构。由于物联网复杂性的增加，应根据物联网中的不同应用，设计合理的安全架构，以提高整体安全。

②隐私保护。物联网的产生拓展了联网的设备，将与人类生活密切相关的设备引入 Internet。在带给人们更多便利的同时，与人们日常生活相关的大量信息，如个人健康信息、生活习惯等也通过网络收集、存储、处理、传送。如果不采取必要的隐私保护措施，这些隐私信息就可能被泄露或被未授权用户不适当地使用。

③物理安全。与当前的 Internet 相比，物联网中的节点可能不具备高等级的物理防护，需要从协议及系统上增加对物理安全的检测及响应机制。例如，传感器可能被部署到不安全的环境中，受到人为破坏、意外损坏、自然损耗。因此，我们需要研究如何检测物联网中节点的物理安全状态，当物理安全遭到破坏时，如何及时告警并采取相应的措施，以及如何在架构上保证对物理损坏有较好的强健性。

④网络安全。物联网中综合利用各种网络技术，如有线和无线通信技术、固定和移动通信技术、长距和短距通信技术、集中式和分布式网络技术等。由于应用的不同，物联网网络也可能具有不同的要求，如动态能力、自配置能力、自组织能力等。因此，在网络安全机制方面，除了传统网络安全机制和各种通信协议的安全标准外，需要研究适合物联网的分布式、自组织、具有自配置能力的网络安全技术。当前 P2P、Ad-hoc 网络、无线传感器网络中的安全机制方面的成果都将有助于物联网安全的研究。

⑤其他辅助系统的安全保障，如同步系统安全和电源系统安全等。在物联网中，许多应用将基于通过分布式的途径手机同步的数据，同步的方式包括 GPS 等，对同步的破坏将直接影响到业务的可用性。在无线传感器网络中，人们已经发现了恶意消耗电源的拒绝服务攻击方式。

总的来说，目前物联网安全已经得到了广泛的关注。对物联网安全的重视程度远大于 Internet 发展初期时对安全的关注，这将有利于在物联网技术和应用发展的各个方面尽早考虑必要的安全机制。虽然物联网在安全方面将面临许多新的挑战，但是安全从来不可能成为阻碍各种应用和技术发展的理由，对于物联网也同样如此。因此，需要具有良好的风险意识，认识到风险的存在，并采取必要的安全机制将风险控制在可接受的范围之中。同时，还应加大信息安全研发力度和措施，尽快构建起较为完善的物联网安全体系。

第五节 案例分析

基于物联网的公交智能监控调度项目

一、项目背景

公共交通是城市发展的必然产物，也是城市赖以生存的重要基础设施之一。城市公交作为城市动态大系统中的一个重要组成部分，是城市整体发展中不可缺少的物质条件，也是联系社会生产、流通和人们生活的纽带。一般来讲，城市公交系统具有运载量大、运送效率高、能源消耗低、相对污染少、运输成本低等优点。因此，城市公共交通在城市交通中应当占有绝对的主体地位。同时，它也是解决目前大、中城市普遍存在的交通拥挤、交通事故频发和环境污染等问题的出发点和突破口，并已经被世界各国公认为是解决大、中城市交通问题的最佳策略。

相对于目前许多城市公共交通存在的协调能力不力、服务水平下降、信息化服务基本空白、运营调度方式较落后等问题，智能公交系统的建设势必会在缓解城市交通压力、减少环境污染、降低交通事故发生率、改善交通环境、提高公交服务水平、提升公交服务能力和运营效率等方面有所突破。

基于物联网的公交智能监控调度系统针对目前城市公交服务能力和服务水平所存在的诸多问题提供了较为理想的解决方案。公交智能监控调度系统基于物联网技术、全球定位技术、无线通信技术、地理信息技术等技术的综合运用，实现了公交车辆运营调度的智能化、公交车辆运行的信息化和可视化，可面向公众乘客提供完善信息服务，加强了对运营车辆的指挥调度效率，推动了智慧交通与低碳城市的建设。

二、公交智能监控系统结构

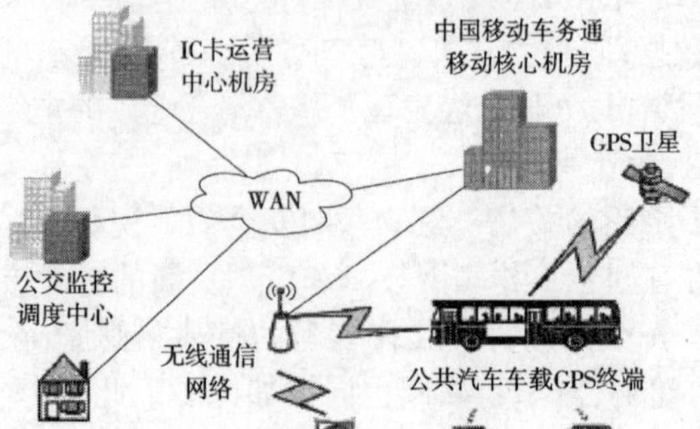

图 12-5 公交智能监控系统结构图

公交智能监控系统采用一个数据中心和多个调度客户端的架构模式，并采用二级调度（集中调度模式）或三级调度（线路调度模式）模式进行智能化调度。整个系统由公交车载 GPS 终端，电子站牌，公交车 IC 打卡器，公交车前、后、腰牌系统，数据传输网络，公交智能监控调度平台等组成。图 12-5 所示是公交智能监控调度系统的结构图。

（1）公交车载 GPS 终端

车载 GPS 终端安装于被监控的车辆上，具有数据采集、信息交互、信息显示、连接并监控其他设备的功能。

（2）电子站牌

公交智能监控调度系统可根据车载 GPS 终端上报的实时运行状态，及时更新电子站牌上的公交车辆到站距离信息。

（3）公交车 IC 打卡器

公交车 IC 打卡器与车载 GPS 终端可通过标准接口（RS232/485、Can2.0、USB2.0）进行连接，打卡信息可通过无线网络上传。

（4）公交车前、后、腰牌系统

公交车前、后、腰牌系统与车载 GPS 终端主要通过标准接口（RS232/485、Can2.0、USB2.0）进行连接，实现远程自动更新或切换公交车路线信息的功能。

（5）数据传输网络

公交车智能监控调度系统与车载终端之间采用移动公司 2G、2.5G 或 3G 移动通信网实现数据交互，可确保数据传输的稳定性和可靠性。

（6）公交智能监控调度平台

平台可对车载终端上报的数据进行分析处理，并连接 GIS 地理信息系统，以实现车辆监控、数据信息统计管理、车辆运营调度、自动排班管理、电子站牌信息更新等功能。人们可通过互联网随时随地访问公交车智能监控调度平台。

三、公交智能监控系统功能

公交智能监控系统主要有公交车辆排班、公交车辆的监控和调度、IC 卡无线传输以及公交线路自动切换等功能。

（1）公交车辆排班

系统通过对公交车辆忙 / 闲时段的统计分析，并结合公交人员管理信息，自动生成公交车辆的运行计划和排班计划。

（2）公交车辆的监控和调度

通过公交智能系统可实现区域调度。调度中心可同时对多条公交线路实施调度，并可实现营运车辆跨线路营运、线路间资源调配（人员调配、车辆调配）；也可以通过电子路单和自动报站等系统，对车辆运行实现过程监控。

（3）IC 卡无线传输

IC 卡刷卡机可通过标准数据传输协议与车载 GPS 终端连接，以实时传输 IC 卡刷卡机的数据，实时更新 IC 卡刷卡机的黑名单，同步 IC 卡刷卡机的时间等。

（4）公交线路自动切换

公交车前、后、腰牌系统也可以通过标准数据传输协议与车载 GPS 终端连接。当公交车线路需要更换时，监控调度中心就可以通过远程操作实现公交车前、后、腰牌，智能语音报站，电子工单考核的自动变更。

此外,根据公交智能监控系统的服务能力和用户需求状况,系统还具有客流量统计、自动语音报站、班车线路管理、班车路线统计、实时视频监控、超速报警、指定线路行驶、油量监控、驾驶员管理、文字信息显示、图像传输等功能。

四、公交智能监控系统主要流程

1. 场站管理流程

场站管理系统控制着整个硬件系统的运行,系统上电等待远程服务器发送指令,当超高频读写器模块接收到工作指令后,循环扫描公交车辆进出场站的状况,当接收到有公交车辆进出场站时,记录该车的标签号及相应的信息,并将该车辆信息通过无线传输发送至后台服务器。通过后台服务器采集的车辆信息进行处理,实现对公交场站车辆的管理。系统能自动识别公交车辆,实现不停车进出场站并自动记录,提高公交车辆进出场站的速度,并且限制未被允许的其他车辆的进入,场站管理流程如图 12-6 所示。

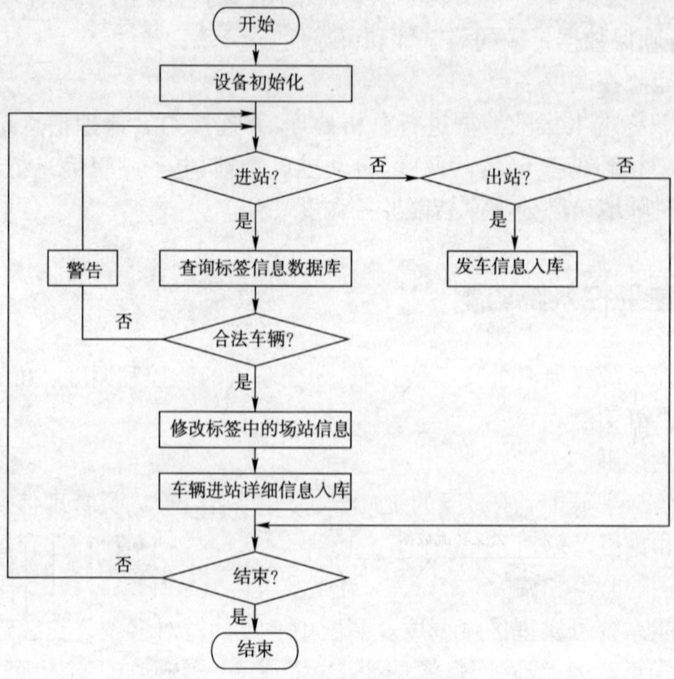

图 12-6 场站管理流程图

2. 车辆监控流程

公交车运营过程中的定位与监控,基本都是通过安装 GPS 车载机实现的。GPS 车载机不断采集 GPS 地理位置信息,并通过 GPRS 将位置信息定时发送至后台服务器以实现对公交车的监控。但是在高密度建筑环境下存在 GPS 信号衰减、定位不准确等问题,同时随公交车辆数量的不断增加,安装 GPS 车载机的成本和 GPRS 的通信费用也随之增加。针对以上问题,采用超高频 RFID 技术实现公交车辆定位与监控。考虑到公交线路相对固定,公交站点位置基本不会发生变化的特点,可在每个公交车站的电子站牌均设置一个超高频RFID采集终端。当公交车靠站停车时,电子站牌将通过对公交车内的标签读写实现双方信息的交换。采集器通过读取公交车标签获得车辆的运营单位信息、车号信息、路对号信息、班次信息等基本信息,还能获得该车当前运营中的车内乘客数量信息。通过电子站牌配备的GPRS数据远传模块可将车辆的到站信息、客流信息发回至后台调度终端,从而实现公交车辆的定位和监控。车辆监控流程如图12-7所示。

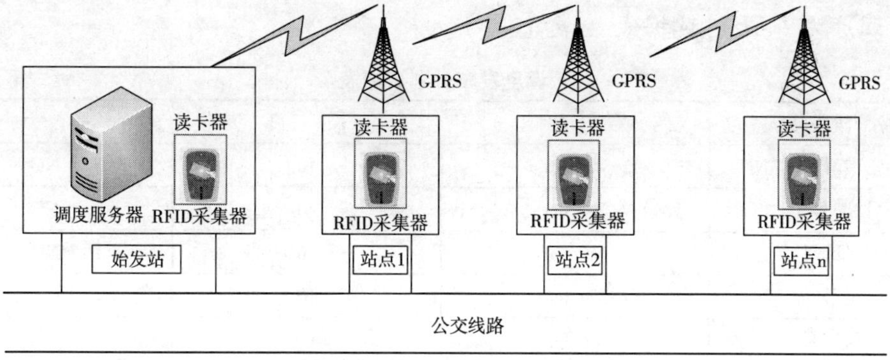

图12-7 车辆监控流程图

3. 行车计划编制流程

公交行车计划是公交静态调度的基础工作,它是在现行运营模式下全面分析运营条件和乘客的需求之后编制而成的,用以指导公交运营的全过程。公交行车计划包括行车时刻表、车辆计划、劳动配班三部分,在这三部分中又是以行车时刻表为中心的(它是制定车辆计划和劳动配班的主要依据)。行车计划流程如图12-8所示。从图中可以看出,公交客流分析是制定行车计划表的重要依据,公交客流分析中的时间不均衡规律分析、站点不均衡规律分析、方向不均规律分析、断面不均衡规律分析则是行车时刻表制定的依据。

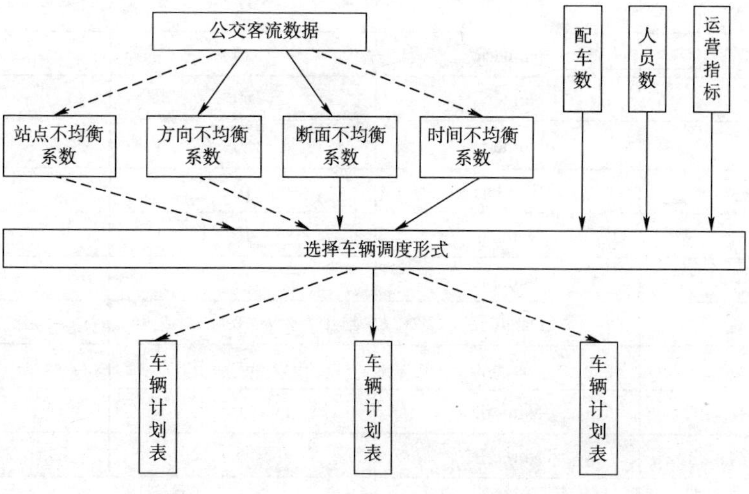

图12-8 行车计划编制流程图

五、公交智能监控系统数据表

公交智能监控系统中涉及到多个数据表，为便于学生理解，以下仅对公交智能监控系统中的调度发车计划数据表、车辆运行表、线路表、路径表、调度发车实际运行表和站点表的数据结构给予示例。

1. 调度发车计划数据表（表12-2）

调度发车计划数据表　　表12-2

字 段 名	数据类型	长　度	是否为空
编号	Varchar	10	NO
路牌号	Varchar	10	NO
车辆编号	Varchar	10	NO
循号	Varchar	10	
司机工号	Varchar	10	
计划发车时间	Datetime	8	
始发站	Varchar	8	
终点站	Varchar	8	

2. 车辆运行数据表（表12-3）

车辆运行数据表　　表12-3

字 段 名	数据类型	长　度	可否为空
车号	Varchar	8	NO
车型	Varchar	20	NO
路牌号	Varchar	20	NO
司机	Varchar	10	NO
司机电话	Numeric	20	
经度	Numeric	50	
纬度	Numeric	50	
线路名称	Varchar	10	
行驶方向	Varchar	10	
离始发站距离	Numeric	10	
发车时刻	Datetime	10	
运行状态	Varchar	4	
上车人数	Numeric	4	
下车人数	Numeric	4	
停车时间	Datetime	10	

3. 线路数据表（表 12-4）

线路数据表　　表 12-4

字段名	数据类型	长度	可否为空
线路编号	Varchar	10	NO
线路名	Varchar	20	NO
首发时间1	Datetime	10	
末班时间1	Datetime	10	
首发时间2	Datetime	10	
末班时间2	Datetime	10	

4. 路径数据表（表 12-5）

路径数据表　　表 12-5

字段名	数据类型	长度	可否为空
路径编号	Varchar	10	NO
纬度	Numeric	50	NO
经度	Numeric	50	NO
路径长度	Numeric	10	NO
方向	Varchar	10	NO
站点标志	Varchar	10	

5. 调度发车实际运行数据表（表 12-6）

调度发车实际运行数据表　　表 12-6

字段名	数据类型	长度	可否为空
车号	Varchar	10	NO
车辆编号	Varchar	10	NO
驾驶员工号	Varchar	20	NO
开车人数	Numeric	20	NO
发车起站	Varchar	10	NO
发车终点站	Varchar	10	
开出时刻	Numeric	20	
间隔时刻	Numeric	10	
到达时间	Numeric	20	
日期	Datetime	10	
线路编号	Varchar	10	NO
线路名称	Varchar	10	
上下行标志	Varchar	4	NO
停车时间	Numeric	10	

6. 站点数据表（表 12-7）

站 点 数 据 表　　表 12-7

字 段 名	数据类型	长　度	可否为空
站点编号	Varchar	10	NO
纬度	Numeric	50	NO
经度	Numeric	50	NO
名称	Varchar	10	
距首发站距离	Numeric	10	

7. 数据表关系（图 12-9）

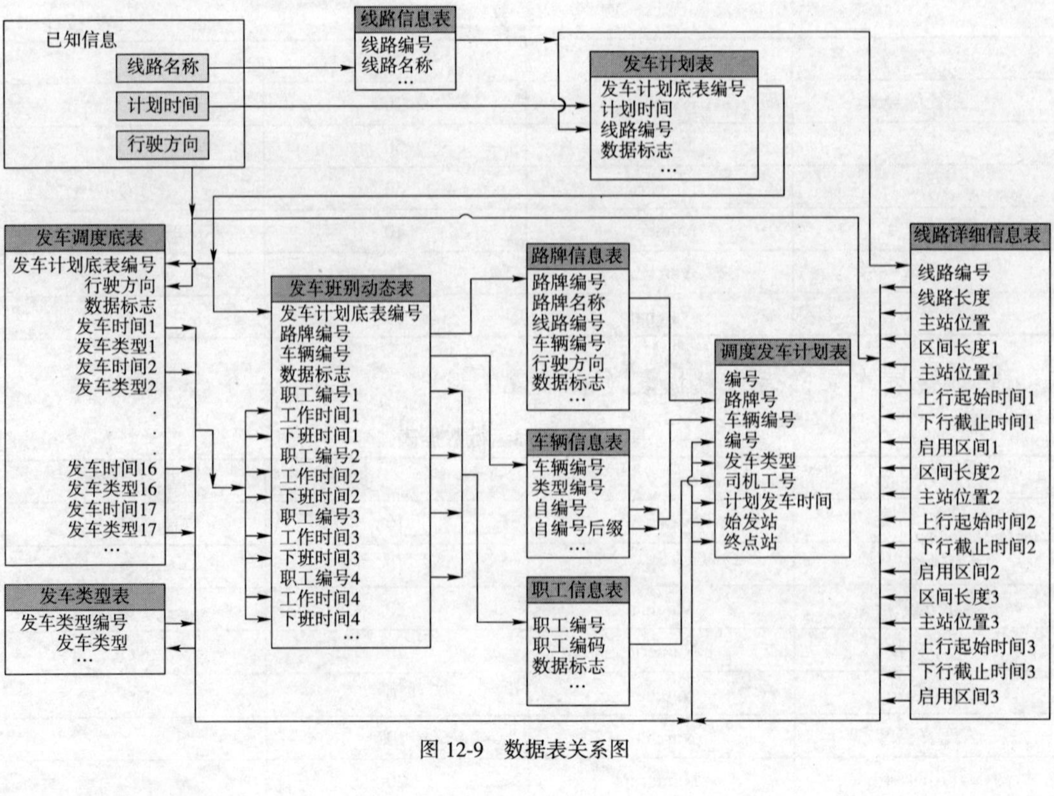

图 12-9　数据表关系图

六、应用效果

随着物联网技术的进一步发展，其智能化与联网化程度将越来越高，并将在社会生活的更多领域中得到广泛应用，使人们的生活更为舒适环保，人与自然更加和谐。公交智能监控系统基于物联网技术，实现了公交车辆运营调度的智能化管理，在规范车辆驾驶人员安全驾驶行为、监控车辆安全行驶状况、事实视频监控等方面进一步保障了乘客的安全，同时系统还在自动排班、优化到站信息准确率和智能统计客流量等方面进一步提高了公交运能和公交运营的效率,从而降低了公交运营成本,提高了公交调度应变能力和乘客的服务水平,进一步推动了智能交通和低碳城市的建设。目前该类系统在深圳、西安、广州、成都等城市得到了应用。

复习思考题

12.1 了解物联网概念、物联网发展及其标准化概况。

12.2 概念辨析：简述物联网、传感网和互联网之间的关系。

12.3 简述物联网的体系框架构成。

12.4 了解物联网的主要业务及其应用状况。

12.5 了解物联网安全相关知识。

参考文献

[1]曲维枝．信息产业与我国经济社会发展［M］．北京：人民出版社，2002.

[2]张正德．美国信息技术的发展及其经济影响［M］．武汉：武汉大学出版社，1995.

[3]靖继鹏．应用信息经济学［M］．北京：科学出版社，2002.

[4]徐寿波．技术经济学［M］．南京：江苏人民出版社，1988.

[5]盛国荣，金钟哲．论技术发展的“拟人律”现象——一种技术哲学的视野［J］．科技进步与对策，2007，(4)

[6]王华奎．移动通信原理与技术［M］．北京：清华大学出版社，2009.

[7]张树京，欧冬秀等．信息传输技术原理及应用［M］．北京：电子工业出版社，2011.

[8]赵玉刚，邱东．传感器基础［M］．北京：北京大学出版社，2006.

[9]王宗信，谢万新．传感器基础知识［M］．北京：煤炭工业出版社，1988.

[10]姜爱林．何谓信息化［J］．高新技术与产业，2003(3).

[11]姜大立，冯杰峰．物流信息化发展研究［J］．商品储运与养护，2003，4(2).

[12]王建伟，王小建．电子商务物流信息系统分析与设计［M］．北京：首都经济贸易大学出版社，2008.

[13]卫红春．信息系统分析与设计［M］．西安：西安电子科技大学出版社，2003.

[14]张春红，裘晓峰等．物联网技术与应用［M］．北京：人民邮电出版社，2011.

[15]孟鑫．白沙集团物流信息化之路［J］．中国物流与采购，2004(10).

[16]薛美根，朱昊，曲广妍．上海世博交通信息服务系统框架［J］．城市交通，2008，6(3).

[17]张鸿涛，徐连明等．物联网关键技术及系统应用［M］．北京：机械工业出版社，2011.

[18]郎为民．大话物联网［M］．北京：人民邮电出版社，2011.

[19]游战清，李苏剑．无线射频识别技术(RFID)理论与应用［M］．北京：电子工业出版社，2004.

[20]Jean Philippe Vasseur[著]，田辉，徐贵宝等译．基于IP的物联网架构、技术与应用[M]．北京：人民邮电出版社，2011.

[21]欧阳文霞．物流信息技术［M］．北京：人民交通出版社，2002.

[22]倪琴，许丽．云计算技术在智能交通系统中的应用研究［J］．交通与运输，2012(7)：106-109.

[23]马骥，王彬，刘琦洲．物联网在公交车智能监控调度系统中的应用［J］．物联网技术，2012(1).

[24]戈建军．基于GIS/GPS/GPRS城市公交智能调度［D］．西安电子科技大学，2011.